W0193675

Inhalt

III
Die Wandlung eines Musensohns zum Mars

IV
König von Preußen

V
Um Sein oder Nichtsein der
preußischen Großmacht

VI
Alter und Abschied

Einleitung: Ruhm, Risiko und die Kunst der Verstellung

Kaum eine andere Herrscherfigur der deutschen Geschichte ist uns durch Anekdote, Überlieferung und Stilisierung bildlich so nahe gerückt wie Friedrich II. von Preußen: hoch zu Ross, mit Dreispitz und in Uniform, an der Spitze seiner Truppen, der Blick fest und entschlossen, nah beim Volk und doch irgendwie entrückt.

So hat ihn auch Franz Dudde dargestellt, ein Historienmaler aus dem 19. Jahrhundert, der wie die meisten seiner Künstlerkollegen den Preußenkönig nie gesehen hat und sich beim Abbilden vom Zeitgeist und von den Vorstellungen seiner Auftraggeber leiten ließ. Duddes »Friedrich der Große« schmückt das Cover dieses Buches. Das kleine Schlachtengemälde, das dazumontiert ist, stammt aus der gleichen Zeit und ist von Carl Roechling, einem weiteren Friedrich-Verehrer.

Diese heroisierenden Darstellungen des Preußenkönigs wecken Interesse und zugleich Widerspruch: Wer war Friedrich II. wirklich? Was wissen wir sicher über ihn? Welche Persönlichkeit kommt zum Vorschein, wenn man den Lack der Geschichte vorsichtig abträgt und sich von den Spiegelungen und Blendungen der Nachwelt nicht irritieren lässt? Warum hat dieser Herrscher mit seiner Politik und seinem Handeln so viel Bewunderung und zugleich so viel Ablehnung hervorgerufen? An der Legende vom »Großen König« wurde schon zu seinen Lebzeiten gewoben, und Friedrich selbst hat durch politische Inszenierung und virtuose Selbstdarstellung ganz wesentlich dazu beigetragen. In seiner berühmten Schrift »Der Antimachiavell«, in der Friedrich, noch als Kronprinz, seine Vorstellungen von der idealen Fürstenherrschaft postuliert, findet sich ein Satz, der als eine Art Lebensentwurf gedeutet werden kann – und wohl auch sollte: »Da gibt's nun Zeitalter, die kommen der Ruhmbegier der Eroberernaturen zustatten. Jener verwegenen und unternehmenden Menschen, die geboren scheinen zu handeln und außerordentliche Umwälzungen in der Welt zu wirken. Revolutionen und Kriege sind ihnen Lebensluft.«

Friedrichs komplexe Persönlichkeit lässt sich vielleicht am besten mit drei Charaktermerkmalen umschreiben: dem Streben nach Anerkennung und Ruhm (Geltungsdrang?), Risikobereitschaft (Skrupellosigkeit?) und der Kunst der Verstellung.

Sein Wunsch, es dem strengen (Über-)Vater und aller Welt zu zeigen, war der Motor des ehrgeizigen Projektes Preußen, das Friedrich von Anfang an verfolgte. Als der junge König gleich nach seinem Regierungsantritt Schlesien überfällt, um sich unter den Mächten Europas Geltung zu verschaffen, ist er damit bereit, sein persönliches Schicksal und das seines Königreichs aufs Spiel zu setzen. Er will den Ruhm, koste es, was es wolle.

Seine Risikobereitschaft stellt Friedrich immer wieder unter Beweis – politisch, indem er Kriege anzettelt und halb Europa gegen sich aufbringt; diplomatisch, indem er je nach Interesse und Wetterlage Partner und Allianzen wechselt; militärisch, indem er riskante Kriegszüge und darin waghalsige Manöver ausführt, und ganz persönlich, indem er sich in zahlreichen

Schlachten in Lebensgefahr begibt. Die vermutlich wahre Geschichte von der Schnupftabaksdose, die dem Heerführer im Kugelhagel einer Schlacht das Leben rettete, wurde zur Heldenlegende. Der »Große König« war vor allem eines – ein Hasardeur. Friedrichs Fähigkeit, sich zu verstellen, durchzieht sein politisches und sein persönliches Handeln. Ob im Konflikt mit dem brutalen Vater, dem übermächtigen »Soldatenkönig«, ob nach dem gescheiterten Fluchtversuch mit seinem Freund Katte oder später in den diplomatischen Ränkespielen mit den europäischen Mächten – Friedrichs Absichten sind für seine Umwelt schwer berechenbar. Nicht nur dem französischen Gesandten Valory bleibt der Preußenkönig zeitlebens »ein Rätsel«. »Die Kunst, seine Gedanken zu verbergen, auch Verstellung genannt, ist für jeden Mann unerlässlich, der bedeutende Dinge vollbringen will!«, rechtfertigt Friedrich diesen Wesenszug. Später wird er sich verräterisch und selbstironisch zugleich mit einem »Dorfschauspieler« vergleichen, der durch die Welt zieht, um seine »blutigen Tragödien aufzuführen«.

Geltungsdrang, Risikobereitschaft und die Fähigkeit zur Verstellung – diese durchaus ambivalenten Eigenschaften paaren sich bei Friedrich mit hohem Intellekt, der Liebe zu Kunst, Literatur und Musik sowie mit einem überaus fortschrittlichen Verständnis von Herrschaft und Staat. Fortschrittlich deshalb, weil er sein Königtum nicht mehr auf die Gnade Gottes gründet, sondern seine Macht eher philosophisch legitimiert. Er glaubt nicht allein an die von Gott gegebene Herrscherrolle, vielmehr lässt er sich von der Überzeugung leiten, ein Fürst müsse seinen Herrschaftsanspruch durch vernünftiges, nützliches Handeln beglaubigen. Insofern ist Friedrich, der Philosoph auf dem Thron, der »Erfinder« des aufgeklärt absolutistischen Herrschertypus. Seine berühmten Äußerungen zur Religion – »Jeder muss nach

seiner Fasson selig werden!« – und zur Herrschaft – »Ich bin
der erste Diener meines Staates!« – belegen dies eindrucksvoll.

Und hier zeigt sich der andere Friedrich, der pflichtbewuss-
te, treu sorgende Landesvater, der Kanäle und Manufakturen
bauen und das Oderbruch trockenlegen lässt, der sich selbst
um die Versorgung seiner Untertanen kümmert und seinen
Bauern gute Ratschläge gibt, der Eingaben und Bittschriften
persönlich beantwortet, seine Beamten antreibt und maß-
regelt. Das Volk hat diesen sich mühenden, fürsorglichen
König als »Alten Fritz« im kollektiven Gedächtnis abgespei-
chert.

»Friedrich – Ein deutscher König« – das ist der Titel dieser
Biographie. Aber darf man den preußischen Monarchen so
ohne Weiteres als »deutschen König« bezeichnen? Schließlich sah sich der vorwiegend französisch sprechende Herrscher zuerst als Brandenburger Fürst aus dem Hause Hohenzollern und vor allem als »Preuße«. Die Begriffe »deutsch«
und »Deutschland« spielten in der Gedankenwelt Friedrichs
und seiner Zeitgenossen noch keine beherrschende Rolle.
Und dennoch erscheint das Attribut passend. Zum einen,
weil Friedrich mit seiner riskanten Expansionspolitik und
seinem aufgeklärt absolutistischen Herrschaftsverständnis
den Grundstein legte für Preußens Großmachtstellung in
Europa und damit für die Bildung des Deutschen Reiches
unter Führung der Hohenzollern. Zum anderen, weil spätere
Generationen ihre Haltung zur deutschen Nation im Guten
wie im Schlechten immer wieder auf den Preußenherrscher
projizierten.

Friedrich wurde verehrt und verteufelt, glorifiziert und ver-
dammt, je nachdem welche Empfindungen und kollektiven
Erfahrungen das Urteil des Betrachters leiteten. Dass man in
Sachsen und Österreich, vor allem aber in Polen bis in die

Gegenwart hinein seinem Wirken nur wenig Gutes abgewinnen konnte, ist vor diesem Hintergrund verständlich. Und welch grelle nationalistische Verfärbungen das Friedrich-Bild annehmen kann, haben die Nationalsozialisten mit ihrer ideologischen Vereinnahmung und Verherrlichung des Preußenkönigs gezeigt.

In jedem Fall war Friedrich II. eine Ausnahmeerscheinung der deutschen und europäischen Geschichte, ein Herrscher, der durch eigenen Willen einer ganzen Epoche seinen Stempel aufdrückte, und eine vielschichtige Persönlichkeit, die zu ergründen bis heute reizvoll ist. Dieses Buch versteht sich nicht als geschichtswissenschaftliche Abhandlung, welche die Figur des Preußenkönigs neu interpretieren oder noch unbekannte Details erhellen möchte. Geheimnisse über Friedrich gibt es denn wohl auch kaum noch zu lüften, Leben und Wirken sind über die Jahrhunderte breit erforscht – sieht man von der immer wieder heiß diskutierten und psychologisch sicher nicht ganz unwichtigen Frage nach Friedrichs sexueller Ausrichtung ab.

Dieses Buch trägt vielmehr zusammen, was wir gesichert über das Leben dieser prägenden Gestalt wissen, und ordnet die Figur in die damaligen Verhältnisse ein. Es wählt dabei die Form der historischen Reportage, um die Leser in das Verständnis der Zeit hineinzuholen. Kleine Exkurse, etwa über das Leben am Hofe oder das Militärwesen, skizzieren Umfeld und Umstände, in denen Friedrich agierte.

Treten wir nun also neugierig und gespannt an den Hof des Preußenkönigs. Als Anleitung mögen uns die Ratschläge dienen, die der Marquis d'Argens dem späteren Freund und Vorleser Friedrichs, Henri de Catt, gab, als dieser zum ersten Mal zu seinem Fürsten gerufen wurde: »Reden Sie wenig, seien Sie unserem Philosophen gegenüber bedächtig und gesetzt, aber ohne Zwang und Ziererei; lassen Sie sich möglichst wenig auf Späßchen ein; bekunden Sie nur geringes Verlangen nach Vertraulichkeiten, mit denen er sich Ihnen nähern könnte und, nach der Art und Weise, wie er von Ihnen zu mir gesprochen hat, auch nähern wird, und lassen Sie dieses geringe Verlangen besonders dann sich zeigen, wenn er Ihnen etwas über seine Familie sagen sollte; bemängeln Sie um Gottes willen weder seine Prosa noch seine Verse, bitten Sie um nichts, besonders nicht um Geld, und beachten Sie so wenig, wie die Höflichkeit es gestattet, alle diejenigen, die er für Narren, Schurken, Ränkeschmiede und Querköpfe hält.«

I

Im Schatten des Vaters

Geburt und Familie

Am späten Vormittag des 24. Januar 1712, einem Sonntag, schenkt Kronprinzessin Sophie Dorothea von Brandenburg-Preußen einem Sohn das Leben. Er ist ihr viertes Kind und der dritte Sohn, den sie auf die Welt bringt. Die beiden ersten Söhne starben im Säuglingsalter. Es wird gemunkelt, dass ihnen das Gewicht der kunstvollen Taufgewänder und der Lärm von siebenhundert Trommeln, die zu ihren Ehren geschlagen worden waren, arg zugesetzt hatten. Denn König Friedrich I., der Großvater der Kinder, liebt die Pracht. Die verschwenderischen Feste und die aufwendige Hofhaltung sind Teil seines ehrgeizigen Unterfangens, vom Rang eines Kurfürsten zu dem eines Königs aufzusteigen. Elf Jahre zuvor hatte er sich in Königsberg selbst zum König in Preußen gekrönt. Um als solcher dauerhaft anerkannt zu werden, bedarf es eines Hofes, der eines Königs würdig ist.

Doch was nützt die schönste Königskrone ohne Thronerben? Umso hoffnungsvoller ist Friedrich, dass sein Sohn Friedrich Wilhelm nun auch einen kräftigen Nachfolger hat. Wenige Stunden nach der Geburt lässt er sich mit seiner Sänfte – der 55 Jahre alte König ist körperlich behindert und

schwer krank – durch die Gemächer und Korridore des Berliner Stadtschlosses ans Wochenbett tragen und hängt seinem
Enkel einen Orden um. Er entscheidet auch über den Namen
des Neugeborenen. Nach dem Bericht seines Zeremonien-
meisters von Besser wählt der König seinen eigenen, der ein
gutes Omen sein soll. Friedrich bestieg selbst als dritter Sohn
seiner Eltern den Thron, und das Gleiche wünscht er auch
seinem Enkel, der nun ebenfalls als dritter Sohn auf die Welt
gekommen ist. Die Taufe findet am 31. Januar statt, und auch
zu diesem Anlass wird nicht auf Pomp und Prunk verzichtet.
Zu den – abwesenden – Taufpaten zählen Kaiser Karl VI.,
Zar Peter der Große sowie die Republiken Schweiz und Niederlande.

Vor dem Prinzen Friedrich trugen bereits drei Brandenburger Kurfürsten aus dem Hause Hohenzollern diesen Namen.
Das aus Schwaben stammende Geschlecht regiert seit 1420
die Mark Brandenburg, eines der mittleren Territorien des
Heiligen Römischen Reiches. Besondere Vorkommnisse sind
während der ersten gut zweihundert Jahre seiner Herrschaft
eher selten, doch es gibt sie. Eines war der Zugewinn des
entlang der Ostsee liegenden Herzogtums Preußen 1618, als
die dort herrschende Hohenzollernlinie ausstarb. Das Land
gibt dem Gesamtstaat später seinen Namen. Ungewöhnlich
ist, dass die kurfürstliche Familie seit dem frühen 17. Jahrhundert dem Calvinismus anhängt, während die Masse der
Untertanen lutherischen Glaubens ist. Dass das ärmliche, wegen seiner kargen Böden im Kernland als »Streusandbüchse«
verspottete Brandenburg-Preußen einmal eine Schlüsselrolle
in der deutschen und der europäischen Geschichte spielen
würde, deutete sich erstmals in den Jahrzehnten nach dem
Ende des Dreißigjährigen Krieges an. Der Große Kurfürst
Friedrich Wilhelm baute sein aufs Schwerste verheertes Land
wieder auf und schuf dabei eine zentralisierte Bürokratie und
ein stehendes Heer, die es bis dahin nur in Ansätzen gegeben

hatte. Er steigerte die Macht des Fürsten gegenüber dem Adel und den Städten, verschaffte Brandenburg-Preußen Gebietsgewinne und mit all dem die Achtung seiner Nachbarn. Das Land entwickelte sich zu einer ansehnlichen Mittelmacht und einem begehrten Bündnispartner.

Aus Kurfürst Friedrich III. von Brandenburg, dem Sohn des Großen Kurfürsten, wurde König Friedrich in Preußen. Das eigenartige »in« drückt aus, dass der Königstitel ausschließlich an das bisherige Herzogtum Preußen gebunden ist. Es liegt außerhalb des Heiligen Römischen Reiches und umfasst nur den östlichen Teil des früheren Ordenslandes Preußen, während das westliche Preußen der polnischen Krone zugehört. König von Preußen hätte er sich nur nennen dürfen, wenn das Land ganz unter seiner Herrschaft gestanden hätte.

Um der Krönung den angemessenen Rahmen zu geben, verwandte Friedrich große Summen auf Statussymbole. Diese waren nicht nur Gepränge, denn durch das Zeremoniell wurde Friedrichs neuer Status als König zugleich auch rechtlich manifestiert. Zeremonie und Völkerrecht waren nicht voneinander zu trennen. Ein königlicher Rang wiederum konnte politische Vorteile bringen. Friedrich stand dabei unter Zugzwang, weil zwei seiner Standesgenossen und Nachbarn diesen Schritt bereits geschafft hatten. Kurfürst August der Starke von Sachsen war 1697 zum König von Polen gewählt worden, und Kurfürst Georg von Hannover war Anwärter auf den britischen Thron, den er 1714 dann auch besteigen wird. Unmittelbare Folge des Pomps, den Friedrich für seine Rangerhöhung trieb, ist eine extreme Strapazierung der Staatsfinanzen. Als der König in Preußen im Februar 1713 stirbt, hinterlässt er riesige Schulden.

Sein Sohn Friedrich Wilhelm, der nun König wird, hat für höfischen Glanz nichts übrig. Ihn interessiert, ja fasziniert viel mehr der Glanz der Waffen. »Das schönste Weib oder Mädchen, das man mir verschaffte, wäre mir gleichgültig. Aber

Soldaten, das ist meine Schwäche«, gesteht er einmal. Seine
Liebe zum Militär bringt ihm den Spitznamen »Soldaten-
könig« ein. Das Tafelsilber seines Vaters lässt er einschmelzen,
Vergnügungen wie Feste, Tanz und Theater, die er verachtet,
gehören der Vergangenheit an. Von den Zerstreuungen des
Adels liebt er allein die Jagd.

Friedrich Wilhelm lebt gerne wie ein Bürger mit seiner Familie zusammen. Während andere Herrscherpaare sich sie-
zen und mit »Majestät« ansprechen, ruft er seine Frau Sophie
Dorothea burschikos Fiekchen, sie ihn Wilke. Statt mit Höflingen umgibt er sich lieber mit Militärs, als erster König trägt
er im Alltag den Uniformrock, eine Mode, die von den europäischen Souveränen später übernommen wird. Ungeachtet
solcher bescheidenen äußeren Formen ist er von seiner besonderen Stellung ganz durchdrungen: »Wir sind doch Herr und
König und können thun, was wir wollen.« Der Soldatenkönig
hasst Widerspruch und rechtfertigt sich vor niemandem, sein
Wille, dem er oft mit Schimpftiraden Ausdruck verleiht und
den er auch mal mit seinem Stock unterstreicht, ist Gesetz.
Verantwortlich fühlt sich der fromme Monarch allein gegenüber Gott, als dessen »Amtmann« er sich sieht.

Es gelingt ihm, die Staatsfinanzen zu sanieren und die
Wirtschaft auf die Bedürfnisse der rasch wachsenden Armee
auszurichten. Er schafft ein Heer, das im Verhältnis zur Bevölkerungszahl gigantisch ist: In Preußen kommen auf 2,2
Millionen Einwohner 80 000 Soldaten. Übertragen auf die
Bundesrepublik im frühen 21. Jahrhundert würde das bedeu-
ten, dass die Bundeswehr über rund drei Millionen Mann ver-
fügte. Dabei sind ihm seine Untertanen keineswegs gleichgültig. Er mischt sich verkleidet unters Volk, um zu sehen, wie
es den Menschen ergeht und wie sie über ihn reden. Dieser
König will, trotz seiner Härte, geliebt werden. Niemand wird
die ersten drei Lebensjahrzehnte Friedrichs, wenn nicht das
ganze Dasein, tiefer prägen als dieser dominante Vater.

Sophie Dorothea, die Mutter des Prinzen Friedrich, stammt aus dem Haus Hannover, ihr Vater Georg wird der erste britische König aus diesem Geschlecht. Die Kronprinzessin gilt als schön, klug, beherrscht und hartnäckig, kann aber auch eine verletzende Schärfe an den Tag legen. Sie ist stolz auf die Rangerhöhung ihres Vaters, die sie zur Königstochter macht. Ihr ohnehin ausgeprägter Ehrgeiz erhält so zusätzlich Nahrung und lässt sie eifrig Heiratspläne für ihren Nachwuchs schmieden. Anlass hat sie genug: In 23 Jahren bringt sie vierzehn Kinder zur Welt, von denen zehn das Erwachsenenalter erreichen. Friedrich hängt an seiner Mutter und bescheinigt ihr später, dass keine sich mehr als sie um ihre Kinder verdient gemacht habe. Unter seinen Geschwistern steht ihm seine um vier Jahre ältere Schwester Wilhelmine besonders nahe. Zeit ihres Lebens bleibt sie die wichtigste Bezugsperson für ihren Bruder. »Nie glich eine Zärtlichkeit der unsern«, schreibt sie später über ihr Verhältnis zu Friedrich.

Die ersten Lebensjahre verbringt der kleine Friedrich in der Obhut von Madame de Rocoulle, die sich als Kinderfrau auch schon um seinen Vater gekümmert hatte. Später ernennt Friedrich Wilhelm den Hugenotten Jacques Egide Duhan de Jandun zum Erzieher des nun vierjährigen Prinzen. Der Soldatenkönig lernt den gebürtigen Franzosen in einem Schützengraben vor Stralsund kennen und für seine Tapferkeit schätzen. Duhan nimmt im Gefolge des Grafen Alexander von Dohna, dessen Sohn er unterrichtet hat, an der Belagerung teil. Graf Dohna war der Erzieher Friedrich Wilhelms gewesen. Zwei Jahre später beruft der König den General Albrecht Konrad Graf Finck von Finckenstein zum Oberhofmeister seines Sohnes, Oberst Christoph Wilhelm von Kalckstein zum Sousgouverneur. Die beiden Männer sorgen für die militärische Ausbildung des Kronprinzen, dessen gesamte Erziehung unter der Aufsicht Finckensteins steht. Der hochdekorierte Befehlshaber hatte bereits als Oberhofmeister des heranwachsenden Friedrich Wilhelm gedient. Der König wünscht eine möglichst weitgehende Kontinuität zwischen seiner eigenen Erziehung und der seines Sohnes.

EXKURS: HOFLEBEN UND *HONNÊTE HOMME*

Die Prinzenerziehung bereitet die königlichen Nachkommen auf das Leben am Hof vor und findet auch dort statt. Das wichtigste Vorbild für die deutschen Fürsten im 18. Jahrhundert ist Frankreich, das vornehme höfische Treiben in Schloss Versailles, wo seit 1683 die französischen Könige residieren, ist legendär und beeindruckt ganz Europa. Zum Hof gehören die Mitglieder der königlichen Familie: der Thronfolger und seine Kinder, die Prinzen von Geblüt, die Angehörigen der Nebenlinien des Hauses Bourbon. In der Rangordnung folgen die hochadeligen *pairs* und die Herzöge, denen die Kardinäle und Erzbischöfe gleichgestellt sind. Außerdem nehmen hohe Amtsträger wie Staatssekretäre, Marschälle und Admirale bei Hof Wohnung. Weitere sechshundert Familien, die ihren Adelsrang bis ins Jahr 1400 zurück nachweisen können, gelten als hoffähig. Zum Hofadel gehören außerdem diejenigen, die vom König empfangen werden und von ihm irgendein Privileg erhalten.

Am Hof sind sowohl die königliche Haushaltung als auch die Geschäfte der Staatsregierung angesiedelt, beides überschneidet sich vielfach. Der König vergibt Pensionen und Güter, Verwaltungsposten und militärische Kommandos. Bei Hof werden Heiraten vermittelt und exklusive Ausbildungsplätze für zukünftige Militärs und Diplomaten vergeben. Das begehrteste Gut in diesem Kommunikationsgeflecht ist die Gunst des Königs, die politischen Einfluss ausdrückt oder wenigstens verspricht. Der Herrscher registriert genau, wer sich zeigt und sich um sein Wohlwollen bemüht. Wem der König sichtbar seine Gunst erweist, steigt in der Rangfolge auf. Die königliche Wohnung wird so zum Schauplatz eines Zeremoniells, das der Hofgesellschaft vorführt, wie hoch jeder Einzelne in der Gunst seines Monarchen steht – oder wie niedrig.

Wer eines der üppig dotierten Hofämter bekleidet und den Titel eines Marschalls, Kämmerers oder Mundschenks trägt, befindet sich in der höfischen Rangordnung weit oben. Die symbolische Ausübung eines solchen Amtes, wie etwa das Einschenken von Wein durch den Mundschenk während der pompös zelebrierten öffentlichen Mahlzeiten, ist der Kern des Zeremoniells. Das wichtigste Ereignis im höfischen Alltag ist das Lever, das Aufstehen des Königs vor zahlreichem Publikum. Scheinbar profane Verrichtungen wie die, dem König das Hemd zu reichen, sind am Hof von Versailles ein Vorrecht. Wer als königlicher Großkämmerer in den Genuss dieses Privilegs kommt, kann sich glücklich schätzen.

Das Hofzeremoniell bindet die Energien des französischen Adels, der sich über die Jahrhunderte auch immer wieder gegen die königliche Macht stellte. In Versailles buhlen die Großen des Landes um das Prestige, das ihnen die Nähe zum König verleiht. Sie kreisen um ihn wie die Planeten um die Sonne. In ihrem Verhalten manifestiert sich vor den Augen der höfischen Elite der Machtanspruch des absoluten Herrschers. Den Sonnen-

könig umgibt gar eine Aura der Heiligkeit. Während
des Levers werden Gebete rezitiert, und jeden Morgen
empfängt der Herrscher das Abendmahl in beiderlei
Gestalt, in Brot und Wein, was eigentlich den geweihten
Priestern vorbehalten ist.

Der Hof ist eine Bühne, die der Hofmann bespielt.
Um Anerkennung zu finden und einen hohen Rang einzunehmen, muss er ein *honnête homme* sein, ein ehren-
werter Mann. Ein *honnête homme* weiß sich zu beherrschen und gibt seine Gefühle nicht ungewollt preis.
Eine elegante und ungezwungene Gestik und Mimik
sind wichtige Ausdrucksmittel beim Auftritt auf dem
gesellschaftlichen Parkett. Der Hofmann ist anmutig
und natürlich im Erscheinen, scharfsinnig und witzig,
ein Meister der Konversation, die unabhängig vom jeweiligen Rang immer gleichermaßen respektvoll, geistreich und ohne Hintergedanken sein sollte. Er meistert
souverän die Anforderungen der Etikette. Der *honnête
homme* ist der Idee nach ein tüchtiger Kriegsmann,
versteht sich auf Musik und Dichtkunst und weiß die
Damen für sich zu gewinnen. In ihm fließen Auftreten,
Erscheinung und innere Werte idealerweise zu einem
menschlichen Kunstwerk zusammen. Geist und Tugend
sind wichtiger als Geburt und Reichtum. Das Auftreten
des Hofmannes sollte weder oberflächlich sein noch
bloße Schönrednerei, sondern im Einklang stehen mit
seinem edlen Charakter.

Im Preußen des Soldatenkönigs ist der Hof auf ein
Minimum reduziert. Das in Frankreich beliebte Ballett –
Ludwig XIV. pflegte höchstselbst als Tänzer aufzutreten – wird durch die Choreographie des Drills ersetzt,
die höfische Rangordnung durch die Offiziersränge. Der

Adel wird nicht durch Zeremoniell und Stellung, sondern durch seine Rolle in der Armee in die Königsherrschaft integriert. Einen Hof gibt es ungeachtet des Vorranges des Militärs selbstverständlich auch in Preußen, er ist ebenfalls eine öffentliche Inszenierung und erfüllt einen kommunikativen Zweck. Seine Frugalität und sein Militarismus stehen für die Prioritäten, die der preußische König setzt: Für ihn ist das Militär wichtiger als eine verfeinerte Adelskultur. Gleichwohl übt das Vorbild des *honnête homme* – vermittelt durch die französischen Erzieher und frankophile Familienmitglieder – einen beträchtlichen Einfluss auf die Entwicklung des jungen Prinzen aus. Das Ideal des *honnête homme* fordert zwar einerseits Tugend und Natürlichkeit, zugleich muss sich der Hofmann aber wie ein Schauspieler auf der gesellschaftlichen Bühne bewegen können. Dieser Zwiespalt wird auch die Erziehung des preußischen Thronfolgers prägen.

Das Erziehungsprogramm:
Wie der Vater, so der Sohn

In einer Instruktion an die Prinzenerzieher Finckenstein und Kalckstein aus dem Jahr 1718 entwickelt Friedrich Wilhelm ein Programm des berühmten Universalgelehrten Gottfried Wilhelm Leibniz weiter, das schon seinen eigenen Betreuern aufgetragen worden war. Die religiöse Unterweisung des Prinzen steht für den frommen König an erster Stelle. Der Vater wünscht, »daß Ihm alle Zeit eine heilige Furcht und Veneration [Verehrung] vor Gott beiwohne, denn dieses ist das einzige Mittel, die von den menschlichen Gesetzen an Strafen befreite souveräne Macht in den Schranken der Gebühr zu erhalten«. Friedrich Wilhelm warnt vor religiösen Irrlehren der Vergangenheit und Gegenwart einschließlich der katholischen Religion, deren »Ungrund und Absurdität« dem Zögling vor Augen zu führen seien. Für die Morgen- und Abendandachten hält die Instruktion detaillierte Vorgaben bereit. Das Kind solle zum Beten auf die Knie fallen und Morgen für Morgen Bibelstellen lesen und sich einprägen.

Auf dem Lehrplan stehen Mathematik, Ökonomie, Geographie, Artillerie, Völkerrecht und die Geschichte der vorangegangenen 150 Jahre, insbesondere die des Hauses Hohenzollern. Griechische und römische Geschichte bleiben unerwähnt, die Unterrichtung des Lateinischen wird ausdrücklich untersagt. Wieder denkt Friedrich Wilhelm an seine eigene Kindheit und an die Schwierigkeiten, die er im Lateinunterricht hatte. Im Französischen und Deutschen solle der Kronprinz sich »eine elegante und kurze Schreibart« angewöhnen. Wichtig sei die Übung der Beredsamkeit, auf die ein Fürst bei offiziellen Anlässen und internen Beratungen angewiesen sei. Nur wenn er gut zu reden verstehe, könne er seine Armee zu »vigoureuser Aktion« ermuntern.

Darüber hinaus liegt es Friedrich Wilhelm am Herzen, seinen Sohn zum »guten Wirt« zu erziehen. Er soll lernen, gewissenhaft hauszuhalten, und sich »Menage, Sparsamkeit und Demut« angewöhnen. Das Leitbild des *honnête homme* versteht Friedrich Wilhelm wörtlich: Ein ehrlicher, aufrichtiger und tugendhafter Mann soll Friedrich werden. Und schließlich ordnet der König an, seinem Sohn militärische Kenntnisse und Werte zu vermitteln, »damit er von Jugend auf angeführt werde, einen Officier und General zu agieren«. Die Militärgouverneure haben ihm »die wahre Liebe zum Soldatenstande einzuprägen, und ihm zu imprimieren, daß, gleichwie nichts in der Welt, was einem Prinzen mehr Ruhm und Ehre zu geben vermag als der Degen«.

Der Prinz solle nicht von Menschen anderen Standes abgeschottet werden, Stolz und Hochmut dürfe er keinesfalls entwickeln und niemand ihm schmeicheln. Seinen Eltern solle er respektvoll begegnen, keinesfalls aber in sklavischer Unterwürfigkeit. Die Erzieher sollten ihm vermitteln, »daß er keine solche Furcht, sondern nur wahre Liebe und vollkommen Vertrauen in Mich haben und in Mich setzen müsse«. Daraus spricht die Erinnerung an die eigene Kindheit. Friedrich Wilhelm war selbst in ständiger Furcht vor seinem Vater aufgewachsen, weshalb er ausdrücklich mahnt, den Kindern nie mit ihm zu drohen, sondern nur mit der Königin. Der König wünscht, geliebt zu werden, hält Strenge aber für notwendig. Friedrich Wilhelm ist wohl bewusst, dass ihn sein Jähzorn zu einer Last für seine Nächsten macht. Schon als Kind war er wild und aufbrausend gewesen, und kaum jemand verstand es, ihm Einhalt zu gebieten. Zwar hatte er Angst vor seinem Vater, doch der war kaum präsent. Seine Mutter und seine Erzieher wiederum erscheinen ihm im Rückblick als zu großzügig. Eine Wiederholung dieser Fehler will er verhindern.

Die Anweisungen König Friedrich Wilhelms an die Pädagogen zeigen, dass er sich ein Kind wünscht, das ihm möglichst ähnlich ist. Er will eine Erziehung, die seiner eigenen weitgehend gleicht und dabei deren Fehler vermeidet. Er hält an der Gouvernante fest, die sich schon um ihn gekümmert hatte. Er verwendet dieselbe Instruktion, die schon seinen Betreuern und Lehrern vorgelegt worden war, und wandelt sie genau an den Stellen ab, die ihm selbst Schwierigkeiten bereitet hatten. Er will gar nicht wissen, ob Friedrich das Lateinische liegt oder nicht, sondern geht allein von sich aus. Sich selbst sieht er als guten Christen und guten Wirt, vor allem aber als leidenschaftlichen Soldaten, und genau in diesen Idealen besteht auch das Ziel des Erziehungsprogramms, das er entwirft. Wie wird seine Instruktion umgesetzt? Gelingt es dem König, den Sohn nach seinem eigenen Bild zu formen?

Ein Kind wird Kompaniechef

Um den jungen Prinzen zum »Offizier und General« heranzuziehen, gibt man schon dem Kleinkind Zinnsoldaten und Spielzeugkanonen. Im Jahr 1717 wird die »Compagnie der kronprinzlichen Cadetten« gegründet. Die 110 kindlichen Söhne des Adels, die ihr angehören, befolgen die Kommandos des fünfjährigen Friedrich. Er lässt sie strammstehen, marschieren oder kehrtmachen und erlernt so auf praktische Weise das preußische Exerzierreglement, dessen Bestimmungen ihm ein siebzehnjähriger Offiziersanwärter vermittelt. Am Sonntag führt der kleine Kompanieführer den Zug der Knaben in die Kirche an.

Zwei Jahre nach der Gründung der Kadettenkompanie wird Friedrich in die Ausrüstung des preußischen Heeres eingewiesen. Hierfür wird im Berliner Schloss eigens eine kleine Waffensammlung eingerichtet. Der Unterricht im Reiten, Fechten, Schießen und Jagen vermittelt Fähigkeiten, die für das Kriegshandwerk unverzichtbar sind und deren Beherrschung von jedem Kavalier erwartet wird. Als Friedrich neun Jahre alt ist, nimmt ihn sein Vater erstmals zu Truppeninspektionen in den Provinzen mit, mit dreizehn wird er Hauptmann des Königlichen Regiments, mit vierzehn Major, mit sechzehn Oberstleutnant. Wie die Beförderungen zeigen, erreicht der Prinz die ihm vorgegebenen Ziele. Sogar die später ungeliebte Jagd macht ihm zunächst Freude.

Eine detaillierte königliche Instruktion aus dem Herbst 1725 legt Friedrichs wöchentliches Pensum für die Zeit des Aufenthalts der königlichen Familie in Königs Wusterhausen fest. Friedrich erhält pro Woche zwei Stunden Religionsunterricht, dazu kommt am Sonntag das Pauken des Katechismus in der Stunde vor dem Kirchgang. Zur religiösen Praxis gehören zudem Morgen- und Abendandachten, die mit den Erziehern und den Bediensteten abgehalten werden. Der Prinz erwirbt gründliche Kenntnisse der biblischen und der Kirchengeschichte ebenso wie der Dogmen der calvinistischen Lehre. »Man hat mich erzogen, als ob man einen *theologus* aus mir machen wollte«, sagt Friedrich viele Jahre später zu seinem Vorleser Henri de Catt. Das Ergebnis dieser Erziehung ist – vorerst – eine kindliche Frömmigkeit. Ein Aufsatz des Achtjährigen über die »Lebensweise eines Prinzen von hoher Geburt« spiegelt die Gehorsamspflicht wider, die das Kind gegenüber dem göttlichen Gesetzgeber empfindet: »Man muss das Herz auf der rechten Stelle und die reformierte Religion haben und Gott fürchten, nicht auf solche Weise wie die, die es um Geldes willen tun, auch nicht um der Erde willen. Man muss seinen Vater und seine Mutter lieben, man muss dankbar sein.«

Der Unterricht, den Duhan dem Prinzen erteilt, umfasst laut Stundenplan von 1725 über elf Stunden Geschichte pro Woche sowie vier Stunden Geographie. Der Schwerpunkt liegt auf der jüngeren Geschichte seit dem 16. Jahrhundert: Welche Herrscherhäuser regieren in welchen Ländern? Wie sind sie miteinander verwandt? Welcher Konfession gehören sie an? Über welche Ressourcen und Wirtschaftszweige verfügen ihre Länder? Wie entstanden die Republiken in den Niederlanden und in der Schweiz? Welche völkerrechtlichen Bestimmungen regeln das Zusammenleben der Staaten? Welche Verkehrswege verbinden die Regionen? Welche natürlichen Hindernisse trennen sie? All diese Fragen und Inhalte sind die notwendige Grundlage für spätere politische Entscheidungen und militärische Manöver. Der Prinz muss dieses Wissen auswendig parat haben und entsprechend pauken. Er beweist dabei eine gute Auffassungsgabe und entwickelt ein exzellentes Gedächtnis.

Außerdem stehen auf dem Stundenplan für Königs Wusterhausen zwei Stunden Arithmetik, drei Stunden »Moral« und zwei Stunden Fechten. Zwei Fächer, die fehlen, aber mit Si-

cherheit sonst ausführlich unterrichtet werden, sind Festungs-
und Artilleriekunde, in denen angewandte Mathematik und
Ingenieurswesen im Vordergrund stehen. Hinzu kommen
noch je eine Stunde französischer und deutscher Briefstil.
Auch Letzterer wird vom Erzieher und Lehrer Duhan de Jandun unterrichtet, der aber, wie schon Madame de Rocoulle,
nur wenig oder gar kein Deutsch beherrscht. Deutsch spricht
der Zögling mit den Hofpredigern, mit seinen Militärgouver-
neuren Finckenstein und Kalckstein sowie mit seinem Vater.
Seine Mutter und seine Schwester wiederum sprechen lieber
und besser französisch. So kommt es, dass für den zweispra-
chig aufwachsenden Friedrich das Französische zur ersten
Sprache wird, deren Rechtschreibung er allerdings nie beherrschen wird.

Der Tag des dreizehnjährigen Prinzen ist im Minutentakt
durchgeplant. Geweckt wird er unter der Woche um sechs, am
Sonntag um sieben Uhr. Für das Frühstück sind sieben Minuten berechnet, für das Anlegen des Sonntagsstaats 23 Minuten. Freizeit hat der Junge an Wochentagen von fünf Uhr am
Nachmittag bis zur Schlafenszeit um halb zehn, doch findet in
diesen Stunden noch die angeordnete körperliche Ertüchtigung
statt. Auch am Samstagnachmittag hat er frei – vorausgesetzt,
er hat das Abfragen des wöchentlichen Lernstoffes gut hinter sich gebracht und muss nicht nachsitzen. Bemerkenswert
ist, dass Friedrich die dreistündige Mittagspause mit seinem
Vater verbringt, die der König selbstverständlich ganz nach
seinen Vorstellungen gestaltet. Wilhelmine berichtet in ihren
Memoiren, dass die Geschwister während der Mittagsruhe
still um das Lager ihres Vaters sitzen mussten. Es ist ungewöhnlich, dass ein Herrscher so viel Zeit mit seinen Kindern
verbringt. Aber Friedrich Wilhelm ist nicht irgendein König.
Sein außergewöhnlicher Familiensinn, der über Macht- bezie-
hungsweise Heiratsfragen oder die Ernennung von Erziehern
hinausgeht, ist – ebenso wie sein Kontrollzwang – für seine

Familie oft schwer zu ertragen; beides unterscheidet ihn von den meisten anderen Herrschern seiner Zeit.

Regelmäßig begutachtet der Soldatenkönig persönlich den Unterricht seines Sohnes. Als er ihn einmal beim Lateinlernen antrifft, das laut seiner Instruktion streng verboten ist, schlägt er das Kind. Dieser König, der auch seine Untertanen persönlich prügelt, nimmt sich das – jedem Vater ohnehin zugestandene – Recht, seine Kinder zu züchtigen. Es wäre aber zu einfach, in ihm nur den selbstgerechten Tyrannen zu sehen. Friedrich erinnert sich später in einem Gespräch mit de Catt, wie eine Erzieherin den König einmal daran hinderte, seine Kinder zu schlagen. Am folgenden Tag bedankte sich Friedrich Wilhelm bei ihr. Ein anderes Mal, so Friedrich zu de Catt, wünschte sein Vater, dass Duhan ihn, Friedrich, nur gewähren ließe. Er würde Dummheiten machen, aber er würde es lernen, sich selbst zu leiten.

Friedrich Wilhelm erwartet, dass sein heranwachsender Sohn ihm auch bei seinen Vergnügungen Gesellschaft leistet. Der König liebt die Hetzjagd, gegen die Friedrich bald eine offene Abneigung zeigt. Während des Siebenjährigen Krieges erzählt er de Catt, dass sein Vater, der ihn selbst immer wieder schlug, streng untersagte, die Jagdhunde zu treten. Ebenso wie die Jagd widerstrebt Friedrich das Tabakskollegium: Bis tief in die Nacht sitzt sein Vater mit Offizieren und Günstlingen zusammen, trinkt dabei Unmengen an Bier und lässt seine Pfeife nie ausgehen. Alle Anwesenden sollen es ihm nachtun, und wer partout nicht rauchen will, hat wenigstens eine Pfeife in der Hand zu halten. Friedrich ist vom groben Humor der Männerrunde und den immer gleichen Militäranekdoten aufs Äußerste gelangweilt und abgestoßen. Ein Gesandter berichtet, die Strapazen seiner Erziehung – und sicher auch seines Lebenswandels mitsamt der vom Vater angeordneten »Vergnügungen« – setzten dem Kronprinzen derartig zu, dass er aussehe, als hätte er schon etliche Feldzüge hinter sich.

Am liebsten hält sich Friedrich Wilhelm in Königs Wusterhausen südlich von Berlin auf, wo er mit seiner Familie jeden Herbst für mehrere Wochen ein bescheidenes Jagdschlösschen bewohnt. Wenn Berlin das Fegefeuer ist, so Wilhelmine im Rückblick, dann ist Königs Wusterhausen die Hölle. Noch mehr als sonst verlangt der König nach der Gegenwart seiner Familie. Er gibt sich seiner Jagdleidenschaft hin und sitzt Abend für Abend im Tabakskollegium. Das Essen, das der königlichen Familie aufgetischt wird, beschreibt Wilhelmine als überaus bescheiden. Jahrzehnte später erinnert sie sich, mit knurrendem Magen von der Tafel aufgestanden zu sein. Allerdings sind ihre Memoiren nicht über jeden Zweifel erhaben. Sie verzeiht dem Vater wohl nie die unglückliche Ehe, die er ihr aufzwingen wird. Erhaltene Rechnungen belegen, dass Friedrich Wilhelm gutes Essen durchaus schätzt und sogar Spezialitäten aus ganz Europa nach Berlin bringen lässt. Es ist denkbar, dass er sich in seinem ländlichen Refugium Königs Wusterhausen an einem einfachen Leben erfreut, das den verwöhnten Prinzessinnen und Prinzen freilich viel weniger zusagt als dem König.

Neben Königs Wusterhausen liegt dem Soldatenkönig Potsdam besonders am Herzen. Hier steht sein Regiment, die berühmten »Langen Kerls«, die er persönlich befehligt und zu einer Mustertruppe aufbaut. Die besonders groß gewachsenen Männer erhält er von anderen Fürsten als Geschenk, presst sie mit Gewalt in seine Dienste oder lockt sie mit Versprechungen. Der Sold, den die großen Grenadiere beziehen, ist hoch, doch der Dienst unter dem »König-Korporal« ist hart. Schon frühmorgens ist er nach langen Abenden im Tabakskollegium wieder auf den Beinen, um seine »lieben blauen Kinder« exerzieren zu lassen. Das Krachen ihrer Musketen schreckt die königlichen Kinder aus dem Schlaf.

Gegenpol zur rauen väterlichen Welt ist das Schlösschen Monbijou. Es liegt unmittelbar vor den Toren Berlins und ist der Rückzugsort von Friedrichs Mutter Sophie Dorothea. Statt des derben Deutsch, wie es im Tabakskollegium gesprochen wird, gilt hier die kultivierte französische Konversation. Man trägt Kleider nach Pariser Mode statt Uniform, es gibt Musik, Tanz und verbotene Glücksspiele, selbstverständlich nur in Abwesenheit und ohne Wissen des Königs. Der heranwachsende Friedrich, der während seiner ersten Lebensjahre durch die Gesellschaft seiner Mutter, seiner Schwester Wilhelmine und seiner französischen Gouvernante tief geprägt ist, fühlt sich zu dieser Lebensart unwiderstehlich hingezogen. Er lernt, auf der höfischen Bühne in der Rolle des *honnête homme* zu brillieren.

Länderskizze: Frankreich

Die beherrschende Gestalt der europäischen Politik und Kultur um 1700 ist Ludwig XIV. von Frankreich. Der Sonnenkönig gilt als der wichtigste Vertreter des absolutistischen Königtums. Friedrich schreibt später über ihn: »Europa war entzückt vom Stempel der Größe, den Ludwig XIV. all seinem Tun aufprägte, von den feinen Sitten, die an seinem Hofe herrschten, von den großen Männern, die ihn zierten, und suchte das bewunderte Frankreich nachzuahmen.« Französische Kultur und französische Macht geben sich gegenseitig recht und strahlen weithin über den Kontinent. Der deutsche Rechtslehrer und Philosoph Thomasius stellte bereits 1687 fest: »Französische Kleider, Französische Speisen, Französischer Hausrat, Französische Sitten, Französische Sünden, ja sogar Französische Krankheiten sind durchgehends im Schwange.«

Frankreichs Literatur erlebt mit Racine, Molière und Corneille ihr klassisches Zeitalter, in Paris und Versailles aufgeführte Opern, Theaterstücke und Ballette setzen Maßstäbe – Europas Eliten verfallen der Gallomanie. Voltaire schreibt in einer Abhandlung über das Jahrhundert König Ludwigs XIV.: »Unter allen Sprachen ist die französische Sprache diejenige, die mit der größten Leichtigkeit, Prägnanz und Feinheit alle Gegenstände der Konversation gebildeter Menschen ausdrückt, und so zählt sie in ganz Europa zu den größten Annehmlichkeiten des Lebens.« Die *art de plaire,* die Kunst zu gefallen, lässt sich nur auf Französisch zelebrieren.

Deutsche Fürsten zeigen sich an französischer Sprache und Kultur besonders interessiert. Der Gebrauch des Französischen an ihren Höfen demonstriert eine weitgehende Unabhängigkeit von der Reichsgewalt, deren Institutionen am Lateinischen und am Deutschen festhalten. Die Kurfürsten, Landgrafen und Herzöge wollen zeigen, dass sie wie Ludwig XIV. alleinige Herren und absolute Herrscher ihrer Länder sind. Dem folgt auch Friedrich I. in Preußen, der Großvater des Prinzen Friedrich.

Ludwig XIV. stirbt 1715. Sein Name ist nicht nur mit der kulturellen Blüte und Strahlkraft seines Landes verbunden, sondern auch mit Jahrzehnte währenden Kriegen. Das Ziel des Königs, Frankreich die Hegemonie über den Kontinent zu erobern, bleibt trotz aller Opfer und Kosten unerreicht. Auf dem Sterbebett warnt der Sonnenkönig seinen fünfjährigen Urenkel und Nachfolger davor, seinem Beispiel zu folgen, nämlich Kriege leichtfertig zu beginnen und aus Eitelkeit zu verlängern. Kriege seien der Ruin der Staaten. Der sterbende König weiß, wovon er spricht. Er hinterlässt drei Milliarden Livre Schulden.

Ludwig XV. erbt ein Land mit gut 20 Millionen Einwohnern, von denen über eine halbe Million in Paris lebt. Die wichtigsten territorialen Zugewinne der französischen Krone im Laufe des 18. Jahrhunderts sind Lothringen und Korsika. Frankreich verfügt über koloniale Besitzungen in Kanada, der Karibik, Westafrika und an der indischen Ostküste. Die Kolonien verschaffen ihrem Mutterland hohe Einkünfte. Der Sklavenhandel zwischen Afrika und der Karibik sowie der Import und Zwischenhandel von Zucker aus Haiti spülen viel Geld in französische Kassen. Aber nicht nur die Ausbeutung der Kolonien, sondern auch die heimische Landwirtschaft und das umfangreiche Textilgewerbe bescheren einigen wenigen großen Reichtum.

Der minderjährige König untersteht zunächst der Vormundschaft seines Onkels, des Herzogs Philipp von Orléans. Nach dessen Tod 1723 ernennt der gerade volljährig gewordene Souverän seinen ehemaligen Erzieher, den Kardinal Fleury, zum leitenden Minister. Ludwig XV. ist begabt und politisch interessiert, doch hemmt ihn seine große Schüchternheit, die wohl eine Folge des frühen Verlustes seiner Eltern ist. Die meiste Zeit seines Lebens ist er deshalb empfänglich für die Einflussnahme von Ministern und Mätressen. Bald nach dem Tod des greisen Kardinals im Jahr 1743 wird die Marquise de Pompadour die offizielle Hauptmätresse des Königs und behält bis zu ihrem Tod 1764 große Macht bei Hofe. Ihr Hang zur Verschwendung schadet dem Ansehen des Königs, der ursprünglich im Volk sehr beliebt war.

Der König, grundsätzlich von den Gesetzen gelöst – *de legibus absolutus* –, muss dennoch Rücksicht auf die sechs Grundgesetze nehmen, die unter anderem die

Thronfolge, die Pflichten des Königs und dessen Religion regeln. Stände, Provinzen und Korporationen verfügen über Privilegien, die die königliche Gewalt einschränken. Die oberen Gerichtshöfe, Parlamente genannt, behaupten ebenfalls ihre Rechte. Der König entsendet Intendanten, die in den verschiedenen Regionen des Landes Besteuerung und Verwaltung organisieren. In mehr als einem Drittel der Intendanturbezirke müssen sie sich ihre Zuständigkeiten allerdings mit den von Adel und Klerus kontrollierten Ständeversammlungen teilen.

Ein Heer von 40000 Beamten, deren Posten einmal käuflich waren und nunmehr von ihren Inhabern als erblich betrachtet werden, dient der Zentralgewalt mehr schlecht als recht. Die Staatsdiener sind zum Teil durch den Erwerb ihres Amtes geadelt worden und genießen somit Steuerprivilegien. Steuerpächter, die für die Erlaubnis zur Steuereinziehung in einem bestimmten Gebiet eine feste Summe zahlen und sich oftmals bereichern, vertreten die Staatsinteressen allenfalls halbherzig. Während der Herrschaft Ludwigs XV., die bis 1774 dauert, ist der französische Staatshaushalt nur einmal, im Jahr 1738, ausgeglichen.

Seit der Jahrhundertmitte drängt die Staatsverschuldung Versailles zu Zentralisierung und Straffung der ineffektiven und teuren Bürokratie, die eine Ausschaltung der Parlamente und Provinzialstände verlangt. Außerdem müsste die Steuerpflicht ausgeweitet werden, damit mehr Geld in die staatlichen Kassen fließt, doch die von den Abgaben ausgenommenen Privilegierten wehren sich erfolgreich. Die Kritik an den exorbitanten Pensionen für den Hofadel bleibt ohne Folgen. Die Begüterten tragen so beträchtlich zu der Staatskrise bei, die schließlich in die Französische Revolution mündet. Das absolute Königtum ist nicht zu tyrannisch, sondern zu schwach. Obwohl Frankreich ein reiches Land ist, bleibt der Staat arm. Die Bewegung der *philosophes* übt zusätzlichen Druck auf das politische System aus. Anfänglich üben bürgerliche, später oft auch adelige und geistliche Aufklärer Kritik an den religiösen Autoritäten und an der Intoleranz gegenüber Nichtkatholiken. Sie propagieren selbständiges, vernunftgeleitetes Denken und dringen auf entsprechende Reformen. Einige ihrer Forderungen werden in den 1770er-Jahren umgesetzt, etwa die teilweise Abschaffung der Leibeigenschaft oder der Folter. Längst genügt es vielen *philosophes* nicht mehr, den absolutistischen Staat zu reformieren. Für sie ist er von Grund auf despotisch und muss durch eine andere, mehr Mitbestimmung ermöglichende Staatsform abgelöst werden. Das geschieht in der Französischen Revolution von 1789.

Ein eleganter Hofmann

Mit neun Jahren entdeckt Friedrich die französische Literatur. Der Roman »Die Abenteuer des Telemach« von Fénelon erzählt von einem Königssohn, der ganz anders aufwächst als er selbst. Da Friedrich seine Freizeit nicht genügt, um französische Romane und Verse oder die vom Vater aus dem Lehrplan verbannten antiken Dichter und Denker zu lesen, schleicht er sich nachts zum Lesen aus dem Bett, in dem neben ihm sein Erzieher Duhan und sein Kammerdiener liegen, und liest im Nebenzimmer. Er spielt auch gerne Flöte, was Fried-

rich Wilhelm zunächst nicht zu stören scheint. Als der Prinz
sechzehn Jahre alt ist und sein Vater längst Anstoß an seinen
musischen Vorlieben nimmt, begegnet er am sächsischen Hof
dem Flötenvirtuosen Johann Joachim Quantz. Friedrich über-
redet seine Mutter, den Musiker für zwei Aufenthalte im Jahr
nach Berlin zu holen. Als der König einmal in ein Konzert
des Flötisten hereinplatzt, versteckt sich Quantz im Kamin
und bleibt unentdeckt. Ganz erfolglos ist die Razzia Friedrich
Wilhelms aber nicht. Er findet Brokatschlafröcke, die er verbrennen lässt, und französische Romane. Seine Sparsamkeit
hält ihn davon ab, diese auch zu zerstören. Lieber verkauft er
sie an einen Buchhändler.

Dass sich das Selbstbild Friedrichs zunehmend vom Wunsch-
bild seines Vaters unterscheidet, äußert sich schon darin, dass
Friedrich Wilhelm seinen Sohn schlicht Fritz ruft, der Prinz
sich selbst aber lieber Frédéric oder, weil es ihm eleganter erscheint, Fédéric nennt. Der König erregt sich zunehmend über
das verfeinerte Betragen seines Sohnes und seine Ausgaben
für Kleider und Galanteriewaren. Da Friedrich kurzgehalten
wird, macht er Schulden beim britischen Gesandten. Der Vater schimpft, sein Sohn sei »effeminiert« und verweichlicht,
während der Sohn die Uniform seinen »Sterbekittel« nennt.
Die Auseinandersetzungen bleiben nicht unbemerkt. Die
Sympathien innerhalb und außerhalb Preußens sind eindeutig
auf Seiten des Kronprinzen, auch dank seiner gewinnenden
Art und seiner Klugheit. Der Soldatenkönig hingegen wird
teils gefürchtet, teils belächelt oder auch schlicht für geistes-
krank gehalten. Friedrich Wilhelm weiß, was die Leute reden.
Dass er zurückgewiesen wird, während seinem, wie er findet,
verantwortungslosen Sohn die Herzen zufliegen, macht ihn
eifersüchtig, denn statt Furcht und Spott wünscht er sich die
Liebe seiner Zeitgenossen.

Mit sechzehn unterschreibt Friedrich einen Brief an seine
Schwester Wilhelmine mit »Frédéric le philosophe«. Ein *phi-*

losophe ist alles andere als ein weltfremder Grübler, der sich metaphysischen Spekulationen widmet. Sein Anliegen ist es, die Welt zu verändern. Er will das Selbstdenken an die Stelle des Gottvertrauens setzen und Wissen nicht nur nach seiner Nützlichkeit, sondern auch nach seinem ästhetischen Wert beurteilen. Die *philosophes* streben danach, dass sich freie Geister auf Augenhöhe begegnen, statt sich geistlichen Autoritäten zu beugen. Deshalb bekämpfen sie diese Autoritäten. Ein *philosophe* ist das Gegenteil eines gottesfürchtigen Christenmenschen. Statt unter dem Kreuz steht er unter dem Banner der Aufklärung und sucht den Aufbruch in ein neues Zeitalter. Mit gutem Grund gewinnt der Vater den Eindruck, dass sein Sohn keines der von ihm gesteckten Erziehungsziele erreicht: Friedrich verbindet mit dem Ideal des *honnête homme* weniger charakterliche Integrität als vielmehr höfische Eleganz und geistvolle Konversation. Weder ist er ein guter Christ noch ein guter Haushälter noch ein begeisterter Soldat. Die zahlreichen vielversprechenden Ansätze, die Friedrich auf anderen Gebieten wie der Musik oder der Literatur zeigt, lässt der König nicht gelten.

Friedrich Wilhelms auffälliger Mangel an Einfühlungsvermögen und Toleranz und sein Anspruch, den Sohn nach dem eigenen Bild zu formen, bleiben nicht ohne Folgen. Die Spannungen zwischen Vater und Sohn führen bald zu einer Krise. Friedrich wird viel später zu de Catt sagen:»Mein Vater glaubte, daß ich aus dem Stoffe sei, aus dem man machen könnte, was man wollte. Er hat sich geirrt.«

Die Krise zwischen Vater und Sohn

Als Friedrich zwölf Jahre alt ist, weist ihn der Vater in einer Weise zurecht, die über die bisherigen Züchtigungen hinausgeht und das tiefe Misstrauen des Königs gegenüber seinem

Nachfolger zum Ausdruck bringt: »Ich möchte wohl wissen, was in diesem kleinen Kopfe vorgeht; ich weiß, daß er nicht so denkt wie ich, und daß es Leute gibt, die ihm andere Gesinnungen beibringen und ihn veranlassen, alles zu tadeln; das sind aber Schufte. ... Fritz, denke an das, was ich dir sage! Halte immer eine gute und große Armee; du kannst keinen bessern Freund haben und dich ohne sie nicht halten. Unsere Nachbarn wünschen nichts mehr, als uns über den Haufen zu werfen; ich kenne ihre Absichten; du wirst sie auch noch kennenlernen. Glaube mir, denke nicht an die Eitelkeit, sondern halte dich an das Reelle. Halte immer auf eine gute Armee und auf das Geld; darin besteht der Ruhm und die Sicherheit eines Fürsten.« Diese Worte unterstreicht der König zunächst mit leichten Klapsen auf die Wange, die aber immer heftiger werden und sich schließlich in heftige Ohrfeigen verwandeln.

Die Ermahnung Friedrich Wilhelms zeigt, dass er sich einer feindseligen Umwelt gegenübersieht, die Preußen zu militärischer Stärke zwinge. Die Armee, die er deshalb für unverzichtbar hält, liegt ihm mehr am Herzen als alles andere. Der Soldatenkönig entwickelt die Angst, Friedrich könnte, wenn er seine Nachfolge angetreten hat, das preußische Heer und damit sein Lebenswerk aufgeben oder verspielen. Das Misstrauen, das er als Politiker gegen seine Konkurrenten hegt, verschmilzt mit dem Misstrauen gegen seinen scheinbar unsoldatischen Sohn. Er beschließt: »Ich will seinen Willen zerstören, so daß nicht er den Willen hat, sondern ich.«

Als sich Friedrich Wilhelm darüber erregt, dass sein Sohn die Haare nicht kurz tragen will, versucht der Sechzehnjährige ihn zu beschwichtigen: »Ich bitte also meinen lieben Papa mir gnädig zu sein und kann hiebei versichern, daß nach langem Nachdenken mein Gewissen mir nicht das Mindeste gezeigt hat, worin ich mich etwas zu reprochieren [vorwerfen] haben sollte; hätte ich aber wider mein Wissen und Willen gethan, daß meinen lieben Papa verdrossen habe, so bitte ich hiermit unterthänigst um Vergebung und hoffe, daß mein lieber Papa den grausamen Haß, den ich aus allem seinem Thun genug habe wahrnehmen können werde fahren lassen ... ungeachtet seiner Ungnade mit unterthänigstem und kindlichstem Respect bin meines lieben Papas getreuster und gehorsamster Diener und Sohn Friedrich.« Trotz aller unterwürfigen Wendungen bleibt Friedrich dabei, dass er sich nichts vorzuwerfen hat, und bezichtigt seinen Vater, ihn zu hassen.

Der Antwortbrief des Vaters ignoriert die – nicht ganz vorbehaltlose – Entschuldigung des Sohnes: »Sein eigensinniger böser Kopf, der nit seinen Vater liebet, dann wann man nun alles thut, absonderlich seinen Vater liebet, so thut man was er haben will, nit, wenn er dabei stehet, sondern wenn er nit alles sieht. Zum andern weiß er wohl, daß ich keinen efemirten Kerl leiden mag, der keine mennliche Inclinationen hat, der sich schämt, nit reiten noch schießen kann, und dabei mal propre [unsauber] an seinem Leibe, seine Haare, wie ein Narr sich frisiret und nit verschneidet.« Zu weibisch und unmännlich ist dem König sein Sohn. Er lässt kein gutes Haar an Friedrich, der ihn nicht liebe und ihm auch nicht gehorche.

Einige Wochen nach diesem Briefwechsel klagt der betrunkene Friedrich während eines Festessens – der König erwartet von den Anwesenden stets, dem Alkohol zuzusprechen –, wie sehr er unter seinem Vater leide. Als der nicht reagiert, umarmt ihn Friedrich, setzt sich auf seinen Schoß und versichert den Vater seiner Liebe. Friedrich Wilhelm ist bewegt und beruhigt seinen aufgewühlten Sohn: »Nun, das ist schon gut, werde du nur ein ehrlicher Kerl, sei du nur ehrlich.« Erschöpft zieht sich Friedrich zurück. Im Tabakskollegium, das am selben Abend abgehalten wird, zeigt sich der König vergnügt, ändert aber auch fortan nichts an seiner harten Linie. Die Bitte seines Sohnes, reisen zu dürfen, lehnt er ab.

Friedrichs Tagwerk besteht inzwischen maßgeblich aus seinem Dienst beim Königlichen Regiment. Sein Unterricht bei Duhan de Jandun endete 1727, seine Militärgouverneure bleiben noch zwei Jahre länger in ihren Ämtern. Sie werden von Leutnant von Keyserlingk und Oberstleutnant von Rochow abgelöst, die mehr Gesellschafter als Erzieher sind. Während der ernste und distanzierte Rochow seinen Auftrag, Friedrich zu kontrollieren, erfüllt, schließt Keyserlingk Freundschaft mit dem Prinzen. Ein weiterer enger Freund wird der gleichfalls gebildete und scharfsinnige Leutnant von Katte.

Friedrich führt nunmehr ein Doppelleben. Längst hat der Kronprinz unter dem Druck seines Vaters die Fähigkeit entwickelt, sich zu beherrschen und zu verstellen. Er kann sich weder entziehen noch seine Wesensart verändern. Also lernt er, sie zu verleugnen. Die Angst vor der Missbilligung des Königs treibt ihn dazu, dem Vater in dessen Gegenwart stets gefällig zu sein. Im nächsten Augenblick tut er dann schon das, was ihm gerade noch Prügel eingebracht hätte. Vielen Zeitgenossen fällt auf, wie perfekt er schließlich die Kunst beherrscht, seine wahren Wünsche zu verbergen. »Bekanntlich verstellt sich der Kronprinz von Preußen so tief und besitzt solche Selbstbeherrschung, dass man seine mutmaßlichen Absichten noch nicht hat ergründen können«, berichtet beispielsweise der dänische Gesandte Jessen im Jahr 1740.

Neben Keyserlingk und Katte nimmt auch Wilhelmine an den konspirativen Vergnügungen teil. Wann immer es geht, tauschen die Freunde den Uniformrock gegen elegante Kleider und widmen sich den schönen Künsten. Wenn der Prinz an einer Jagd teilnehmen muss, schlägt er sich mit den Freunden in die Büsche und musiziert. Heimlich mietet er sich ein Zimmer für seine Bibliothek, die mit Unterstützung Duhans bald auf über 3700 Bände heranwächst. Auch Ausschweifungen scheinen nicht auszubleiben. Wilhelmine erinnert sich: »Bei

[Katte] verlor mein Bruder alles Christentum und ließ sich zu den zügellosesten Liederlichkeiten hinreißen.«< Mit »Liederlichkeiten« meint Wilhelmine möglicherweise eine erotische Beziehung zwischen den beiden jungen Männern, über die in Berlin gemunkelt wird.

Die Ablehnung des Vaters durch den Sohn hat neben zwischenmenschlichen auch politische Gründe. Der preußische Hof ist gespalten: Auf der einen Seite steht die britische Partei um die Königin und ihre beiden ältesten Kinder Wilhelmine und Friedrich. Die Gegenseite bildet das österreichische Lager mit dem König, dem leitenden Minister und General Friedrich Wilhelm von Grumbkow und dem in Habsburger Diensten stehenden Friedrich Heinrich von Seckendorff, dem Schöpfer dieser Fraktion. Ohne eine offizielle Funktion kommt der verdiente General des Kaisers und ehemalige Waffengefährte des Soldatenkönigs 1726 an den preußischen Hof. Mit viel politischem und psychologischem Geschick gelingt es ihm, Grumbkow von den Vorzügen zu überzeugen, die eine eheliche Verbindung mit dem Habsburger Kaiserhaus für Preußen haben würde. Monatliche Zahlungen in Höhe von 1000 Dukaten sichern Grumbkows Verlässlichkeit ab. Solche Zuwendungen sind nicht ungewöhnlich. Auch der Königin, der Hauptgegnerin Grumbkows und Seckendorffs, wird nachgesagt, Gelder zu erhalten, in diesem Fall aus Frankreich.

Grumbkow ist eine Schlüsselfigur am Hof. Gemeinsam mit dem König hat er die Militärverwaltung und das Steuersystem grundlegend reformiert und genießt dessen uneingeschränktes Vertrauen. Friedrich Wilhelm herrscht zwar mit starker Hand im Innern, ist in der Außenpolitik aber unbeholfen. Auf diesem Gebiet kann er nicht einfach alleine entscheiden, sondern muss sich mit den anderen Mächten verständigen. Das Geschäft der Diplomatie, das ohne Täuschung und Doppelzüngigkeit nicht auskommt, ist dem geradlinigen Mann suspekt. Er überlässt die Leitung der auswärtigen Angelegen-

heiten deshalb gerne Grumbkow. Dieser hat als einer der ganz
wenigen am Hof den Mut, dem König die Meinung zu sagen.
Das Tabakskollegium, das dem lesefaulen König neben Zoten
auch Informationen bietet, nutzt Grumbkow für offene Worte
gegenüber seinem Herrn. Es hilft ihm, dass er wenig Skrupel
und viel Witz hat. Der König hält ihn für unentbehrlich. Als
der britische Gesandte den König mit Briefen konfrontiert, die
Grumbkows Dienste für die Habsburger belegen, bekommt er
einen Wutanfall. Sein Zorn richtet sich allerdings gegen den
Gesandten statt gegen seinen Minister, der ein Diener zweier
Herren ist. Er sagt über ihn: »Ich weiß, daß er so und so ist,
aber man muß auch Leute haben für Geschäfte, die andere
ehrenwerte Leute nicht ausführen wollen, und ich richte mehr
mit ihm in einer Stunde aus als mit anderen in dreien.«

Grumbkows Nähe zum König und Seckendorffs Fähigkeit zur Manipulation sichern den Einfluss Österreichs auf
den preußischen Hof. Wien wünscht eine Verheiratung des
Thronfolgers mit einer dem Kaiser nahestehenden Prinzessin
sowie die Anerkennung der weiblichen Thronfolge im Hause
Habsburg, die Kaiser Karl VI. in der Pragmatischen Sanktion
festgelegt hatte. Im Gegenzug macht Wien dem Preußenkönig
Hoffnung auf das schon lange beanspruchte Herzogtum Berg
mit der Hauptstadt Düsseldorf. Das vage Angebot bedeutet
den Verzicht auf das gleichfalls von den Hohenzollern beanspruchte Herzogtum Jülich, ein Opfer, das Friedrich Wilhelm in Kauf nimmt. Er weiß nicht, dass das österreichische
Angebot wertlos ist, da Wien die Herzogtümer Jülich und
Berg insgeheim längst dem Haus Sulzbach versprochen hat.
Prinz Eugen von Savoyen, der gefeierte Feldherr und starke
Mann der österreichischen Politik, sieht keinen Nutzen darin,
das erstarkende Preußen zu einem gewichtigen Konkurrenten
in Mitteleuropa heranwachsen zu lassen.

Auf der anderen Seite versucht Königin Sophie Dorothea,
als die Tochter des Kurfürsten von Hannover, der 1714

den britischen Thron bestieg, alles, um die Interessen der britischen Partei am preußischen Hofe geltend zu machen. Nach dem Tod ihres Vaters im Jahr 1727 wird ihr Bruder als Georg II. König von Großbritannien. Sophie Dorothea will die enge Verbindung zwischen den beiden nunmehr königlichen Häusern Hohenzollern und Hannover fortführen. Ihre Schwiegermutter Sophie Charlotte war ebenfalls die Tochter eines Kurfürsten von Hannover. Sie war also zugleich ihre Tante und ihr Mann Friedrich Wilhelm ist auch ihr Cousin. Wilhelmine und Friedrich halten zur Königin, was angesichts des belasteten Verhältnisses zu ihrem Vater nicht überrascht. Aus heutiger Sicht wirkt es befremdlich, dass Kinder als politische Verfügungsmasse betrachtet werden, aber im Zeitalter der Höfe und Allianzen sind den Beteiligten diese Denkmuster selbstverständlich. So beschreibt Wilhelmine in ihren Memoiren, wie sehr sie die Frage ihrer Verheiratung beschäftigt. Ihr Ehrgeiz besteht darin, einem möglichst angesehenen und einflussreichen Fürsten angetraut zu werden, damit sie künftigen Königen statt bloß angehenden Herzögen das Leben schenkt. Gemeinsam mit ihrer Mutter versucht sie, diese schicksalsträchtige Entscheidung zu beeinflussen. Ob sie den jeweiligen Kandidaten kennt und ihn sympathisch findet, spielt dabei für sie durchaus eine Rolle.

Königin Sophie Dorothea sieht sich schon am Ziel, als zwischen den Häusern Hannover und Hohenzollern im Jahr 1723 ein Bündnisvertrag abgeschlossen wird, der eine Doppelverlobung vorsieht. Friedrich soll die älteste englische Prinzessin Amelia Sophie heiraten, Wilhelmine den Thronfolger Friedrich Ludwig. Doch dann wischt König Friedrich Wilhelm unter dem Einfluss Seckendorffs und Grumbkows die Vereinbarung vom Tisch. Friedrich wird auf eine den Habsburgern genehme Partie festgelegt, Wilhelmine soll an den Markgrafen von Schwedt oder an den Herzog des Zwergstaates Sachsen-Weißenfels verheiratet werden. Über

die Aussicht auf eine Heirat mit dem Weißenfelser schreibt
sie in ihren Memoiren: »Ich war 19, er war 43 Jahre alt.
Seine Gestalt war eher unangenehm als einnehmend; er war klein
und außerordentlich dick; er war weltgewandt, aber brutal
im Privatleben und noch dazu ein Lustmolch. Man kann sich
vorstellen, wie es in meinem armen Herzen aussah! Einzig
meine Hofmeisterin wusste über meine wahren Gefühle Bescheid und nur in ihrem Schoß konnte ich mich ausweinen.«
Diese Niederlage wollen die Königin und ihre Kinder nicht
hinnehmen und bleiben mit London in Kontakt. Friedrich
verspricht dem britischen Hof, nur die Prinzessin Amelia
heiraten zu wollen, Wilhelmine graut vor den ihr unerträg-
lichen Partien Schwedt und Weißenfels. Aber es hilft nichts,
es bleibt in der preußischen Politik bei der Ausrichtung an
Österreich. Sophie Dorothea muss erleben, wie die einst gute
Beziehung zwischen Preußen und Hannover in offene Feind-
schaft umschlägt. Beinahe kommt es wegen der Verhaftung
preußischer Werber, die in den hannoverschen Landen mit
Lockungen und Zwang Soldaten rekrutieren, zum Krieg,
doch die Kontrahenten akzeptieren im letzten Moment eine
Vermittlungslösung. Im Frühjahr 1730 erscheint noch einmal
ein englischer Unterhändler in Berlin, der die Eheverhand-
lungen wieder aufnimmt. Aber der König bleibt gegen eine
enge Verbindung mit dem Haus Hannover und will, wenn
überhaupt, nur einer Verheiratung seiner ältesten Tochter mit
einem britischen Prinzen zustimmen.

Das explosive Gemisch aus persönlichen und politischen
Konflikten führt dazu, dass sich das Verhältnis zwischen Vater und Sohn gegen Ende der 1720er-Jahre dramatisch ver-
schlechtert. In ihren Memoiren beschreibt Wilhelmine, wie
ihr der nun achtzehnjährige Friedrich sein Herz ausschüttet:
»Man predigt mir alle Tage Geduld, aber niemand weiß, was
ich ertragen muss. Täglich bekomme ich Schläge, werde be-

handelt wie ein Sklave und habe nicht die geringste Erholung. Man verbietet mir das Lesen, die Musik, die Wissenschaften, ich darf fast mit niemandem mehr sprechen, bin beständig in Lebensgefahr, von lauter Aufpassern umgeben, mir fehlt es selbst an der nötigen Kleidung, noch mehr an jedem anderen Bedürfnis.« Der tyrannische Vater steigert Friedrichs Erniedrigung noch durch Spott. »Du bist ein Prinz ohne Ehre, wäre mir so begegnet worden, ich wäre längst zum Teufel gelaufen«, wiederholt er immer wieder. Er fordert Friedrich auf, zugunsten seines jüngeren Bruders August Wilhelm auf den Thron zu verzichten. Friedrich Wilhelm bevorzugt den Nachgeborenen wegen dessen Folgsamkeit und überhäuft ihn gelegentlich mit Küssen. Friedrich stimmt zu, stellt aber die provozierende Forderung, dass Friedrich Wilhelm seine Vaterschaft widerrufe. Vater und Sohn steigern sich in eine aggressiv-vorwurfsvolle Haltung hinein. Beide sind offenbar kurz davor, sich voneinander loszusagen. Die Situation wird unerträglich. Schließlich offenbart Friedrich seiner älteren Schwester, fliehen zu wollen. Den letzten Ausschlag zu diesem Entschluss habe eine Begegnung mit dem Vater gegeben, der ihn zu sich gerufen habe, dann ohne eine Erklärung über ihn hergefallen sei, ihn verprügelt und mit einem Vorhangstrick beinahe erwürgt habe. Ob er tatsächlich fliehen oder nur einen Eklat provozieren will, lässt sich kaum sagen. Selbst wenn die Flucht scheiterte, erzwänge sie eine Klärung des Verhältnisses zwischen Vater und Sohn.

Die Intrigen und Zerwürfnisse gehen auch an König Friedrich Wilhelm nicht spurlos vorüber. Seine Gewaltausbrüche sind Ausdruck einer Verschwörungsparanoia, die ihn zwischen Wutanfällen und depressiven Stimmungen schwanken lässt. Der gläubige Mann fürchtet, zu denen zu gehören, die Gott von Anfang an zur Verdammnis bestimmt hat. Die Schreckensphantasien rauben Friedrich Wilhelm den Schlaf. Mitten in der Nacht steht er auf und bittet seine Frau um Einlass in ihre Gemächer. Trotz allen politischen Haders bleiben Friedrich Wilhelm und Sophie Dorothea einander treue Eheleute.

Der Fluchtversuch und seine Folgen

Friedrich will weg. Und wenn seine Flucht misslingen sollte, würde sie doch eine Veränderung im Verhältnis zum König erzwingen. Mit seinen Freunden Katte und Keith sucht er nach Möglichkeiten, sich dem Zugriff seines Vaters zu entziehen. Er hofft, England zu erreichen, wohin er geheime Kontakte unterhält. Dort herrscht der Bruder seiner Mutter, der die Pläne einer ehelichen Verbindung zwischen der britischen und der preußischen Königsfamilie ebenso wenig aufgegeben hat wie Friedrich selbst. Im Sommer 1730 bietet sich eine gute Gelegenheit zur Flucht. Der König begibt sich auf eine Reise nach Süddeutschland und an den Rhein, der Kronprinz begleitet ihn. Friedrich Wilhelm ahnt längst, dass sein Sohn das Heil in der Flucht suchen könnte, und lässt ihn von treu ergebenen Offizieren begleiten, oder besser, bewachen.

Am Abend des 4. August beziehen der König und sein Gefolge Quartier im Dorf Steinsfurt bei Heidelberg. Um halb drei in der Frühe steht Friedrich auf und zieht sich – reichlich auffällige – Zivilkleider an. Sein Kammerdiener bemerkt sogleich seinen Aufbruch und macht dem Oberstleutnant von Rochow, dem pflichtbewussten Begleiter des Kronprinzen, Meldung. Rochow findet Friedrich auf der Dorfstraße, drei weitere Offiziere kommen hinzu. Ein Page Friedrichs, der Pferde für die Flucht besorgt hat, erscheint, kann sich aber herausreden. Unter unverfänglichen Reden wird Friedrich zurück in sein Quartier komplimentiert. Gegen Mittag, die Reisegesellschaft ist inzwischen in Mannheim eingetroffen, beichtet der Page dem König seine Fluchthilfe. Friedrich Wilhelm befiehlt Rochow, den Kronprinzen auf die preußische Festung Wesel am Niederrhein zu bringen.

Zum Zeitpunkt des misslungenen Fluchtversuchs ist der König über die Pläne seines Sohnes längst im Bilde. Friedrich hatte einen Brief an Katte unvollständig adressiert, so dass dieser nicht seinen Freund, sondern einen preußischen Werbeoffizier gleichen Namens erreichte, der ein Cousin Kattes ist und sogleich den König benachrichtigte. In Berlin konnte Katte seinen Mund nicht halten und prahlte mit den geheimen Plänen, die er und seine Freunde hegten. Katte wird verhaftet, während Keith, der Dritte im Bunde, fliehen kann. Er schafft es, nach England zu gelangen, wo König Georg II. ihn unter seinen Schutz stellt.

Auf der Festung Wesel tritt der König dem Gefangenen erstmals gegenüber und verhört ihn. Warum er habe desertieren wollen? »Weil Sie mich nicht wie Ihren Sohn, sondern wie einen niederträchtigen Sklaven behandelt haben.« – »Ihr seid also nichts als ein feiger Deserteur ohne Ehre?« – »Ich habe soviel Ehre als Sie und nur das getan, was Sie mir hundertmal gesagt haben, Sie würden es an meiner Stelle tun.« Daraufhin ersticht der Vater den Sohn beinahe mit dem Degen, der Festungskommandant rettet Friedrich. Die Berater Friedrich Wilhelms überzeugen den König, sich erst einmal von seinem abtrünnigen Sohn fernzuhalten, da das Christentum verbiete, ihn einfach zu töten.

Diese erste Konfrontation nach der misslungenen Flucht enthüllt, wie der wutentbrannte Soldatenkönig die Angelegenheit zu handhaben gedenkt: Er sieht in Friedrich nicht mehr seinen Sohn und auch nicht einen Prinzen seines Hauses. »Oberst Fritz« ist für ihn ein fahnenflüchtiger Soldat, der gegen seine höchste Pflicht, dem Oberbefehlshaber gehorsam zu sein, verstoßen hat.

Friedrich verliert seine militärischen Ehrenrechte und wird unter strenger Bewachung auf die Festung Küstrin an der

Oder gebracht, wo er in eine karge Zelle gesperrt wird. Er bekommt kaum Licht und nichts zu lesen außer der Bibel und einem Gesangbuch. Das einfache Essen wird ihm in mundgerechten Bissen gereicht, weil er nicht Messer und Gabel haben darf. Den Wachen ist verboten mit ihm sprechen. Eine Untersuchungskommission verhört den Missetäter. 185 Fragen muss er beantworten, die wichtigsten stehen am Ende des langen Katalogs. Ein Protokoll dokumentiert das Verhör mit dem gefallenen Prinzen: »Welche Strafe er verdiene?«, wird er gefragt. Seine Antwort darauf: »Ich unterwerfe mich des Königs Gnade und Willen.« Und weiter: Ob er es verdiene, Landesherr zu sein. – Er könne nicht sein eigener Richter sein. Ob er auf die Thronfolge verzichten würde, um sein Leben zu retten. – Sein Leben wäre ihm so lieb nicht, aber seine Königliche Majestät würden so ungnädig nicht auf ihn werden. Friedrich wird klar, dass es um seine Zukunft als Herrscher, womöglich sogar um sein Leben geht. Noch ist er gefasst und hofft, beim König Gnade zu finden.

Ende Oktober tritt ein Militärgericht zusammen, in dem fünfzehn Generale und Offiziere aller Rangstufen sitzen, die durch das Los bestimmt wurden. Das Gericht verurteilt Katte zu lebenslanger Haft, anstelle des desertierten Keith wird symbolisch ein Bild gehenkt. Im »so delicaten« Falle des »Obersten Fritz« erklären sich die Richter für unzuständig und überweisen die heikle Entscheidung zurück an den König. Ganz Europa und besonders die englische Öffentlichkeit nimmt Anteil an dem Geschehen. Der preußische Gesandte berichtet aus London, »daß die Affäre den englischen Hof sowohl als sämtliche gute Protestanten in der Nation über die Maßen betrübet und zum höchsten attendriret [rührt]«. Selbst der Kaiser legt bei Friedrich Wilhelm ein gutes Wort für den aufsässigen Prinzen ein.

Nicht nur die Beteiligten werden zur Verantwortung gezogen, auch Unschuldige müssen büßen. Die sechzehnjährige

Potsdamer Rektorentochter Dorothea Ritter, der Friedrich einige Besuche abgestattet und Geschenke gemacht hatte, wird auf Befehl des Königs verhaftet. Es gibt Gerüchte, sie habe mit dem Kronprinzen eine Affäre gehabt. Auch eine Zwangsuntersuchung, in der die Jungfräulichkeit des Mädchens bewiesen wird, kann Friedrich Wilhelm nicht von seiner Wut abbringen. Er lässt Dorothea Ritter öffentlich auspeitschen und dann für fast drei Jahre in ein Arbeitshaus für »gefallene« Frauen und Mädchen sperren. Friedrichs Lehrer Duhan de Jandun, den Friedrich Wilhelm für die angeblich misslungene Erziehung seines Sohnes verantwortlich macht, wird nach Memel im äußersten Osten Preußens verbannt. Die Büchersammlung von Duhans Zögling, an deren Aufbau der Erzieher entscheidend mitgewirkt hatte, lässt der König versteigern.

Das Urteil des Militärgerichts geht dem Soldatenkönig nicht weit genug. Er entscheidet selbstherrlich, dass Katte statt lebenslanger Haft den Tod erleiden soll. Katte habe mit dem Komplott zur Desertion des Kronprinzen ein Verbrechen gegen die königliche Majestät begangen und damit gegen die gottgewollte Ordnung selbst. Der rasende König will ein Exempel statuieren und seinen Anspruch auf unbedingten Gehorsam demonstrieren – gerade auch gegenüber seinem Sohn. Er hofft tatsächlich, die Hinrichtung werde Friedrich »das Herz rühren und weich machen«.

Am 6. November wird Katte nach Küstrin gebracht, wo Friedrich den Ernst der Lage immer noch unterschätzt. Er wird früh geweckt und über das Bevorstehende in Kenntnis gesetzt. Friedrich ist außer sich. Man zwingt ihn, an einem Fenster seiner Zelle zu stehen, von dem aus die Richtstätte gut zu sehen ist. Friedrich muss mit ansehen, wie sein Freund in den Kreis der angetretenen Soldaten geführt wird und der Henker mit dem Schwert hinzutritt. Der Kronprinz will sich aus dem Fenster stürzen, wird aber zurückgehalten. Er beteuert, er wolle auf die Krone verzichten, wenn Katte am Leben bleibe. Dem Todgeweihten ruft er zu: »Ich bin unglücklich, treuer Katte! Ich bin die Ursache deines Unglücks. Oh wäre ich nur an deiner Stelle!« – »Hätte ich tausend Leben, ich opferte sie für Sie!« Die angebotene Augenbinde lehnt Katte ab und empfängt laut betend den tödlichen Streich. Friedrich sieht nicht, wie der Freund stirbt, er fällt zuvor in Ohnmacht und erwacht in einem delirierenden, fieberhaften Zustand. Kattes Leichnam bleibt noch bis zum Abend auf der Hinrichtungsstätte liegen. Der Tote trägt die gleichen einfachen braunen Kleider, die man auch Friedrich zugeteilt hat. Der Kronprinz erwartet nun jeden Augenblick seinen Tod.

In den schweren Tagen nach Kattes Exekution führt Friedrich lange Gespräche mit dem Feldprediger Müller. Der tief traumatisierte junge Häftling glaubt zunächst, der Geistliche solle ihn auf seine eigene Hinrichtung vorbereiten. Müller gelingt es nur mühsam, den Prinzen von seiner Befürchtung abzubringen. Drei Tage nach dem schrecklichen Ereignis eröffnet der Pastor dem Gefangenen im Auftrag Friedrich Wilhelms, dass er begnadigt sei. Er müsse allerdings vor einer Kommission einen Eid ablegen, dem König gehorsam zu sein.

Eines der Kommissionsmitglieder ist Minister Grumbkow. Er sucht Friedrich in seiner Zelle auf und versöhnt sich mit ihm. Die Unterredung hat Folgen: Aus dem Gegner wird ein Vertrauter des Kronprinzen, auf dessen Fürsprache beim König dieser hofft. In den folgenden Monaten vermittelt Grumbkow zwischen Friedrich und seiner Entourage einerseits und dem König andererseits. Der Minister erhält zwar Geld aus Wien, ist aber nicht einfach ein Agent der Habsburger. Eine »österreichische Heirat« – davon ist er überzeugt – diente nicht nur den Interessen des kaiserlichen Hauses, sondern wäre auch für Preußen vorteilhaft. Das Zerwürfnis zwischen König und Thronfolger, das dem Land schwer schadet, will er beenden helfen.

Der begnadigte Deserteur schwört vor der Kommission, auch im Falle des Verlustes der Krone künftig alles zu tun, »was einem getreuen Diener, Untertan und Sohn gehöret und gebühret«. Er wird aus der Festung entlassen und bezieht ein Haus in der Stadt, die er vorerst nicht verlassen darf. Schreiben darf er nur seinem Vater, und auch das nur einmal im Monat. Der König ernennt den Geheimen Rat Gerhard Heinrich von Wolden und die Kammerjunker Karl Dubislav von Natzmer und Wilhelm von Rohwedell zu den Aufsehern, Betreuern und Erziehern des Prinzen. Diese Männer sind Friedrich Wilhelm verpflichtet und versuchen, einen mäßigenden Einfluss auf den Kronprinzen auszuüben. Um die Versöhnung zwischen Vater und Sohn nicht zu gefährden, vermeiden sie es aber, ihrem Herrn sämtliche Wünsche und Ansichten des ihnen Anbefohlenen mitzuteilen. Eine diplomatisch delikate Situation für die drei Betreuer – zumal auch sie unter den Einschränkungen leiden, die dem Kronprinzen auferlegt sind.

Bewährung auf der »Galeere«

Friedrich ist jetzt ein Gefangener, der sich bewähren muss, wenn er seine Freiheit wiedererlangen will. Unter Kammerdirektor Christoph Werner Hille dient er der Kriegs- und Domänenkammer Küstrin als sogenannter Auskultator. Der hochwohlgeborene Subalternbeamte Friedrich von Brandenburg-Preußen hat in dem Gremium kein Stimmrecht und sitzt an einem eigenen kleinen Tisch abseits der großen Konferenztafel. Von der Verwaltungsarbeit erhofft sich der Soldatenkönig eine wohltätige Wirkung auf seinen Nachfolger, der auf diese Weise wertvolle Erfahrungen für seine spätere Regierungstätigkeit sammeln soll. Es war zweifellos im Sinne Friedrich Wilhelms, dass sein Sohn Küstrin bald als seine »Galeere« bezeichnet.

Die Krise, die der Fluchtversuch verursachte, hat ihren
Höhepunkt überschritten. Sie ließ Friedrich in einen Abgrund
blicken und grub tiefe Spuren in die Seele des jungen Mannes. Er lebt nun in der Gewissheit, dass sein Vater bis zum
Äußersten geht, um seinen Willen durchzusetzen. Das Vertrauen des Königs hat er noch lange nicht wiedergewonnen,
ebenso wenig die Freiheit. Wenn der unbotmäßige Sohn seinen Widerstand nicht aufgibt, muss er weiterhin mit dem Tod
rechnen. Wenn er sich unterwirft, hängt seine Zukunft immer
noch von der Entscheidung des Königs ab. Tatsächlich erwägt
Friedrich trotz des Eides, seinen Widerstand fortzusetzen und
in Ehren unterzugehen. Wenn es ihm so beschieden sei, denkt
er, dann werde es eben so kommen. In seiner Bedrängnis
tröstet ihn der Gedanke, dass alles vorherbestimmt ist. Doch
genau diese Vorstellung ist dem König verhasst. Kaum ist sein
größter Zorn über die Fluchtaffäre verraucht, findet Friedrich
Wilhelm einen neuen Anlass zum Ärger über seinen Sohn.

In den intensiven Gesprächen, die die Betreuer Wolden,
Natzmer und Rohwedell sowie der Feldprediger Müller mit
dem Kronprinzen führen, beruft sich Friedrich auf die göttliche Vorsehung, die alles, was in der Welt geschieht, längst
festgelegt habe. Von Beginn an stehe fest, wer von Gott er-
wählt und wer verstoßen sei. Diesen Glauben hegt er schon
länger, auch seine ausschweifenden Erlebnisse mit Katte ent-
schuldigt er nach Wilhelmines Erinnerungen damit, »dass
man sich der Sünde nicht erwehren könne, sobald man für sie
vorherbestimmt sei«. Der Willens- und Tatmensch Friedrich
Wilhelm lässt das nicht gelten und reagiert gereizt. Er weist
die Bewährungshelfer in Küstrin an, Friedrich die Prädestination auszureden. Dem Übeltäter solle klargemacht werden,
»dass Gott nicht schuld ist an der Menschen Bosheit, sondern
dass die Menschen selber schuld sind an ihrer Bosheit und
Verdammnis«. Der Vater verlangt vom Sohn, seinem Glauben
abzuschwören. Doch die Betreuer in Küstrin haben alle Mühe,

den Prinzen zu überzeugen, denn Friedrich argumentiert auf hohem Niveau. Die religiöse Unterweisung, auf die sein Vater so großen Wert gelegt hatte, erschwert nun die Bekehrung des Prinzen. Friedrich Wilhelm hasst die Prädestination. Als Kind hatte man ihm die calvinistische Gnadenwahl in ihrer strengen Form nahegebracht, nach der Gott die einen zur Verdammnis, die anderen zur Erlösung bestimmt habe. Noch als Erwachsener wird er von der panischen Angst heimgesucht, der Verdammnis hilflos ausgeliefert zu sein. 1723 hatte er den Philosophen Christian Wolff von dessen Lehrstuhl an der Universität Halle gejagt, weil dieser die Prädestinationslehre vertrat. Den Ausschlag zur Entlassung Wolffs gab bezeichnenderweise die Behauptung seiner Gegner, die Lehre Wolffs rechtfertige die Fahnenflucht preußischer Soldaten. Als der König zwei Jahre später erfuhr, dass der Hofprediger Andreae die Prinzessin Wilhelmine die vorherbestimmte Gnadenwahl in ihrer strengen Form lehrte, wurde dieser sofort von seinen erzieherischen Pflichten entbunden. Und jetzt Friedrich. Der zürnende König wittert eine Verschwörung. Er kann sich nicht vorstellen, dass der Sohn die »teuflische Lehre« tatsächlich nur aus Büchern hat, wie er vorgibt.

Der Missetäter versucht zu beschwichtigen. Die Prädestination, erklärt Friedrich seinen Betreuern, habe er für eine rein theoretische Angelegenheit gehalten. Sie habe keine Auswirkungen auf sein Handeln. Friedrich Wilhelm glaubt ihm nicht und wirft seinem Sohn vor, sich zu verstellen. Und Friedrich verstellt sich tatsächlich. Um seinen Vater zu beruhigen, verspricht er, »aus unterthänigem Respect gegen S. K. M. [Seine Königliche Majestät] und aus wahrer Intention ... die Meinung gerne fahren lassen und sich solcher Gedanken gänzlich entschlagen« zu wollen. Es sei sein größter Wunsch, alle Hindernisse, die ihm die königliche und väterliche Gnade fernhielten, beiseitezuschaffen. Und das ist wörtlich zu ver-

stehen: Es geht ihm ausschließlich um die Gnade seines Vaters, für die er auch lügt und sich verstellt. Später wird er auf
die Prädestination zurückkommen und sich zu ihr bekennen.
Während die Vorstellung von einer vorherbestimmten Welt
dem Vater Angst macht und ihm verantwortungslos erscheint,
ist sie für Friedrich eine Erleichterung. Wenn alles vorherbestimmt ist, kann er seine Abhängigkeit von den väterlichen
Entscheidungen leichter annehmen. Friedrich will leben und
herrschen, und so bleibt ihm nichts anderes übrig, als seine
Unterlegenheit in der jetzigen Situation zu akzeptieren. Er
wählt den Weg der Unterwerfung und entscheidet sich gegen
die Alternative, den Vater durch ein Martyrium für die Prädestination ins Unrecht zu setzen.

In der richtungweisenden Auseinandersetzung um die Prädestination haben die königlichen Beauftragten in Küstrin die
schwierige Aufgabe, einen Mittelweg zwischen dem Gehorsam gegenüber dem König und dem Wohl ihres Schützlings
zu finden. Um den Prinzen und sich selbst nicht den choleri-
schen Reaktionen Friedrich Wilhelms auszusetzen, ziehen sie
den mächtigen Minister Grumbkow ins Vertrauen. Unabhängig voneinander schreiben Hille und Wolden regelmäßig an
Grumbkow, dem sie die Vorgänge in Küstrin klar darlegen
und den sie bitten, den König im Sinne ihres Schutzbefohlenen zu beeinflussen. Regelmäßig bitten sie den Minister auch
um Lieferungen von Wein, den sie in ihrer Situation offenbar
besonders nötig haben.

Einen guten Monat nach Friedrichs Zusammenbruch und
der nachfolgenden Begnadigung beklagt sich Kammerdirektor
Hille, Friedrichs wohlwollender Vorgesetzter in der Küstriner
Kriegs- und Domänenkammer, seinem Untergebenen fehle der
nötige Ernst. Der Verwaltungsbeamte berichtet Grumbkow,
es sei ein Unglück, »daß der Kronprinz so viel Esprit im französischen Sinne besitzt. Sagen oder schreiben Sie ihm, was Sie

wollen: ist es nicht durch ein paar Körnchen Esprit gewürzt, so macht er sich darüber lustig.« Friedrichs ganze Begeisterung, so Hille weiter, gehöre französischen Versen, »während er nicht weiß, ob seine Vorfahren Magdeburg im Kartenspiel oder sonstwie gewonnen haben«. Hille verwünscht Friedrichs Lehrer Duhan, weil dieser den Prinzen weder charakterlich noch intellektuell in der notwendigen Weise geformt habe. Bei alldem sei »Seine Königliche Hoheit heiter wie ein Buchfink« und mache sich falsche Hoffnungen auf eine baldige Besserung seiner Lage.

Nur wenige Tage später berichtet Hille von einem Stimmungsumschwung des Prinzen, der nun nach all den Ängsten, die er durchstehen musste, krank und niedergeschlagen sei. Er bedürfe dringend eines Zeichens königlichen Wohlwollens, habe aber von seinem Vater einen Brief voller Schmähungen auf ihn und die Prädestination erhalten. »Mein Gott, was soll aus alledem werden!«, seufzt Hille am Ende des Briefes. Die Kluft zwischen der Gesinnung des Sohnes und dem Willen des Vaters erscheint ihm unüberbrückbar.

Was der König von den Betreuern Friedrichs und ihrem »Schutzbefohlenen« erwartet, macht er ihnen im Mai 1731 noch mal unmissverständlich klar: »Er soll nur meinen Willen tun, das französische und englische Wesen aus dem Kopf schlagen, und nichts als preußisch, seinem Herrn und Vater getreu sein, und ein deutsches Herz haben, alle Petitmaître-, französische, politische und verdammliche Falschheit aus dem Herzen lassen, und hingegen Gott fleißig anrufen.«

Der Gefangene von Küstrin träumt derweil von seiner Zukunft: »Ich versichere Ihnen – aber sagen Sie's nicht weiter –, mein schönstes Vergnügen ist die Lektüre. Ich liebe die Musik, aber weit mehr das Tanzen. Die Jagd hasse ich, aber ich reite gern. Wäre ich mein eigener Herr, ich triebe dies alles, wie ich gerade Lust hätte, aber einen guten Teil meiner Zeit würde ich meinen Geschäften widmen … Ich würde mir gute

Musiker halten, aber wenig, doch dürften sie nie bei Tisch
spielen; denn die Musik ist meine Erholung, und beim Essen
würde sie mich stören. Ich würde allein und öffentlich zu Mittag speisen, aber abends würde ich meine Freunde um mich
sehen und sie gut bewirten.« Solche Phantasien gibt Wolden
unter dem Siegel der Verschwiegenheit an Grumbkow weiter,
der König erfährt nichts davon.

Als der Minister im Sommer 1731 die Küstriner »Galeere«
inspiziert, begegnet er einem Prinzen, der eifrig Zukunftspläne
schmiedet. Grumbkow berichtet Seckendorff, Friedrich halte
sich für einen großen Poeten. Stolz habe ihm der Gefangene
berichtet, er könne in zwei Stunden hundert Verse machen; er
sei Musiker, Moralist, Physiker, Mechaniker. »Er wird weder
Feldherr noch kriegerisch sein, will sich mit keinen Einzelheiten der Staatsgeschäfte befassen, sein Volk glücklich machen, gute Minister wählen und sie gewähren lassen.« In der
Außenpolitik sinne er auf Expansion.

Prinz Eugen in Wien interessiert sich sehr für die Neuigkeiten über den preußischen Kronprinzen, die sein Gesandter
Seckendorff ihm übermittelt. Es fehle Friedrich nicht an Lebhaftigkeit und Vernunft, so Seckendorff, »weshalb er seinen
Nachbarn um so gefährlicher werden dürfte«. Seckendorffs
Einschätzung des einerseits schwärmerisch und realitätsfern
erscheinenden, andererseits nicht zu unterschätzenden Jüng-
lings wird sich als zutreffend erweisen.

Während der Wiener Hof über die Entwicklung des Kronprinzen auf Bewährung genau im Bilde ist, bekommt der König in Berlin nur gefilterte Informationen. Friedrich Wilhelm
wird ausschließlich mit Neuigkeiten von der Art versorgt, die
ihn freundlich stimmen. Friedrich schickt ihm Vorschläge zur
Förderung der Wirtschaft in und um Küstrin. Die Betreuer
beteuern, dass der Kronprinz seinen Vater und sein Haus aufrichtig liebe, und lassen keinen Zweifel an seiner »Hingabe an
den heiligen protestantischen Glauben«. Eine Erklärung des

Prinzen, eine Habsburger Prinzessin heiraten zu wollen, wenn
er dafür den Glauben nicht wechseln müsse, soll den König
in der leidigen Heiratssache besänftigen. Doch Grumbkow
rät dringend von einer solchen Erklärung ab. Friedrich Wilhelm glaube, sein Sohn habe ihn nie geliebt und verstelle sich.
Wolden und Hille sollten deshalb besser das Bild eines zer-
knirschten, auf die Gnade des Vaters verzweifelt hoffenden
Prinzen malen. Dazu würde es gar nicht passen, wenn dieser
mit Vorschlägen voranpreschte.

In der Heiratsangelegenheit spricht Friedrich Wilhelm endlich ein Machtwort. Die Verheiratung Prinzessin Wilhelmines
an den Prince of Wales, die als verkleinerte Variante einer ho-
henzollerisch-welfischen Verbindung immer noch im Raum
gestanden hatte, wird abgesagt. Überraschenderweise begrüßt
Friedrich diese Entscheidung: Er hält die jüngsten englischen
Avancen für unaufrichtig, die königliche Ehre gebiete deshalb eine Absage. Wilhelmine wird vor die Wahl gestellt: Der
Markgraf Friedrich Wilhelm von Schwedt, der Herzog Christian von Sachsen-Weißenfels und der Erbprinz Friedrich von
Brandenburg-Bayreuth kommen infrage. Sie entscheidet sich
für Letzteren und ist mehr als erleichtert, dass der Bräutigam
sich als recht attraktiv und geistvoll erweist – auch wenn es
sich nicht um einen Fürsten von europäischem Rang handelt.
Nach einigen Jahren glücklicher Ehe wird die tatkräftige und
kunstsinnige Landesmutter ein Schicksal erleiden, das sie mit
vielen Fürstinnen teilt: Sie wird von ihrem Mann beiseite-
geschoben und durch eine Mätresse ersetzt.

In der Lösung der politisch und familiär pikanten Partner-
frage liegt für Friedrich Wilhelm der Schlüssel zu einer dauerhaften Begnadigung des Sohnes. Eine Prinzessin aus dem
Haus Hannover komme nun auch für Friedrich nicht mehr
infrage, bestimmt der König, »doch sollte von etlichen er die
Wahl haben«. Wolden versichert Grumbkow, der Kronprinz

habe diese Entscheidung so aufgenommen, »wie er muß, d. h. mit völliger Ergebung in die Vorsehung und mit blinder Unterwerfung unter die Befehle Seiner Majestät«. Da Friedrich seiner Lebensweise immer müder werde und leidenschaftlich das Ende der häuslichen Wirren herbeisehne, werde er zustimmen, »vorausgesetzt, daß man ihm etwas Freiheit läßt und daß die Zukünftige ihm gefällt und er so viel bekommt, um einen kleinen Hof zu halten«. Friedrich und seine Betreuer bitten um Gunstbeweise Friedrich Wilhelms, die dem Prinzen die lang erwartete Perspektive verschaffen sollen, und endlich ist der König bereit, seinem Sohn entgegenzukommen.

Am 15. August 1731, seinem Geburtstag, reist Friedrich Wilhelm nach Küstrin und sieht den »Bösewicht« nach einem Jahr zum ersten Mal. Auf offener Straße und vor zahlreichem Publikum hält er seinem Sohn noch einmal dessen »gottloses Vornehmen«, »Jugendfehler« und »Liederlichkeiten« vor. Er führt ihm vor Augen, dass die königliche Rache – wäre die Flucht geglückt – Mutter und Schwester des Prinzen sowie die hannoverschen Lande getroffen hätte. Dann, endlich, verkündet Friedrich Wilhelm, dem Sohn vergeben zu wollen. Der ist überwältigt und küsst dem Vater vor der bewegten Menge schluchzend die Füße. Später umarmt Friedrich Wilhelm den Prinzen. »Ich hätte nie geglaubt, dass mein Vater die geringste Regung von Liebe für mich hätte ... Der Teufel selbst muss im Spiel sein, oder dieser Friede wird ewig währen«, sagt Friedrich nach dem Treffen.

Doch die Versöhnungsgeste bringt noch immer nicht das Ende der Bewährung. Der Kronprinz bittet den König, wieder Soldat werden zu dürfen, wird aber mit der Begründung abgewiesen, sich bisher stets geschont und lieber französische Vergnügungen gesucht zu haben, als die Mühen des Soldatenberufs auf sich zu nehmen. Friedrich Wilhelm erlaubt dem reuigen Sünder lediglich, tagsüber in Begleitung die Stadt zu verlassen und – ausschließlich männliche – Gäste zu Tisch zu empfangen. Es beginnen Inspektionsreisen zu den Ämtern, Gütern und Garnisonen der Umgebung.

Die größte Anziehungskraft übt das knapp eine Stunde entfernte Schloss Tamsel aus, wo der Oberst von Wreech mit seiner Gattin lebt. Friedrich verliebt sich in die 23-jährige Luise Eleonore von Wreech und widmet ihr zahlreiche Verse. Im Rückblick schreibt er über die Liebelei: »Ein liebenswürdiges Wesen flößte mir in der Blüte meiner jungen Jahre zwei Leidenschaften auf einmal ein, die Liebe und die Poesie. Dieses kleine Wunder der Natur hatte, mit allen möglichen Reizen, Geschmack und Zartheit. Sie wollte beides mir beibringen. Es glückte mir gut in der Liebe, aber schlecht in der Poesie.«

Friedrichs Erfolg in der Liebe scheint sichtbare Folgen zu haben, denn Frau von Wreech wird schwanger. Dem König wird zugetragen, dass ihr Mann die Vaterschaft ablehne. Der Vater freut sich: Der Prinz hat seine Männlichkeit bewiesen und gibt Grund zur Hoffnung auf legitime Nachkommen. Der gut informierte Seckendorff ist skeptischer und berichtet nach Wien: »Man hält aber dafür, daß die Kräfte des Körpers die Neigung des bösen Willens nicht genug secundiren, folglich der Kronprinz in seinen Galanterien mehr einen eitlen Ruhm sucht, als eine sündliche Neigung.«

Die neue Freiheit nutzt der Kronprinz gelegentlich zu jugendlichen Abenteuern. Mit einem Besucher, dem Markgrafen Karl von Schwedt, verbringt er einen übermütigen Abend: »Wir haben nur wenig getrunken, dafür aber ordentlich Lärm gemacht, etliche Fenster eingeworfen und einige Öfen zertrümmert«, erzählt er Frau von Wreech. Wieder einmal kennt der König nicht die ganze Wahrheit. Er heißt es gut, dass sich Friedrich zu diesem Anlass einmal »etwas mehr belustigt als sonst«. Standespersonen nehmen sich gegenüber denen, die im Rang niedriger stehen, einiges heraus. Das Ideal der Selbstbeherrschung gilt vorrangig für den Umgang mit Gleichgestellten.

Friedrichs Verhalten und seine sich langsam verfestigenden Charakterzüge werden von den verschiedenen Beobachtern unterschiedlich wahrgenommen und bewertet. Hille berichtet, der Prinz benehme sich gegenüber »geringen Leuten« höflich und zeige eine edle und hilfsbereite Gesinnung. An Mitleid habe er eher zu viel als zu wenig. Ein anderer Gesprächspartner, Adolf Friedrich von der Schulenburg, bemängelt hingegen den Hang Friedrichs, nach den lächerlichen Seiten der Menschen zu suchen und sie auf verletzende Weise zu necken. Zudem gefalle er sich nur im Umgang mit Leuten, die ihm geistig unterlegen seien.

Der Kronprinz entwickelt sich zu einem zutiefst gegensätzlichen Menschen, dem echtes Mitgefühl ebenso zu eigen ist wie kalte Verachtung und rücksichtsloser Spott. Dieser Zwiespalt kennzeichnet einen Menschen, der sich einem übermächtigen Vater bis zur Selbstverleugnung unterwerfen muss. Er gewinnt zwar langsam dessen Zutrauen, doch nur um den Preis der Verstellung, die für einen beherrschten *honnête homme* eine geläufige Übung ist. Vielleicht zeigt die zynische Seite Friedrichs wahres Wesen, vielleicht die empathische. Fest steht: Das Trauma der gescheiterten Flucht vertieft diesen Gegensatz so sehr, dass er zum zentralen Charakterzug wird.

Im November 1731 erscheint Friedrich erstmals wieder in Berlin. Das Volk begrüßt ihn freudig, die Hofgesellschaft empfängt einen strafferen, ernsteren, reiferen Prinzen. Feierlich bitten die versammelten Generale um seine Wiedereinsetzung in den Offiziersrang, was ebenso feierlich bewilligt wird. Nach fast eineinhalb Jahren trägt der preußische Thronfolger wieder den blauen Rock.

Friedrich Wilhelm überträgt dem Oberst Friedrich das Kommando über das Goltz'sche Infanterieregiment, das in Ruppin und Nauen stationiert ist. Antreten soll er den neuen Posten aber erst, wenn dringliche Familienangelegenheiten geregelt sind. Die Verlobung des preußischen Thronfolgers, die so viel zum Ungemach im Hause Hohenzollern beigetragen hat, steht noch immer aus. Nur seine Einwilligung in die Ehe mit einer dem Vater genehmen Braut kann Friedrich von der Küstriner »Galeere« befreien.

Die Zwangsehe

Wie vom König zugesagt, wird dem unwilligen Kronprinzen zunächst die Entscheidung zwischen mehreren Kandidatinnen überlassen. Zur Auswahl stehen die Prinzessinnen von Braunschweig-Bevern, Sachsen-Gotha und Sachsen-Eisenach. Gesehen hat Friedrich noch keine der Damen, was er problematisch findet. »Man kauft keine Katze im Sack, viel weniger eine Frau«, sagt er zu Wolden.

Der König favorisiert unter dem Einfluss Grumbkows und Seckendorffs die Prinzessin Elisabeth Christine von Braunschweig-Bevern. Sie ist eine Nichte des Kaisers und zudem protestantisch, was einen Übertritt seines Sohnes zum Katholizismus überflüssig machen würde. Eine an den Wünschen Wiens orientierte Partnerwahl entschiede auch die politische Seite des Vater-Sohn-Konflikts, der sich mit der Frage nach einer englischen oder einer österreichischen Heirat verwoben hatte, zugunsten des Vaters.

Seltsamerweise ist es ausgerechnet der proösterreichische Grumbkow, der dem Prinzen ein wenig günstiges Bild von Elisabeth Christine vermittelt. Vielleicht glaubt er, der Bräutigam in spe sei dann positiv überrascht, wenn er sie leibhaftig vor sich sieht. Der Heiratskandidat entwickelt jedoch eine heftige Abneigung gegen die braunschweigische Prinzessin und schwärmt stattdessen für die Prinzessin von Sachsen-Gotha, die man ihm vorteilhaft schildert. »Die großen Herren hassen und lieben drauflos, ohne recht zu wissen, warum«, kommentiert Hille die Aufregung des Prinzen um »die Katze im Sack«.

Trotz seines Versprechens, dem Sohn die Wahl zu lassen, besteht Friedrich Wilhelm schließlich auf der Prinzessin von Braunschweig-Bevern. Der Kronprinz signalisiert seinem Vater zwar Gehorsam in der Partnerwahl, schildert aber in Briefen an Grumbkow seinen Widerwillen gegen die Ehe und gegen die Frauen in grellen Farben. Er werde »sicher ein schlechter Ehemann sein, denn ich fühle in mir zu wenig Beständigkeit und zu wenig Zuneigung zum weiblichen Geschlecht, als dass ich mir vorstellen könnte, ich würde sie in der Ehe in mich aufnehmen, und der bloße Gedanke an eine Frau ist mir eine so verhasste Sache, dass ich nicht ohne Abneigung daran denken kann. Ich würde trotzdem alles aus Gehorsam tun, aber niemals in friedfertiger Ehe leben.« Oder: »Ich habe Frauen gern, aber meine Neigungen sind sehr unbeständig. Ich will nur Vergnügen haben, und auf das Vergnügen folgt die Verachtung.« Wenn er schon heiraten müsse, dann eine kluge Frau, mit der er sich unterhalten könne, die er kenne und die ihm gefalle. »Was die Prinzessin zu Bevern betrifft, so kann man auf eins rechnen: Wenn ich gezwungen werde, sie zu heiraten, werde ich sie verstoßen, sobald ich der Herr bin ... Ich will keine Gans zur Frau haben. Ich bedaure diese arme Person sehr, denn damit wird eine unglückliche Prinzessin mehr in der Welt sein.« Er äußert sogar Selbstmordgedanken, um Grumbkow zu drängen, den Sinn des Königs umzulenken.

Doch alles Drohen und Lamentieren nützt nichts. Grumbkow weigert sich beharrlich, Friedrich Wilhelm umzustimmen. Gegenüber Hille äußert er die Befürchtung, die Gnade des Königs zu verlieren. Dem Anhänger der österreichischen Partei käme es ohnehin nicht in den Sinn, der Verheiratung des Thronfolgers mit der Prinzessin von Braunschweig-Bevern entgegenzuarbeiten. Doch auch für den Fall, dass die Ehe zu-

stande kommt, fürchtet er neues Unheil. Friedrich werde, so
Grumbkows Sorge, seine Verstellung nicht durchhalten und
den Vater dann umso mehr erzürnen. Dabei scheint sich der
unwillige Bräutigam nicht einmal um eine Gefühlsmaskerade
zu bemühen. Die Verlobung findet im März 1732 in Berlin statt. Die
Braut ist einen Kopf größer als der Bräutigam, ihr Gesicht ist
von den Folgen einer Pockenerkrankung noch in Mitleidenschaft gezogen. »Die Person« sei weder hübsch noch hässlich,
aber schlecht erzogen und schüchtern, findet Friedrich, und
sie tanze wie eine Gans. Er werde sie nie lieben können. Als
er ihr den Verlobungsring ansteckt, fließen ihm Tränen über
die Wangen, bei der anschließenden Feier würdigt er sie kaum
eines Blickes. Der cholerische König übersieht diese Provoka-
tionen, von den Briefen an Grumbkow hat er, im Gegensatz
zum Wiener Hof, keine Kenntnis. Tatsächlich ist Friedrichs
stummer Widerstand nicht gerade selbstverständlich. Er
weiß, dass Ehen zwischen Prinzessinnen und Prinzen in zahlreichen Fällen ausschließlich nach politischen Gesichtspunkten arrangiert werden. Die Ehemänner haben dabei nicht viel
zu verlieren, da sie sich jederzeit Mätressen nehmen können.
Doch auch Frauen genießen gewisse Freiheiten, sobald sie
ihren Fortpflanzungspflichten genügt haben.

Was also steckt hinter dem Unwillen des Kronprinzen,
den er auch seiner Vertrauten Wilhelmine mitteilt? Vielleicht
ist es genauso, wie er es Grumbkow schreibt: Die Wahl der
Ehepartnerin ist so wichtig für den Ausblick dieses jungen
Menschen auf sein vor ihm liegendes Leben, dass er nur eine
Frau heiraten will, die er selbst ausgesucht hat und die ihm
gefällt. Die Ablehnung Elisabeth Christines, bevor er sie zum
ersten Mal gesehen hat, trägt gleichwohl irrationale Züge.
Möglicherweise ist ihm seine Niederlage in dieser Sache trotz
aller Gehorsamsbeteuerungen unerträglich; die Braut sym-
bolisiert diese Niederlage. Oder aber er verstellt sich nicht ge-

genüber dem Vater, sondern in seinen Briefen an Grumbkow,
und hofft, damit den Minister so zu beeinflussen, dass dieser
seine Unterwerfung vor dem König in höchsten Tönen lobt.
Weint er still bei der Verlobung, um das Opfer, das er bringt,
noch größer erscheinen zu lassen und den Vater so gnädig
zu stimmen? Alle diese Spekulationen können ein Teil der
Wahrheit sein. Am plausibelsten ist aber, dass Friedrich die
erzwungene Heirat wirklich unglücklich macht. Der in Gefangenschaft lebende Zwanzigjährige gibt sich immer wieder
naiven Träumereien über seine Zukunft hin. Er kann sich offenbar nicht vorstellen, sein Leben mit ungeliebten Menschen
zu verbringen. Am Ende entgeht er diesem Schicksal genauso
wenig wie all die anderen Fürstenkinder seiner Zeit, bis er
seine Drohung wahr machen und seine Frau verstoßen wird.

Für Grumbkow lohnt sich die lange umkämpfte Verbindung in besonderer Weise. Für die Anbahnung der Ehe
zwischen dem Thronfolger von Brandenburg-Preußen und
der Prinzessin von Braunschweig-Bevern erhält er aus Wien
40000 Gulden sowie eine feste Rente. Ein politischer Sieg
für Prinz Eugen: Um den erstarkten Nachbarn im Norden
wird man sich in nächster Zeit wenig Sorgen machen müssen.
Er weiß, wie wichtig es für die österreichischen Interessen
ist, auch in Zukunft fähige Vertreter am preußischen Hof
zu haben. Doch das wird ihm nicht gelingen. Mit dem Tod
Grumbkows im Jahr 1739 endet der Einfluss der Habsburger
auf die preußische Politik.

Wenige Wochen nach der Verlobung tritt Friedrich in Nauen
seinen Dienst als Regimentskommandeur an. Hier soll er sich
bis zur Hochzeit weiter bewähren, und er tut, was man von
ihm erwartet: »Ich komme vom Exerzieren, ich exerziere, ich
werde exerzieren. Das sind alle Neuigkeiten, die es zu berichten gibt.« Abends spielt er Karten mit den Offizieren. Einziger
Luxus sind die kulinarischen Spezialitäten, die zweimal in der

Woche aus Hamburg geliefert werden. Der Militärdienst erfüllt vor allem einen Zweck: Er hält Friedrich vom Vater fern. Allein die räumliche Trennung verspricht der Versöhnung Dauer zu verleihen. Es ist schwer vorstellbar, dass der Anblick des Sohnes nicht wieder den Zorn Friedrich Wilhelms wecken würde. Hille konstatiert gegenüber Grumbkow: »Beide Temperamente werden meiner Ansicht nach nie zusammenstimmen.«

Friedrich bemüht sich nicht ohne Erfolg darum, den Wünschen des Soldatenkönigs zu entsprechen, aber es ändert nichts daran, dass er ein ganz anderer Mensch ist als sein Vater. Er wird französische Verse immer mehr lieben als eine deutsche Andacht, ein leichtfüßiges Flötenkonzert wird für ihn immer mehr Reiz haben als die Marschmusik mit ihren Trommeln und schrillen Piccoloflöten. Gemessen an den väterlichen Maßstäben bleibt er »weibisch«, doch gelingt es ihm, sich in den zehn Jahren zwischen Fluchtversuch und Herrschaftsantritt auch die maskuline Welt des Militärs und der Verwaltung sowie die Grundsätze der Politik in einer Art und Weise anzueignen, die ihn von den Fürsten seiner Zeit unterscheidet. Wie außerordentlich seine Bildungsleistung ist, zeigen seine weit überdurchschnittlichen Kenntnisse und Fähigkeiten, die er in dieser Zeit auch auf den Feldern erwirbt, die ihm am Herzen liegen, in der Literatur, der Musik und der Philosophie. »Ich kann mich einer Sache nicht halb ergeben, ich muss immer kopfüber hinein.«

Am 12. Juni 1733 wird der »Corpus delicti«, wie Friedrich sich ausdrückt, dem Kronprinzen angetraut. Grumbkow verspricht er, die »Braunschweiger Komödie« spielen zu wollen. Die im braunschweigischen Salzdahlum stattfindenden Feierlichkeiten, »das unangenehmste Ereignis meines Lebens«, lässt Friedrich gleichgültig bis resigniert über sich ergehen. Nur widerwillig begibt er sich zum Brautlager und schreibt noch in der Nacht ein Billett an die wichtigste Frau in seinem Leben, Wilhelmine: »Gerade eben, meine liebe Schwester, ist die ganze Zeremonie vorüber, und Gott sei gelobt, dass alles vorbei ist!« Ein paar Wochen verbringt das junge Paar gemeinsam in Berlin, dann geht der unglückliche Ehemann alleine zurück nach Neuruppin. Mit der Hochzeit hat er die wichtigste Bedingung für ein freieres Leben erfüllt, doch muss er sich noch drei weitere Jahre gedulden, bis er die Freiheit genießen kann.

II

Der Schlossherr von Rheinsberg

Flötentöne, Freundschaft und Voltaire

Nach dem hochdramatischen Vater-Sohn-Konflikt im Hause Hohenzollern und der Heirat des Kronprinzenpaares gerät das Leben Friedrichs erst einmal in ruhigeres Fahrwasser. Zur Hochzeit kauft Friedrich Wilhelm seinem Sohn und dessen Gemahlin den heruntergekommenen Herrensitz in Rheinsberg. Damit entspricht der König dem ausdrücklichen Wunsch Friedrichs nach einer eigenen, von ihm selbst gestalteten Hofhaltung, und er hofft darauf, dass das Paar in der Abgeschiedenheit des Ruppiner Landes für den Fortbestand der Dynastie sorgen wird.

Der sonst so sparsame Soldatenkönig zeigt sich großzügig und veranlasst den Ausbau des Gutshauses in Rheinsberg zu einem ansehnlichen Schlösschen, in dem Sohn und Schwiegertochter angemessen Hof halten können. 1736 sind die Bauarbeiten abgeschlossen, Friedrich und Elisabeth Christine beziehen ihr neues Zuhause. Von seinen dynastischen Pflichten abgesehen, kann der Kronprinz in Rheinsberg nun schalten und walten, wie er will. Zum ersten Mal in seinem Leben ist Friedrich frei und muss sich weder der Disziplin eines permanenten Dienstes unterwerfen noch die Autorität des nun viele Wegstunden entfernten Vaters fürchten. Allerdings gehört es weiterhin zu seinen Pflichten, sich regelmäßig bei seinem Regiment aufzuhalten und mit den Soldaten den sonntäglichen Kirchgang zu absolvieren. Als Friedrich Wilhelm einmal nach dem Rechten sieht, unterhält ihn sein folgsamer Sohn mit Jagen, Fischen und Pfeiferauchen – ganz nach dem väterlichen Geschmack.

Mit dem Ergebnis der Umbauten ist Friedrich unzufrieden. Er hat ein Drittel der Kosten aus eigener Kasse bestritten und beauftragt nun Georg Wenzeslaus von Knobelsdorff, der später den Bau von Schloss Sanssouci leiten wird, dem zweiflügeligen Schloss einen dritten Flügel anzufügen und den so entstehenden Hof zur Seeseite hin mit einer Kolonnade abzuschließen. Friedrichs erstes persönliches Refugium, nach seinen Vorstellungen verwirklicht, ist ein Schloss, das bis heute zu den reizvollsten Bauwerken in Brandenburg zählt.

Doch Bauen kostet Geld. Als sein Budget nicht ausreicht, pumpt Friedrich wieder einmal ausländische Gesandte an, die dem künftigen König gerne gefällig sind. Auch sein Vater zeigt sich noch mal großzügig, doch lässt er ebenso durchblicken, dass nur eine Schwangerschaft der Kronprinzessin zu einer dauerhaften Erhöhung der Bezüge führen wird.

Im südlichen der beiden Rundtürme, die die Kolonnade flankieren, befindet sich Friedrichs Arbeitszimmer. Eine Wandmalerei verewigt seine literarischen Heroen: Voltaire und Horaz. Vom Schreibtisch aus schweift sein Blick über den Park, die weiten Wälder und Seen. Auf die Decke des Marmorsaals lässt er den Sonnenaufgang malen, der die Nacht vertreibt. Allen ist klar: Die Sonne ist er selbst, die Nacht der Vater. Neue Zeiten ziehen herauf.

In Rheinsberg versammelt Friedrich Menschen um sich, die seine Interessen teilen und seine Zuneigung besitzen, wie den kurländischen Adeligen Dietrich Freiherr von Keyserlingk, der über sprühenden Witz und eine breite Bildung verfügt. Oder den Hugenotten Charles Étienne Jordan, der sich als Reiseschriftsteller einen Namen gemacht hat. Oder den gleichfalls weit gereisten Venezianer Francesco Algarotti. An seinen Erzieher Duhan de Jandun schreibt Friedrich: »Wir sind ein Dutzend Freunde hier in der Zurückgezogenheit, wir kosten die Freuden der Freundschaft und die Süße der Ruhe ... Wir kennen keine heftigen Leidenschaften und sind einzig und allein darauf bedacht, vom Leben Gebrauch zu machen.« Gegenüber Grumbkow nennt er Rheinsberg »mein Sanssouci«, den Ort, wo er ohne Sorgen ist. Hier formt Friedrich zum ersten Mal eine persönliche Umgebung, die sein Verlangen nach Rückzug und unbeschwerter Geselligkeit erfüllt. Die zwölf Kavaliere, unter denen kaum ein Preuße ist, gebärden sich als »Ritter ohne Furcht und Tadel« und gründen nach dem Vorbild mittelalterlicher Ritterbünde den Bayard-Orden. Die Männer feiern einen Kult der Freundschaft und geben sich schmeichelhafte Spitznamen, Keyserlingk etwa heißt nur noch Cäsarion, Friedrich »le Constant«, der Beständige. Ihre gebildete Konversation soll an die großen Vorbilder des Altertums anknüpfen, am besten gleich an die ideale Philosophenrepublik Platons.

Im Mittelpunkt der Tafelrunde steht der Thronfolger, über den ein Gast, der Baron von Bielfeld, schreibt: »Sein Gespräch ist unvergleichlich; er spricht viel und gut. Es scheint, als wäre ihm kein Gegenstand zu fremd oder zu hoch ... Er duldet den Widerspruch und versteht die Kunst, die guten Einfälle anderer zutage zu fördern ... Er scherzt und neckt zuweilen, doch ohne Bitterkeit und ohne geistvolle Erwiderung übel aufzunehmen.« Scharfsinnige, charmant vorgetragene und sensible Konversation ist das große Vergnügen dieses Zeitalters, sie zu beherrschen gilt als Kunst. Friedrich gelingt diese »Kunst zu gefallen« auf höchstem Niveau, er unterliegt aber – wie viele seiner Zeitgenossen – der Schwäche, seine Mitmenschen zuerst nach ihrer Eloquenz zu beurteilen.

Nicht weniger als zehn Stunden des Tages widmet der bildungswütige Friedrich dem Studium. Dazwischen liegen das ausgedehnte Mittagessen und die Kaffeestunde mit seiner Gemahlin. Die Abende gehören Theateraufführungen und Konzerten, zu späterer Stunde auch Gesellschafts- und Glücksspielen. Regelmäßig greift der Kronprinz persönlich zur Querflöte, ihn begleiten hochkarätige Hofmusiker. Berichte aus Rheinsberg loben seine Fertigkeiten und seine Musikalität. Wie zahlreiche andere Zeitgenossen seines Standes komponiert er selbst, 121 Flötensonaten im höfisch-eleganten, an Vivaldi geschulten Stil sind erhalten. Die langen Tage gehen auf Kosten der Nacht, so dass Friedrich sogar versucht, sich das Schlafen abzugewöhnen. Von größter Bedeutung ist für ihn das Studium der antiken und französischen Dichter und Denker, die bei seiner Ausbildung nicht auf dem Stundenplan gestanden hatten.

Die Leitsterne an Friedrichs geistigem Firmament sind zum einen Horaz, Lukrez, Cicero und Mark Aurel, Autoren des römischen Altertums, die er in französischer Übersetzung liest. Die Antike beschäftigt ihn so sehr, dass er in seinen Briefen dem Datum fortan »Remusberg« voranstellt. Denn hat nicht ein Gelehrter herausgefunden, dass Remus den Streit mit seinem Zwillingsbruder Romulus, dem mythischen Gründer von Rom, überlebt und anschließend im hohen Norden eine Stadt gegründet hatte?

Zum anderen liebt er die französische Klassik des 17. Jahrhunderts, Corneille und Racine, und unter den Zeitgenossen vor allen anderen Voltaire. Ihm schreibt er im August 1736 einen ersten Brief und bekennt dem Schriftsteller, der sich anschickt, zum einflussreichsten Intellektuellen der Zeit aufzusteigen, seine Verehrung. Er bittet den großen Franzosen, ihn, den Kronprinzen, als Schüler auf dem Feld der Dichtkunst anzunehmen, und mehr noch: »Ich wünschte, Sie würden der Lehrer der Fürsten, und dass Sie sie lehrten, Mensch zu sein.«

Denn nur ein Prinz, dessen Lehrer ein Philosoph ist, kann selbst zum *roi philosophe*, zum Philosophenkönig, werden. Voltaire, eigentlich François-Marie Arouet, ist gut siebzehn Jahre älter als Friedrich und hat schon viel erlebt. Mit seinen Dramen hatte er in Paris Triumphe gefeiert, dank seines Esprits hat er den Ruf eines unvergleichlichen Gesellschaftslöwen. Seine Begabungen macht er sich zunutze, um Kritik am Hof und an der moralischen Verkommenheit von Adel und Klerus zu üben. Beißender Spott ist dabei seine Hauptwaffe, was ihm zwei Aufenthalte in der Bastille und drei Jahre im englischen Exil eingebracht hat. Immer wieder muss er bei reichen Gönnern auf dem Land unterschlüpfen. Als der Brief des Kronprinzen ihn erreicht, lebt er, fern von seinen Gegnern in Paris und Versailles, in Lothringen, das noch nicht zu Frankreich gehört. Die Schlossherrin von Cirey ist seine Lebensgefährtin, die gelehrte – und verheiratete – Marquise Emilie du Châtelet, mit der gemeinsam er sich seinen historischen, philosophischen und naturwissenschaftlichen Schriften widmet.

Nie zögert der Bürger und Künstler Voltaire, die Wohltaten privilegierter Mäzene und großzügiger Könige anzunehmen: Zwar kritisiert er die Gängelung des Geisteslebens, die Arroganz des Adels, die Bigotterie des Klerus, aber das absolute Herrschertum stellt er nicht infrage, da seiner Ansicht nach nur eine starke monarchische Zentralgewalt Frieden und Recht garantiert, vorausgesetzt, der Fürst unterwirft sich den Gesetzen und folgt seiner Vernunft.

Von den zahlreichen Werken Voltaires hat es besonders die »Henriade« dem jungen Bewunderer angetan. Friedrich ist so begeistert, dass er 1739 eine Ausgabe des Werks veranlasst und eine Vorrede schreibt. Das Versepos erzählt vom Großmut und der Humanität des Königs Heinrich IV. von Frankreich, dem das Wohl der Menschen mehr am Herzen liegt als sein eigenes. Um die französischen Religionskriege zu be-

enden, tritt Heinrich gegen seine religiöse Überzeugung zum
Katholizismus über; das von ihm belagerte Paris ernährt er,
statt es zu plündern. Diese Menschlichkeit, so Friedrich in seiner Vorrede, sei »den Fürsten nötig, ja ihre einzige Tugend«.
Neben der vorbildlichen Humanität eines Herrschers führt
die »Henriade« dem Prinzen auch vor Augen, wie Tugend
mit Ruhm belohnt wird, indem ein Dichter einem Fürsten
ein Denkmal setzt. Was kann erstrebenswerter sein, als selbst
durch Tugend Ruhm zu erwerben und auf diese Weise zum
Gegenstand von Preisliedern zu werden? Und was, wenn diese Preislieder nicht von irgendeinem angestellten Hofliteraten
stammen, sondern vom größten Dichter seiner Zeit? Es ist
höchst unwahrscheinlich, dass Friedrich nicht insgeheim mit
dieser Aussicht kokettiert.

Einen Vorgeschmack auf literarische Denkmäler gibt Voltaire dem Kronprinzen gleich zu Beginn ihres Briefwechsels,
indem er seinen neuen Briefpartner vorausschauend als aufgeklärten Fürsten preist:

Prinz, so selten Könige die Musen lehren,
Kaum ein Herr weiß, die Völker aufzuklären ...
Es waren zwei bloß oder drei, gleich Wundern der
  Geschichte,
die rückt ihr Verdienst in Philosophenruhmes Lichte,
die übrigen sind gegen Euch bloß königlicher Pöbel,
Sklaven der Lüste, stolze Rechtsverächter.

Auch umgekehrt spendet der Kronprinz dem Schriftsteller
in der »Henriade«-Vorrede Lob: Sein Genie sei »eine un-
erschöpfliche Quelle«, sein Epos vollkommener als jede andere Dichtung, einschließlich der Werke Homers und Vergils.
Seine, Friedrichs, Edition ehre in Voltaire den »Fürsten der
französischen Dichtkunst« und damit »gleichsam unser Jahrhundert selbst«.

Solche Lobhudeleien gehören in dieser Zeit zum guten Ton, bringen in ihrem Überschwang aber auch zum Ausdruck, dass die beiden Briefpartner viel ineinander erkennen und auch viel voneinander erwarten. Der französische Dichter und Denker hegt die Hoffnung, in dem Hohenzoller verwirkliche sich das Ideal des aufgeklärten Fürsten, des auf Platon zurückgehenden *roi philosophe*. Und so ermahnt er ihn, »die Preußen eines Tages glücklich zu machen«, indem er seiner Pflicht mehr folge als dem Drang nach Ruhm.

Der preußische Prinz wiederum schaut zu einem führenden Geist seiner Zeit auf, der ihm als weltgewandter und gebildeter *honnête homme*, als Dichter, Dramatiker, Historiker und Philosoph Vorbild ist und dessen ehrfürchtiger Schüler er sein will. Sie erwarten voneinander, das Ideal der Freundschaft zu verwirklichen, die Standes- und Ländergrenzen überwindet. Sie wollen gleiche Bürger der Republik des Geistes sein und damit die Aufklärung Wirklichkeit werden lassen: »Man erkennt, unabhängig von den Standesunterschieden, die Gleichheit, die die Natur zwischen uns eingerichtet hat, und die Notwendigkeit, dass wir vereint und friedlich leben müssen, welcher Nation und welcher Meinung wir auch sein mögen; [die Notwendigkeit,] dass die Freundschaft und das Mitgefühl universelle Pflichten sind«, schreibt Friedrich in seiner »Henriade«-Vorrede und bringt damit den Symbolgehalt seines Verhältnisses zu Voltaire auf den Punkt.

Das bedeutungsgeladene intellektuelle Abenteuer, das die beiden Männer eingehen, verspricht zudem angenehme Nebeneffekte. Voltaire hofft, in Friedrich einen Gönner und Beschützer, Friedrich in Voltaire den Künder seines Ruhms zu finden. Zwei Männer, denen es alles andere als gleichgültig ist, wie die Mit- und Nachwelt über sie denkt und denken wird, können sich gegenseitig zu höherem Ansehen verhelfen.

In den ersten Jahren ihres Briefwechsels beschäftigen sich die beiden großen Geister vor allem mit sich selbst. Der phi-

losophisch interessierte Thronfolger und der ungekrönte
König unter den Philosophen werden nicht müde, sich gegenseitig Talent und Liebenswürdigkeit zu attestieren. Sie sind so
fasziniert von ihrem Verhältnis – und so durchdrungen von
den Konventionen der Höflichkeit –, dass ihr Briefwechsel
beinahe zum Selbstzweck wird, wäre da nicht das Gespräch
über Literatur, das Lieblingsthema der Gebildeten dieses
Zeitalters. Hier verhält sich Friedrich ganz als Schüler des
Älteren, er lobt die Arbeiten seines Vorbilds und bittet um
Verbesserungen seiner eigenen Schriften und Kommentare zu
diesen. Voltaire wiederum gelingt es, auch grobe Fehler seines
Bewunderers mit Feingefühl und Witz richtigzustellen. Da-
neben loben oder tadeln sie andere Autoren, besonders deren
Stil, da Friedrich seinen eigenen Ausdruck im Französischen
zu verbessern wünscht.

Gleich in seinem ersten Brief an Voltaire versucht der
Kronprinz seinen Briefpartner für den deutschen Philosophen Christian Wolff zu begeistern, den sein Vater unter dem
Vorwurf des Atheismus aus dem Land gejagt hatte und um
dessen Rehabilitierung der Kronprinz sich bemüht. Wolffs
strenges System beruht auf dem Leibniz'schen Prinzip, dass
alles eine angemessene Ursache, einen »zureichenden Grund«
haben müsse und dass die eindrucksvolle Ordnung der Natur
letztlich auf einen Schöpfergott zurückgehe. In der vom göttlichen »Uhrmacher« ersonnenen, auf ein bestimmtes Ziel hin-
wirkenden Maschinerie greife eines ins andere, so dass auch
der Mensch in seinen Handlungen nicht frei sei, sondern unbewusst den Gesetzen Gottes folge.

Der Kronprinz bleibt damit seiner Argumentation treu. Was
er in der Auseinandersetzung mit dem Vater als christliche
Glaubenslehre darlegte, greift er nun als philosophischen, auf
Spekulation gegründeten Gedankengang wieder auf: Der junge Friedrich sieht sich als Teil einer vorherbestimmten Welt,
die gut ist, weil von göttlicher Ordnung und göttlichem Wil-

len durchdrungen, und widerspricht damit der Vorstellung eines gleichgültigen Schöpfers. »Es ist natürlicher, dass dieser Gott alles macht und dass der Mensch das Werkzeug seines Wirkens ist, als sich einen Gott vorzustellen, der eine Welt schafft und sie mit den Menschen bevölkert, um sodann mit verschränkten Armen darüber zu ruhen und seine Macht den Grillen des menschlichen Geistes zu überlassen«, bekennt er Voltaire.

Die Idee einer vorherbestimmten Welt hatte Friedrich im Küstriner Gefängnis Trost und Mut gespendet. Er kommt auf diesen Gedanken zurück, weil seine ganze Lage immer noch in misslicher Weise von seinem tyrannischen Vater abhängt. Wenn dessen Zorn ihn wieder treffen sollte, hat er sich nichts vorzuwerfen, da eine solche Wendung nicht in seiner Macht läge. Neben den anhaltenden Ängsten steht aber auch ein neuer Optimismus, wie er aus dem Deckengemälde des Marmorsaals spricht. Warum sollte der künftige König Friedrich II. in Preußen in einer vorherbestimmten Welt nicht eine gute, ja glänzende Rolle spielen?

Nachdem Voltaire auf die Bildungsbeflissenheit Friedrichs überschwänglich, auf die Zusendung französischer Übersetzungen von Werken Wolffs hingegen kühl reagiert hatte, nimmt der Prinz die erste Gelegenheit wahr, um Voltaire nach seiner Meinung über die Vorherbestimmung des Menschen zu fragen. Die Antwort des Franzosen verweist auf die Ideen Isaac Newtons, die mehr Raum für die Freiheit des Einzelnen lassen: Die Weitergabe von ein wenig Freiheit an die Menschen tue Gottes unendlicher Macht keinen Abbruch, da sie selbst eine Wirkung seiner Allmacht sei.

Und schließlich packt der Philosoph den Thronfolger geschickt bei dessen Ehrgeiz: »Seien Sie also im Namen der Menschheit dem Gedanken gewogen, dass wir ein gewisses Maß an Freiheit haben; denn wenn Sie meinen, wir seien reine Maschinen, wozu wird dann die Freundschaft, aus der Sie soviel Freude schöpfen, was wären die großen Taten wert, die Sie vollbringen, welche Dankbarkeit schuldete man den Mühen Eurer Königlichen Hoheit, die Menschen glücklicher und besser zu machen, wie schließlich würden Sie die Anhänglichkeit werten, die man für Sie empfindet, die Dienste, die man Ihnen leistet, das Blut, das man für Sie vergießt?«

Es ist charakteristisch, dass Voltaire es nicht bei abstrakten Argumenten belässt, sondern Friedrich an die Freundschaft und die Aufgaben des Herrschers erinnert. Der Prinz besteht seinerseits darauf, dass seine metaphysischen Vorstellungen »in keiner Weise die Grundsätze der guten Sitten umstoßen« – keine Selbstverständlichkeit, wenn man bedenkt, dass die Prädestination jede Eigenverantwortung infrage stellt und als Einladung zur Unmoral aufgefasst werden kann. Friedrich rettet die Moral, indem er einen vorbildlichen Menschen wie Voltaire als Instrument der Vorsehung begreift.

Indem der Philosoph die Tugend um ihrer selbst willen liebe, verschaffe er ihr bei denjenigen Geltung, die ihr nur aus Eigenliebe folgen, und verwirkliche so den Willen Gottes. Den *philosophes* Friedrich und Voltaire geht es also unabhängig von ihren Meinungsverschiedenheiten über metaphysische Fragen gemeinsam darum, der Tugend und der Vernunft Geltung zu verschaffen und so die Wohlfahrt der Menschen zu mehren. Dazu zählt die eigene moralische Vervollkommnung. So ist es konsequenterweise die Moral der Fürsten, der Friedrich sein philosophisches Hauptwerk widmet, den nur wenige Jahre nach Beginn des Briefwechsels entstehenden »Antimachiavell«, über den er mit Voltaire in einen regen Austausch tritt.

Zu den Ritualen dieser Brieffreundschaft gehört die gegenseitige Versicherung, wie sehr man sich vermisse: »Geben Sie zu, Sie wären nicht wenig erstaunt, wenn Sie bei Nacht in Cirey maskierte Männer, Fackeln, eine Kutsche und alles, was zu einer Entführung gehört, auftauchen sähen.« Nicht zum ersten Mal blitzt hier Friedrichs Wunsch auf, Voltaire zu »besitzen«. Voltaire erwidert: »Dieser Herr Algarotti ist noch voller Staunen über das, was er in Remusberg zu sehen bekam. Ach, was für ein Fürst ist das doch! sagt er; und er kommt aus dem Staunen nicht heraus. Und ich, Euer Gnaden, warum bin ich nicht Algarotti? ... Wäre ich nicht in Emilies [du Châtelets] Nähe, ich stürbe, weil ich nicht in Ihrer bin.«

Die Anziehung zwischen den beiden ist echt, doch während der Hohenzoller den Pariser am liebsten so schnell wie möglich und für immer an seinem Hof hätte, der für ihn den natürlichen und einzig möglichen Lebensmittelpunkt darstellt, ist für den weltgewandten und ungebundenen Voltaire ein Zusammenleben mit Friedrich nur eine von vielen denkbaren Alternativen. Und so wird es bis 1750 dauern, ehe Voltaire den Lockrufen nachgibt und sich auf Dauer in Berlin und Potsdam einrichtet. Der denkwürdige Aufenthalt des Dichterfürsten am Hof des dichtenden Fürsten wird in einer Katastrophe enden und die Freundschaft der beiden beinahe zerstören.

Intime Pflichten, intime Neigungen

Am Rheinsberger Hof gibt es Frauen. Für die Zeit ist das selbstverständlich, nicht aber für Friedrich. Vor dem Einzug in das Schloss am See hatte er das einfache und ungezügelte Leben eines Offiziers geführt, und mit seinem Regierungsantritt wird er sämtliche Damen von seinem Hof verbannen. Somit sind die vier Jahre in Rheinsberg die einzigen, in denen er einem Hof vorsteht, zu dem neben Herren auch Damen gehören, denen gegenüber er sich aufgeschlossen und freundlich verhält. Die weibliche Gesellschaft verbreite »einen unbeschreiblichen Reiz im alltäglichen Umgang«, meint der Schlossherr und entspricht damit ganz dem Geschmack dieses galanten Zeitalters.

Wichtigste Frau am Hof ist selbstverständlich die Kronprinzessin, das Zeugen von Nachkommen war schließlich ein entscheidender Grund für den Erwerb des Schlosses gewesen. Elisabeth Christine und ihre Hofdamen fügen sich harmonisch in die Rheinsberger Hofgesellschaft. Die »Gans«, wie Friedrich sie vor der Hochzeit nannte, hat inzwischen an ihrem Auftreten und ihrer Bildung gearbeitet, und sie ist offensichtlich nicht unattraktiv. »Die Frau Kronprinzessin ist stattlich und vorzüglich gebaut. Nie sah ich ein ähnliches Ebenmaß aller Glieder … Ihr Teint ist sehr schön und in ihren großen blauen Augen sieht man Lebhaftigkeit und Sanftmut vereint …«, schreibt der – zur Schmeichelei neigende – Baron von Bielfeld. Das Wenige, das sie sage, sei geistvoll, keine Prinzessin tanze besser als sie.

Die Kronprinzessin lobt ihr Leben in der ländlichen Idylle wie auch ihren Ehemann überschwänglich: »Ich bin selig, die Frau eines so großen Fürsten mit so vielen guten Eigenschaften zu sein. Wer ihn kennt, muss ihn lieben.« Wie aber stand es mit der Seligkeit ihres Gatten? Friedrich meidet Elisabeth Christine keineswegs und trifft sich jeden Nachmittag mit ihr zum Kaffee. »Ich müsste der niedrigste Mensch auf der Welt sein, wenn ich meine Frau nicht aufrichtig hochschätzen würde, denn sie ist das sanfteste Gemüt, so gelehrig, … so gefällig«, schreibt er an Wilhelmine. Doch gesteht Friedrich einem Vertrauten, dass seine Frau ihn kaltlasse – eines der wenigen Details in Friedrichs Liebesleben, die als gesichert gelten dürfen. Kommt der Kronprinz seinen ehelichen Pflichten, die zugleich eine politische Aufgabe ersten Ranges sind, dennoch nach?

Vielleicht. Nach mehr als drei Jahren Ehe sagt Friedrich zu seinem väterlichen Freund Ernst Christoph von Manteuffel: »Ich kann mit meiner Frau nicht aus Leidenschaft zu Bett gehen, und wenn ich sie liebe, dann tue ich es mehr aus Pflichterfüllung als aus Leidenschaft.« Für den preußischen

Kronprinzen wie für alle Fürsten zählt die Fortpflanzung zu den herrschaftlichen Pflichten, die meisten Prinzessinnen und Prinzen werden in jenen Zeiten ohne Leidenschaft gezeugt. Die Geburt von Nachkommen entscheidet über Krieg und Frieden zwischen den Staaten, über das Gelingen und Scheitern langfristiger dynastischer Vorhaben, über den inneren Frieden in den Herrscherhäusern. Bei Friedrich kommt hinzu, dass er den Vater fürchten muss, dem eine Verweigerung seines Sohnes sicher zu Ohren gekommen wäre. Doch die Bemühungen, wenn es sie denn gab, bleiben ohne Folgen. Von einer Schwangerschaft Elisabeth Christines ist nichts bekannt.

Ein möglicher Grund für die Kinderlosigkeit Elisabeth Christines ist eine Geschlechtskrankheit, mit der sich Friedrich kurz vor der Hochzeit infiziert hatte. Georg von Zimmermann, der Leibarzt des greisen Königs, berichtet, dass sechs Monate nach der Hochzeit die Geschlechtskrankheit, wohl Gonorrhö, plötzlich wiedergekehrt sei. Ein daraufhin notwendiger »grausamer Schnitt« habe das bis dahin normale und einigermaßen glückliche Liebesleben des Paares ein für alle Mal beendet, obwohl Friedrich immer noch zeugungsfähig gewesen sei. Doch von da an habe er sich fälschlicherweise für impotent gehalten. »Er war ein klein wenig verstümmelt, aber nicht verschnitten.« Die Darstellung des Leibarztes muss nicht unbedingt der Wahrheit entsprechen: Nach dem Zeugnis von gleich vier Ärzten, die später den toten König in Augenschein nehmen, ist keine Spur von einem Schnitt zu finden.

Also doch Verweigerung? Wenn dem so gewesen wäre, so hätte das gewiss nicht an der pflichtbewussten und geduldigen, ihrem Mann zugetanen Ehefrau gelegen, sondern an Friedrich, dessen Begeisterung für seine Gemahlin wie für Frauen im Allgemeinen sich in Grenzen hielt und oft genug in Frauenfeindlichkeit umschlug, etwa wenn er in späteren Jahren Frauen mit außerehelichen Liebschaften als »Huren« bezeichnete.

Bald nach seiner Thronbesteigung schiebt er Elisabeth
Christine ins Schloss Schönhausen ab und reduziert den Umgang mit ihr auf ein Minimum, zu intimen Kontakten kommt
es mit Sicherheit nicht mehr. Ob sich Friedrich grundsätzlich
von Frauen fernhält, ist hingegen unklar. Es gibt die Hinweise auf Affären mit der Gräfin Orzelska am sächsischen Hof
sowie mit Frau von Wreech in der Küstriner Zeit, auch auf
Abenteuer mit Bauernmädchen. Anfang der Vierzigerjahre
schwärmt er für die italienische Tänzerin Barberina. Wenn
Friedrich sich zu Frauen hingezogen fühlt, so verliebte er sich
doch nur in seiner Jugend. Seine Ehe vollzieht er höchstens
bis 1741, während seine Schwester Wilhelmine stets die wichtigste Frau in seinem Leben bleibt. Die aber ist abwesend, so
dass die ihm nahestehenden Menschen stets Männer sind. In
Rheinsberg sind das vor allem Keyserlingk und Fredersdorf,
denen er – für die damalige Zeit unter Freunden keineswegs
ungewöhnlich – zärtliche Briefe schreibt. Von beiden Freund-
schaften heißt es, dass sie auch sexuell gelebt worden seien,
ohne dass es dafür klare Beweise gibt. Der Zeitgenosse Kal-
tenborn berichtet: »Dass er wirklich in den Geschmack der
sogenannten griechischen Liebe gekommen war, wurde von
allen denjenigen, die es wissen konnten, mit solchen Umständen erzählt, dass beinahe kein Zweifel mehr übrigblieb.«
Das bekannteste Zeugnis für Friedrichs homoerotische
Neigungen ist die maliziöse Schilderung aus den Erinnerungen Voltaires: »Wenn ihre Majestät angekleidet war, widmete
sich der Stoiker für einige Augenblicke der Sekte Epikurs. Er
ließ zwei oder drei Günstlinge kommen, Leutnants des Leibregiments, Pagen, Heiducken oder junge Kadetten. Man trank
Kaffee. Wem ein Taschentuch zuflog, blieb eine Weile mit dem
König allein. Es kam dabei nicht zum Äußersten, da der Prinz
zu Lebzeiten seines Vaters bei seinen gelegentlichen Liebes-
abenteuern sehr mitgenommen und schlecht geheilt worden
war. Er konnte nicht mehr die erste Geige spielen, er musste

sich mit der zweiten begnügen.« Diese Sätze, die möglicherweise im Zorn über den Bruch mit Friedrich entstehen, werden erst nach dem Tod des Schriftstellers veröffentlicht. Vielleicht sind sie selbst dem sonst skrupellosen Voltaire zu verleumderisch, vielleicht fürchtet er die Rache des Königs oder will ihm nach der Erholung ihres Verhältnisses nicht mehr schaden. Auch hier gibt es viel Raum für Spekulationen.

Ein weiterer, dramatischer Hinweis stammt vom britischhannoveranischen Gesandten von Schwicheldt, der von Spannungen bei Hof berichtet. Die Zuneigung Friedrichs für einen jungen Unteroffizier der Garde habe zur Folge gehabt, dass sein engster Vertrauter Fredersdorf nur noch auf Aufforderung habe das Zimmer betreten dürfen, was Fredersdorf als Zurücksetzung empfunden habe. Dann habe sich der Unteroffizier erschossen, Fredersdorfs Stellung sei wiederhergestellt gewesen. Dass es sich hier nur um Hofklatsch handelt, ist nicht gesagt. Immerhin gibt es einen Toten und nicht selten sind die Gesandten bestens informiert.

Klar ist, dass Friedrich damit kokettiert, für jugendliche Männerschönheit empfänglich zu sein. Demonstrativ lässt er 1747 auf der Terrasse von Schloss Sanssouci die antike Skulptur eines betenden Knaben aufstellen, die zu dieser Zeit als Bild des Antinoos gilt, des jung verstorbenen Geliebten des römischen Kaisers Hadrian. Manche Beobachter halten das Standbild deshalb für ein intimes Denkmal, das der König dem hingerichteten Katte setzt. Erworben hatte er die Skulptur aus dem Nachlass Prinz Eugens, dessen Schwäche für Jünglinge allgemein bekannt war. Sich als Liebhaber von Männern zu präsentieren, ist geradezu eine Modeströmung, die vor Prinz Eugen auch Henri de La Tour d'Auvergne Turenne und Louis II. von Bourbon, Prinz von Condé vertraten, beide erfolgreiche Feldherren Ludwigs XIV. Gerade hartgesottene Heerführer zeigen sich dem eigenen Geschlecht zugewandt, und Friedrich fügt sich hier vortrefflich ein.

Wie echt seine Neigung tatsächlich war und ob er sie auch praktizierte, lässt sich nicht sicher sagen. So meinte der Leibarzt Zimmermann, dass die ostentative Homoerotik des Königs dessen eingebildete Impotenz überspielen sollte. Dass Friedrich homosexuell war, ist jedoch eher wahrscheinlich als nur möglich. Die Liebe zum eigenen Geschlecht war für die Oberschicht des 18. Jahrhunderts ein Gegenstand des Klatsches, und Friedrich gehörte zu denen, die eine Menge Gerede auf sich zogen. Im 19. und 20. Jahrhundert wurde aus ihm ein Nationalheld und aus der Homosexualität ein gesellschaftliches Todesurteil; ein schwuler Friedrich der Große war undenkbar. Im frühen 21. Jahrhundert tut man sich mit einem homosexuellen König deutlich leichter. Man kann es sich aber ebenso erlauben, die Frage offenzulassen.

Lehrjahre eines Kronprinzen

Nicht nur Rheinsberg, sondern auch Neuruppin oder das belagerte Philippsburg werden für Friedrich zu wichtigen Ortes seiner Kronprinzenzeit. Friedrich erzieht sich selbst zum Ästheten, ohne dass seine Ausbildung zum Soldaten zu kurz kommen würde. Den Offiziersrock legt er selbst in Rheinsberg selten ab, wo er neben Dichtung und Philosophie auch historische und politische Werke studiert. Dieser Prinz gibt sich nicht verträumt den Musen hin, sondern hat seine Bestimmung zur Herrschaft stets im Auge.

Seit dem Frühjahr 1733 ist der Oberst Friedrich von Brandenburg-Preußen Kommandeur des ehemals von der Goltz'schen Infanterieregiments, dessen zwei Bataillone mit insgesamt 1700 Soldaten in Nauen und Neuruppin stationiert sind. Er gibt sich alle Mühe, der Ermahnung seines Oberbefehlshabers zu folgen, »daß sein Regiment kein Salat-Regiment wäre«. Der Regimentsdienst ist der nächste Schritt in

der militärischen Ausbildung, die der Prinz schon seit seinem
sechsten Lebensjahr durchläuft. Er kennt das Exerzierreglement und die Aufgaben eines
Kompanieführers, jetzt leitet er ein Regiment, muss ein Budget verwalten und für volle Mannschaftsstärke sorgen. Beim
Hauptmann von Hacke, einem seiner militärischen Mentoren, beschwert er sich über ausbleibende Rekruten und Geldmangel: »Ich soll nichts aus Brandenburg kriegen, mein lieber
Hacke? Ich habe darauf 30 Mann aus der Kompanie ausrangiert, und wo soll ich sie nun wieder kriegen? Ich wollte
wohl dem König eben sowohl, wie der Dessauer, große Kerls
geben, aber Geld habe ich nicht, und kriege und prätendiere
auch nicht sechs Mann vor einen.«

Gerade um die Zeit, als Friedrich seinen Dienst beim Regiment antritt, führt der König das Kantonssystem ein. Die
Zuweisung eines festgelegten Rekrutierungsbezirks, Kanton
genannt, an jedes Regiment soll die Personalbeschaffung im
Inland auf eine sichere und ausgewogene Grundlage stellen
und dabei die Lasten für die Bevölkerung beschränken. Im
Ausland hingegen bleibt es bei den rüden Methoden preußischer Werber. Friedrich, im Wissen um den Spleen des Soldatenkönigs für »lange Kerls«, schreibt seinem Vater über
einen groß gewachsenen Schäfer aus Mecklenburg: »Mit Gutem ist nichts mit ihm auszurichten; aber wenn er die Schafe
hütet, so ist er allein auf dem Felde, und könnte man mit ein
Paar Officiers und ein Paar tüchtige Unter-Officiers ihn schon
kriegen.«

Wichtigste Aufgabe des Regimentskommandeurs ist der
Drill, der das Zusammenwirken der Infanteristen perfektionieren soll. Friedrich spottet über den preußischen »Exerzierteufel«, nimmt diese Pflicht aber ernst und begibt sich gleich
zu Beginn seines Dienstes nach Potsdam, um zu sehen, ob
seine Bataillone dem Vorbild der dortigen Mustereinheiten
gleichkommen. Dass er Erfolg hat, zeigt sich bei den jähr-

lichen Paraden im Frühsommer, wenn die Regimenter in Berlin versammelt sind, vor dem König paradieren und gemeinsam schwierige Schwenkungen und andere Manöver durchführen. Friedrich Wilhelm beobachtet die von seinem Sohn befehligten Kolonnen genau und findet regelmäßig Gründe, sie zu loben. Im Jahr 1735 wird er Friedrich zum Generalmajor befördern. Das erwachende Interesse des Kronprinzen an der Kriegführung äußert sich auch in wiederholten Besichtigungen des Schlachtfeldes von Fehrbellin, auf dem der Große Kurfürst Friedrich Wilhelm 1675 den ersten großen preußischen Sieg errang. In Begleitung von Veteranen dieser Schlacht schreitet er das Gelände unweit von Neuruppin ab und versucht, das vergangene Geschehen nachzuvollziehen.

Militärischen Anschauungsunterricht erhält er im Sommer 1734 am Rhein, wo er zum ersten Mal den Krieg erlebt. Nach dem Tod Augusts des Starken streiten die Staaten darüber, wer zum nächsten König von Polen gewählt werden soll. Frankreich unterstützt die Wahl Stanisław Leszczyńskis, der einer Familie des polnischen Hochadels entstammt, und marschiert – um seiner politischen Forderung Nachdruck zu verleihen – kurzerhand über den Rhein. Eine Koalition, zu der Russland, Österreich und das Reich gehören, will Friedrich August von Sachsen auf dem Thron installieren, den Sohn Augusts des Starken. Unter der Führung des berühmten kaiserlichen Feldherrn Prinz Eugen von Savoyen stellen sich die Koalitionstruppen den Franzosen entgegen. Das 14000 Soldaten umfassende preußische Kontingent der Reichsarmee beteiligt sich an dem Versuch, die französische Belagerung Philippsburgs aufzuheben.

Prinz Friedrich von Brandenburg-Preußen bewundert den über siebzig Jahre alten Prinzen Eugen von Savoyen, der in den Kriegen der Habsburger gegen die Türken und Franzosen zum herausragenden Heerführer und Politiker seiner Zeit aufgestiegen war. Der junge Oberst besucht die lebende Legende im Heerlager und nutzt die Gelegenheit, mit dem alten Feldmarschall über Strategie und Taktik zu fachsimpeln. Daraufhin versichert Prinz Eugen dem preußischen König, dass Friedrich einmal ein großer General werde.

Nach einem abendlichen Besuch Eugens und des Herzogs von Württemberg, so eine Anekdote, verabschiedet sich Friedrich vom Herzog mit einem Kuss auf die Wange, woraufhin der Prinz Eugen ausruft: »›Nun, wollen denn Eure Hoheit meine alten Backen nicht auch küssen?‹ – ›O, herzlich gern!‹ erwiderte der Kronprinz, küsste den Prinzen Eugen mit vieler Herzlichkeit verschiedene Male, und so schieden sie auseinander.«

Im Rückblick schreibt Friedrich enttäuscht, dass Prinz Eugen seinen Ruhm nicht habe aufs Spiel setzen wollen und deshalb nicht angegriffen hätte, obwohl seine Truppen in der Überzahl waren. Der Kronprinz nimmt zahlreiche weitere Lehren von diesem ersten Feldzug mit, etwa über Versorgungsprobleme oder die Haltbarkeit von Soldatenschuhen. Der schwache Eindruck, den die österreichischen Truppen auf ihn machen, wird ihn später zu seinem riskanten Einmarsch in Schlesien ermutigen. Auch gerät er erstmals in feindliches Feuer, wobei er demonstrativ gelassen bleibt.

Im folgenden Jahr brennt er darauf, wieder ins Feld zu gehen, aber sein Vater lehnt ab. Statt weiterer Kriegserfahrung sammelt Friedrich Kenntnisse über Ostpreußen, das er in jenem Sommer 1735 inspiziert. Er lernt die Menschen kennen, die bald seine Anordnungen umsetzen sollen – für einen Prinzen, der einmal persönlich und nicht durch seine Minister herrschen will, ein unschätzbarer Vorteil.

Während seiner Zeit in Rheinsberg läuft Friedrichs Regimentsdienst weiter, sein Hauptquartier Neuruppin ist zwanzig Kilometer vom Schloss entfernt. In seinem Turmzimmer liest er neben der schönen Literatur Cäsars Kriegsberichte oder auch die Geburtstagsgabe des Alten Dessauers. Leopold I., der Fürst von Anhalt-Dessau, hatte eigens für den Kronprinzen eine Abhandlung über die Belagerung von Städten verfasst. Oder er studiert Werke über Karl XII. von Schweden, den so rastlosen wie ruhmsüchtigen Feldherrn, der letztlich an Zar Peter dem Großen, seinem Rivalen um die Vorherrschaft im Norden, scheiterte. Über die aktuelle Politik ist er gleichfalls auf dem Laufenden. Grumbkow, der um die Gunst des künftigen Königs wirbt, schickt ihm regelmäßig vertrauliche Akten.

Seine militärischen und historischen Studien führt Friedrich gegen Ende seiner Kronprinzenzeit mit seinen geistigen Interessen zusammen und verfasst sein politisch-philosophisches Hauptwerk, den »Antimachiavell«. In kritischem Aufbegehren gegen die Thesen des italienischen Denkers Niccolò Machiavelli über die Kunst und die Moral der Politik in der epochalen Schrift »Der Fürst« entwickelt er, so Voltaire, einen »Katechismus der Könige und Minister«. Das Werk, zu dem der französische Briefpartner als kritischer Lektor beiträgt, ist außerdem eine Botschaft an die aufgeklärte Öffentlichkeit. Es präsentiert einen Herrscher, der sich dem Einfluss der Philosophie und der Philosophen öffnet. Sein Verfasser hofft, damit die publizistische Unterstützung der Literaten der Aufklärung zu gewinnen.

Der Realist Machiavelli legte zu Beginn des 16. Jahrhunderts dar, dass ein Herrscher, der sich die Macht über ein Fürstentum angeeignet hat, diese nur durch Betrug und Gewalt halten könne und lernen müsse, auch unmoralisch zu handeln. Dem will der Thronerbe widersprechen: »Ich erkühne mich, als Verteidiger der Menschheit gegen dieses Ungeheuer … aufzutreten, wage es, gegen Betrug und Verbrechen die Vernunft und die Gerechtigkeit ins Feld zu führen.« Er offenbart dabei, wie er sein zukünftiges Amt sieht und welche Ansprüche er an sich selbst als Herrscher stellt.

Die Fürsten, so Friedrich, verdankten ihre Macht den Völkern, die sie einst auserkoren hätten, für Gerechtigkeit zu sorgen. Daraus folge, »dass der Fürst, weit davon entfernt, ein absoluter Herrscher über die Völker zu sein, ... selber nur deren erster Diener ist«. Seine Pflicht im Sinne dieses Herrschaftsvertrages sei es, das Volk glücklich zu machen. Als Ursprung des Herrscheramts gilt dem preußischen Thronfolger somit des Volkes Wille, das heißt, er bricht mit der Vorstellung seiner Vorgänger, dass Gott die Könige einsetze. Republiken wie die Niederlande, die aus einer Rebellion gegen tyrannische Herren hervorgingen, erscheinen ihm dementsprechend als legitim und als Ausdruck eines universalen Freiheitsdrangs, wenn er sie auch für weniger beständig hält als die altbewährte Fürstenherrschaft. Er gesteht den Bewohnern der Republiken zu, lieber von Gesetzen abzuhängen »als von den Launen eines einzelnen Mannes«. Trotzdem hält Friedrich fest an der Vorstellung des Fürsten als eines absoluten Herrschers, der keinerlei Gesetz über sich hat. Nur sein Moralempfinden und sein Verantwortungsbewusstsein verpflichten ihn, sich zum ersten Diener des Staates zu machen.

Der besonderen Verantwortung der Könige, die Glück wie auch großes Unglück über die Menschen bringen können, entspricht Friedrichs Forderung, dass die Fürsten die Herrschaft selbst ausüben sollen, statt sich auf Minister und Ratgeber zu verlassen. Die persönlich regierenden Monarchen seien »die Seele ihrer Staaten: die Last der Regierungsgeschäfte ruht auf ihnen allein, wie die Welt auf den Schultern des Atlas«. Sie seien Oberbefehlshaber, Finanzminister und oberste Richter, während die Minister vielleicht »scharfsinnige und unermüdliche Geister«, am Ende aber nur Instrumente in den Händen des »weisen und geschickten Meisters« seien. Es sei am Fürsten, gerade auch im Krieg voranzugehen und »ein leuchtendes Beispiel zu geben, wie man furchtlos der Gefahr und selbst dem Tode trotzt, wenn Pflicht und Ehre und un-

sterblicher Nachruhm es gebieten«. Ganz nebenbei wird hier
offenbar, dass auch aufgeklärte Herrscher nach Ruhm streben
und diesen nicht etwa als unvernünftig oder überholt abtun.
Der »Antimachiavell« ist das Werk eines Fürsten, der auch
in seinen politisch-philosophischen Überlegungen die Werte
seines Standes nicht verleugnet.

Ausführlich beschäftigt sich Friedrich mit Machiavel-
lis These, dass der stets von Bösewichtern umgebene Fürst
keine andere Wahl habe, als sich zu verstellen und Verträge
zu brechen. Dem hält Friedrich den Schaden entgegen, den
ein Fürst sich durch die Zerstörung seiner Glaubwürdigkeit
selbst zufüge. Darüber hinaus sei dauerhafte Verstellung unmöglich. »Gut spielt man nur sein eigentliches Ich.« Aber
Friedrich schränkt ein: »Im Übrigen gebe ich zu, dass es fatale
Notfälle gibt, in denen ein Fürst nicht anders kann, als seine
Verträge und Bündnisse zu brechen«, was er aber rechtzeitig
ankündigen müsse. Er dürfe nur dann bis zum Äußersten
gehen, »wenn das Wohl seiner Untertanen und dringendste
Notwendigkeit ihn dazu verpflichten«. Es wird deutlich, dass
auch der »Antimachiavell« nicht ohne die von Machiavelli
festgestellte »Notwendigkeit« auskommt. Die Staatsräson er-
laube dem Fürsten all das, was ihm die Moral unter anderen
Umständen verböte. Somit unterscheidet Friedrich an diesem
Punkt unausgesprochen und wohl auch unbewusst zwischen
der allgemeingültigen Privatmoral und der politischen Moral,
die auf besondere Zwänge Rücksicht nehmen müsse. Damit
steht er Machiavelli näher, als ihm lieb sein kann, da es ihm
doch darauf ankommt, einen besonders hohen ethischen Anspruch an die Herrschenden zu richten, er nun aber gerade
bei ihnen gewisse Ausnahmen zulässt, die in anderen Zusam-
menhängen undenkbar wären.

Nicht anders als Machiavelli hält Friedrich es für selbstverständlich, dass Fürsten nach Machtzuwachs streben, sei
es durch »gute Regierungsführung, und zwar wenn ein fleißi-

ger Fürst in seinen Ländern alle Künste und Wissenschaften zum Erblühen bringt, die sie dann mächtiger und zivilisierter werden lassen«, sei es durch Eroberungen in einem gerechten Krieg. Doch wann ist ein Krieg gerecht? Neben der Verteidigung des eigenen Landes machen laut dem »Antimachiavell« Rechtsstreitigkeiten einen Krieg unausweichlich. Auch gebe es Kriege aus Vorsicht, die die Fürsten klugerweise unternähmen. Diese seien »zwar Angriffskriege, darum aber nicht weniger gerecht. Wenn eine ins Maßlose gesteigerte Macht ... die ganze Welt zu verschlingen droht, gebietet die Vorsicht ... den stürmenden Lauf des reißenden Stromes aufzuhalten, solange man seiner noch Herr ist.«

In Fällen, in denen der Fürst handeln müsse, ehe ihm die Möglichkeit dazu verloren gehe, sei der Krieg ein geringeres Übel als der Frieden. Friedrich rechtfertigt also Präventivkriege unter der Voraussetzung, dass ein übermächtig gewordener Staat das Gleichgewicht zwischen den Mächten zu zerstören und diesen die Handlungsfreiheit zu nehmen droht. Einen solchen Fall festzustellen kann nach der Logik des »Antimachiavell« nur im kritischen Ermessen des Souveräns liegen, der gerade hier mit aller Umsicht zu entscheiden habe: »Die Fürsten, die ihre Untertanen als ihre Sklaven betrachten, setzen sie ohne Erbarmen allen Gefahren aus und sehen ohne Bedauern, wie sie zugrunde gehen; die Fürsten aber, die die Menschen als ihresgleichen ansehen und das Volk als den Körper, dessen Seele sie sind, gehen sparsam mit dem Blut ihrer Untertanen um.«

Hier wird deutlich, dass für den Verfasser des »Antimachiavell« zwar alle Menschen von Natur aus gleich sind, in der Geschichte aber von der Humanität oder Grausamkeit der Herrschenden abhängen. Es sei die Pflicht und Tugend des Herrschers, sich für die Humanität zu entscheiden. Diesen Gedanken formuliert Friedrich während der Arbeit am Manuskript in einem Brief an Voltaire so: »[D]er Fürst erhält

von seinen Untertanen Treue und Gehorsam und gibt ihnen
dafür Überfluss, Wohlstand und Ruhe und alles, was zum Besten und zur Beförderung der Gesellschaft beitragen kann …
Wir stellen uns unsre Schwachheiten und unser Elend vor,
wenn wir andere in denselben Umständen sehen, und empfinden ebensoviel Bereitschaft, ihnen zu helfen, als wir uns
von andern wünschen würden, wenn wir uns in ihrem Falle
befänden.«

Friedrich geht also von einem Herrscher mit unbeschränk-
ter Macht aus, die nicht auf Gott, sondern dem Willen des
Volkes beruht und für den Fürsten mit größter Verantwortung verbunden ist. Er soll Mitleid mit den Notleidenden
empfinden und sein Volk glücklich machen, dabei persönlich
herrschen und sich Ruhm erwerben. Diese Gedanken sind auf
der Höhe der Zeit und machen Friedrich zum Hauptvertreter
des aufgeklärten Absolutismus.

Aufklärerisch an dieser politischen Lehre ist zunächst
die Ersetzung der religiösen Grundlage der Herrschaft, des
Gottesgnadentums, durch eine weltliche, den Herrschafts-
vertrag. Und während Ludwig XIV. als Prototyp des absolutistischen Herrschers sich selbst verherrlichte und seine
Person mit dem Staat identifizierte – »L'état, c'est moi« –,
verfolgt der aufgeklärte Herrscher als Diener desselben das
Wohl des Staates, das er von seinem eigenen zu unterscheiden
weiß. Der aufgeklärte Absolutismus will die Monarchen verbessern, nicht die Legitimität ihrer Macht infrage stellen. Als
die unumschränkte Königsherrschaft in der zweiten Hälfte
des 18. Jahrhunderts zunehmend in Verruf kommt, weisen
Friedrich und Voltaire die Kritik der jüngeren Aufklärer klar
zurück.

Der »Antimachiavell« ist die einzigartige moralische Selbst-
reflexion eines philosophierenden Thronfolgers. Das Werk
steht am Abschluss von Friedrichs intellektuellem Werde-
gang. In seiner Bildung und Ausbildung verflechten sich zwei

Stränge, die in der Geschichte nur selten zusammenfinden: Der eine ist philosophisch-literarischer Natur und beinhaltet Betrachtung und Reflexion, der andere umfasst aristokratisch-militärische Traditionen und administrative Kompetenzen. Der Kronprinz hat sich ebenso zum *philosophe* gebildet, wie er zum Politiker und Soldaten erzogen wurde. Und schließlich: seine Erziehung zum *honnête homme* hat ihn das Spiel auf der höfischen Bühne gelehrt. Er hat verinnerlicht, dass jede Handlung und Geste eines Herrschers eine öffentliche Angelegenheit ist. Er weiß, dass ein König in allem, was er tut, eine Rolle spielt und eine Botschaft vermittelt.

Am Ende seiner Kronprinzenzeit vereint Friedrich in sich eine höchst widersprüchliche Mischung von Kenntnissen und Ansprüchen. Welche davon werden in Zukunft sein Leben bestimmen? Und werden sich seine Taten an den von ihm selbst erhobenen ethischen Ansprüchen messen lassen können? Die Welt hat bald Gelegenheit, sich dazu ein Urteil zu bilden: Im April 1740 beendet Friedrich die Arbeit am »Antimachiavell«, bereits Ende Mai ist er König.

Ein Märchenprinz besteigt den Thron

Im Frühling 1740 durchlebt der schon seit Jahren an Gicht und Wassersucht leidende König Friedrich Wilhelm eine letzte gesundheitliche Krise. Friedrich hatte in den vorangegangenen Jahren ein wechselhaftes Verhältnis zu seinem Vater, Phasen des Misstrauens und sorgender Zuneigung lösten einander ab. Gegen Ende seines Lebens vertraut der Soldatenkönig seinem Sohn, zu seiner Umgebung sagt er: »Es liegt mir nichts mehr am Leben, da ich meinen Sohn hinterlasse, der alle Fähigkeiten hat, gut zu regieren; er hat mir versprochen, daß er die Armee beibehalten wird. Ich weiß, daß er die Truppen liebt und brav ist, ich weiß, daß er sein Wort halten wird, er hat

Verstand und alles wird gut gehen.« Friedrich Wilhelm verliert die Angst, sein Sohn könnte sein Lebenswerk, die Armee, vernachlässigen.

Drei Tage vor dem Tod des Vaters kommt Friedrich zu ihm nach Potsdam, die beiden liegen sich lange weinend in den Armen. Dann führt der todkranke König seinen Nachfolger in die aktuellen Staatsangelegenheiten ein und gibt ihm persönliche Lehren aus 27 Regierungsjahren mit auf den Weg. Weil er weiß, dass sein Sohn die Jagd hasst, hinterlässt er seine Jagdhunde dem Alten Dessauer. Friedrich erlebt den stundenlangen Todeskampf Friedrich Wilhelms am 31. Mai. »Er starb mit der Festigkeit eines Philosophen und der Ergebung eines Christen. Er bewahrte eine bewundernswerte Geistesgegenwart ... die Fortschritte seiner Krankheit verfolgend wie ein Arzt, und über den Tod triumphierend wie ein Held«, schreibt Friedrich über den Tod seines Vaters, um den er aufrichtig trauert.

Mehr als ein Jahrzehnt später lobt Friedrich seinen Vorgänger in den »Denkwürdigkeiten des Hauses Brandenburg« und benennt dabei Eigenschaften, die bis heute als preußische Tugenden gelten: »Die Politik des Königs war stets untrennbar von seiner Gerechtigkeit. Er war weniger auf Mehrung seines Besitzes bedacht als auf dessen gute Verwaltung, stets zu seiner Verteidigung gerüstet, aber niemals zum Unheil Europas. Das Nützliche zog er dem Angenehmen vor. Er baute im Überfluss für seine Untertanen und wandte nicht die bescheidenste Summe für seine eigene Wohnung auf. Er war bedachtsam im Eingehen von Verbindlichkeiten, treu in seinen Versprechungen, streng von Sitten, streng auch gegen die Sitten der anderen. Unnachsichtig wachte er über die militärische Disziplin, und den Staat regierte er nach denselben Grundsätzen wie sein Heer ... Friedrich Wilhelm hinterließ bei seinem Tod ein Heer von 66 000 [tatsächlich 80 000] Mann, das er durch seine sparsame Wirtschaft unterhielt, gesteigerte

Staatseinkünfte, einen wohlgefüllten Staatsschatz und in all seinen Geschäften eine wunderbare Ordnung.« Zur Fluchtaffäre schreibt Friedrich lapidar: »Die häuslichen Kümmernisse dieses großen Fürsten haben wir mit Stillschweigen übergangen: um der Tugenden eines solchen Vaters willen muss man einige Nachsicht mit den Fehlern seiner Kinder haben.« In diesen Äußerungen ist der offizielle Thronfolger zu erkennen, nicht der verletzte Sohn. Er nimmt – wohl nicht nur aus Rücksicht auf den Toten – die ganze Schuld auf sich. Eine vielleicht nachvollziehbare Haltung, wenn man bedenkt, wie für Friedrich die Auseinandersetzungen mit dem tyrannischen Vater ausgegangen sind. Voraussetzung für die äußerliche und, soweit möglich, auch emotionale Versöhnung, in der der Vater-Sohn-Konflikt sein Ende nahm, war seine Unterwerfung unter den väterlichen Willen – Friedrich gab angesichts seiner Ohnmacht allen äußeren Widerstand auf.

Das Entgegenkommen seines Vaters erleichterte es ihm, sich mit seiner Situation zu arrangieren und um die Gunst des Vaters zu werben. Der Soldatenkönig akzeptierte im Gegenzug gewisse Eigenheiten seines Sohnes, die ihn schon deshalb nicht länger in Wut versetzen konnten, weil er Friedrich nicht mehr ständig sah. Wenn er ihm begegnete, dann in der Rolle, die dem Soldatenkönig besonders am Herzen lag: der des vorbildlichen Offiziers.

Welche seelischen Deformationen die Todesdrohung und das Trauma von Kattes Hinrichtung bewirkten, lässt sich kaum ermessen. Mit einiger Sicherheit lässt sich aber sagen, dass Friedrich die Forderungen Friedrich Wilhelms verinnerlichte und neben seinem Widerstand auch seinen Widerwillen aufgab, nicht aber seine Sehnsucht nach Anerkennung. Am klarsten kommt dies in zwei Träumen zum Ausdruck, die er viele Jahre später seinem Vorleser de Catt schildert. In dem einen träumt er, sein Vater lasse ihn mit der Begründung gefangen setzen, dass er ihn »nicht genug liebe«. Der andere

Traum endet damit, dass Friedrich dem Vater bekennt, seine
Anerkennung sei ihm mehr wert »als die des ganzen Welt-
alls«. Friedrich hat die Autorität des Vaters nicht abgestreift
und nicht bekämpft, sondern über dessen Tod hinaus schwer
an ihr getragen. Weder markiert Friedrichs Herrschaftsantritt die postume
Wiederaufnahme der Machtprobe mit dem Vater, noch lässt
sich seine frühe Regierungstätigkeit als nachträglicher Gehorsam gegenüber dem väterlichen Willen auffassen. Sie trägt
vielmehr den Charakter großer Eigenständigkeit, weil sie
im Verhältnis zur Herrschaft Friedrich Wilhelms klare Brü-
che und Veränderungen, aber auch Kontinuitäten aufweist.
Mit seiner Auffassung von Pflichtbewusstsein und Disziplin
im Amt zum Beispiel steht er den Grundsätzen Friedrich
Wilhelms sehr nahe. Wenige Tage nach seinem Amtsantritt
schreibt Friedrich einige Verse an Voltaire, aus denen der Abschied von Rheinsberg ebenso spricht wie eine Ergebung in
die Herrscherpflichten, die sein Vater wie kaum ein anderer
vorgelebt hatte.

> Ab jetzt ist es das Volk, das ich liebe,
> Der einzige Gott, dem ich diene,
> Adieu meine Verse und meine Konzerte,
> Adieu alle Freuden, sogar Voltaire;
> Meine Pflicht ist mein oberster Gott.
> Welche Sorgen alle in seinem Gefolge!
> Welche Last die Krone doch ist!

Die schwer lastende Krone trägt Friedrich nur im übertragenen
Sinn. Wie schon Friedrich Wilhelm verzichtet er auf die Krönung zum König in Preußen und belässt es bei Erbhuldigun-
gen in Königsberg und Berlin. Vor seiner Reise ins Herzogtum
Preußen bemerkt er in einem Brief an Voltaire, dort werde er
»ohne heiliges Salbgefäß und ohne die unnützen, lachhaften

Zeremonien, die durch Unwissenheit und Gewohnheit eingeführt worden sind, die Huldigung« entgegennehmen. Friedrich
verachtet das Zeremoniell, durch das sein Großvater Friedrich I. den Hohenzollern die Erhöhung zu Königen ermöglicht
hatte. Nach überkommener Vorstellung ist nur der wirklich
ein König, den die entsprechenden Riten und Insignien als
solchen ausweisen. Doch Friedrich verzichtet auf prunkvolle
Repräsentation, die ihm zu größerem Ansehen unter seinen –
durch ihre Gesandten wohlinformierten – gekrönten Standesgenossen verhelfen würde. Lieber steckt er wie der Vater seine
Mittel in das Militär als in die Prachtentfaltung. Reale Macht,
hier denkt Friedrich nicht anders als sein Vorgänger, demonstriert man wirkungsvoller in Form eines Parademarschs als
durch einen luxuriösen Diplomatenempfang.

Für seine Untertanen wie für die Gebildeten Europas ist
Friedrich ein Hoffnungsträger. Seine Leidenszeit hatte ihm
Sympathien eingebracht, den Rheinsberger Jahren verdankt
er den Ruf eines außergewöhnlich gebildeten, die Kunst liebenden Fürsten. Der Kontrast zu seinem halb gefürchteten,
halb verspotteten Vater verstärkt diesen Eindruck noch. Er
gilt als *roi charmant*, als Märchenkönig, der sich in jeder
Hinsicht von seinem strengen und harten Vater unterscheidet.
Die Herausgabe des »Antimachiavell« durch Voltaire kurz
nach dem Thronwechsel steigert diesen Optimismus noch.
Der französische Philosoph schreibt an den Marquis d'Argens: »Der liebenswürdigste Mensch hat soeben den Thron
bestiegen. Wissen Sie nicht, dass alle Welt zu ihm drängt, um
unter diesem Mark Aurel des Nordens zu leben?«
    Im Vergleich mit dem römischen Kaiser Mark Aurel äu-
ßert sich die ganze Erwartung Voltaires und vieler anderer.
Nach sechzehn Jahrhunderten soll wieder ein Herrscher die
Menschen beglücken, der ganz wie ein Philosoph denkt und
handelt. Der Denker auf dem Thron macht sich auch umge-

hend daran, die herausragenden Geister seiner Zeit an die lange vernachlässigte Berliner Akademie zu rufen. Unter denen, die kommen, sind der Mathematiker Leonhard Euler und der Naturforscher Moreau de Maupertuis; der von Friedrich Wilhelm entlassene, von Friedrich eifrig studierte Philosoph Christian Wolff kann auf seinen Lehrstuhl in Halle zurückkehren. Im strengen Brandenburg-Preußen hat die Gelehrtenrepublik wieder eine Heimstätte, ebenso finden die schönen Künste nach Berlin, denn sogleich befiehlt Friedrich den Bau des hauptstädtischen Opernhauses und die Anwerbung erstklassiger Sänger, Musiker und Schauspieler in Frankreich und Italien.

Seine Pflicht, das Volk glücklich zu machen, erfüllt Friedrich in seiner ersten fieberhaften Regierungstätigkeit zunächst dadurch, dass er privates Bierbrauen und die Schützengilden wieder zulässt und von seinem Wagen aus Geld in die Menge zu streuen befiehlt. Mit einem weitgehenden Verbot der Folter und Erleichterungen bei Kapitalstrafen greift er eine unter Juristen wie in der Öffentlichkeit verbreitete Stimmung auf. Als bekennender Philosoph verordnet er dem Staat Toleranz und verbietet mit berühmt gewordenen Worten seinen protestantischen Kultusbeamten, die Schulen für katholische Soldatenkinder zu schließen: »Die Religionen müssen alle toleriert werden, und muß der Fiskal nur ein Auge drauf haben, daß keine der anderen Abbruch tue; denn hier muß ein jeder nach seiner Fasson selig werden.« Zugleich fühlen die Beamten einen strengen Blick auf sich lasten, Sparsamkeit wird nach wie vor großgeschrieben. Es fehle nicht viel und der Vater werde noch als ein Verschwender und Wohltäter des Volkes gelten, meint Friedrichs Freund Ernst Christoph von Manteuffel nach zwei Monaten unter dem neuen Herrscher.

Den Offizieren untersagt der neue Oberbefehlshaber aufs Schärfste, unnötig brutal mit den Rekruten umzuspringen, die jungen Offiziersanwärter zu schikanieren und bei der

Werbung gewaltsame Methoden anzuwenden. Ohne Zwang lässt sich die Garde der »langen Kerls«, das heiß geliebte Riesenspielzeug des Soldatenkönigs, nur schwer ergänzen, und teuer ist die Truppe obendrein, so dass Friedrich das Garderegiment auflöst. Will er sich damit vom Vater absetzen? Wohl kaum, da ein Bataillon die Aufmachung des bisherigen Leibregiments beibehält, was ausdrücklich »dem glorwürdigsten Andenken des nun in Gott ruhenden Königs Majestät« dienen soll. Auch übernimmt er Soldaten aus der alten Garde in sein eigenes Leibregiment. Dass er die Armee nicht nur beibehalten, sondern sogar noch vergrößern will, zeigt sich an der zügig angeordneten Aufstockung derselben von 80000 auf 90000 Mann. Die neuen Regimenter werden der regionalen Vormacht Brandenburg-Preußen von benachbarten kleineren Fürstentümern zur Verfügung gestellt.

Die Minister und leitenden Beamten seines Vorgängers belässt Friedrich in ihren Ämtern, seine Freunde aus der Rheinsberger Zeit, die sich Hoffnungen auf Posten gemacht hatten, gehen leer aus oder werden mit unwichtigen Funktionen abgespeist. Am Hof macht bald eine Erwiderung des Königs gegenüber Keyserlingk die Runde: »Mein lieber Keyserlingk, du bist ein sehr netter Mensch, du hast viel Witz und viel Belesenheit, du singst hübsch und du scherzt hübsch, aber deine Ratschläge sind die eines Toren.« Doch auch die amtierenden Minister müssen sich einiges anhören. Als sie den Neuling vor einem zu forschen Vorgehen gegenüber dem Fürstbischof von Lüttich im Streit um die Herrschaft Herstal warnen, hält er ihnen entgegen: »Wenn die Minister von Politik reden, so sind sie geschickte Leute, aber wenn sie von Krieg reden, so ist es, als ob ein Irokese von Astronomie spricht.«

In dem Streit um die unbedeutende Herrschaft Herstal zeigt Friedrich erstmals, dass er vor einer harten und riskanten Linie nicht zurückscheut. Von Wesel aus, wohin ihn ein Antrittsbesuch Anfang September geführt hat, verlangt er in schroffer Form vom Bischof von Lüttich, in nur zwei Tagen den seit acht Jahren beharrlich behaupteten Anspruch auf die Oberhoheit über Herstal aufzugeben. Der Bischof weist das Ultimatum ebenso schroff zurück, woraufhin Friedrich die dem Bischof unterstehende Grafschaft Hoorn von seinen Soldaten besetzen lässt. Sein Vorgehen entsetzt die europäische Politik, was ihm nur recht ist: Alle sollen sehen, dass die Zeit des duldenden Abwartens vorbei ist. Nicht noch einmal wird Preußen eine Demütigung hinnehmen wie 1738, als auf Betreiben Wiens sich sämtliche Mächte gegen die Ansprüche Friedrich Wilhelms auf das Herzogtum Berg gestellt hatten. Und tatsächlich widersetzen sich weder Österreich noch Frankreich dem Gewaltakt, so dass dem Fürstbischof nichts anderes übrig bleibt, als die preußischen Ansprüche auf das kleine Herstal, das gerade einmal 2000 Taler im Jahr einbringt, mit 180000 Talern abzulösen.

Ist dieses provokative Vorgehen nicht auch gegen den Geist des außenpolitisch vorsichtigen Friedrich Wilhelm gerichtet? Löst sich der Sohn hier von der übermächtigen Vaterfigur? Vielleicht, aber es würde auch genügen, auf die Persönlichkeit des neuen Königs zu verweisen. Friedrich Wilhelm war ein fürsorglicher Hausvater und ein jähzorniger Tyrann, der sein Haus in bester Ordnung und sein Land wehrhaft wissen wollte. Der Sohn denkt in großzügigeren Kategorien als der Vater, ist insgesamt beweglicher, unternehmungslustiger und auch um vieles risikobereiter. Er entwickelt sich schnell zum Machtpolitiker, der Preußens Größe, und das heißt auch seine eigene, nicht bloß bewahren, sondern steigern will. Er macht vieles anders, weil er anders ist.

Eine Verliererin des Thronwechsels ist die neue Königin, die der hart arbeitende Friedrich nur noch selten sieht, kühl behandelt und von seinem Bett fernhält. Auch hier stellt sich die Frage, ob die bedenkenlose Trennung von der Frau, die der Vater ihm aufgezwungen hatte, die innere und äußere Befreiung von diesem zum Ausdruck bringt. Hatte er nicht gegenüber Grumbkow noch vor der Hochzeit angekündigt, seine Frau zu verstoßen, sobald er sein eigener Herr wäre? Das mag der Grund für sein Handeln sein, wenn man voraussetzt, dass er in ihr kaum etwas anderes sehen kann als ein Symbol der väterlichen Tyrannei. Vielleicht aber hat er Elisabeth Christine in den ersten sieben Jahren ihrer Ehe gut genug kennengelernt, um zu wissen, dass er sein Leben nicht mit ihr teilen will, und setzt sie deshalb auf verletzende Art zurück.

Die anhaltende Kinderlosigkeit des Königspaares macht die Verheiratung von August Wilhelm, dem ältesten von Friedrichs Brüdern, zu einem dringlichen Anliegen. Er steht in der Thronfolge an erster Stelle und hat dafür zu sorgen, dass weitere Kronprinzen das Licht der Welt erblicken. Auf dem Heimweg von Friedrichs Antrittsbesuch in den Westprovinzen macht die königliche Delegation auf Schloss Salzdahlum halt. Dort, wo auch die Hochzeit von Elisabeth Christine und Friedrich stattgefunden hatte, wird die Verlobung des Prinzen August Wilhelm mit Luise Amalie von Braunschweig-Bevern gefeiert. Die Braut ist eine Schwester der Königin, die Hochzeit hatte noch Friedrich Wilhelm in die Wege geleitet. Der Prinz ist seiner Braut gegenüber gleichgültig, ergibt sich aber im Gegensatz zu seinem älteren Bruder klaglos in sein Schicksal.

Vier Jahre nach der Verlobungsfeier wird aus der Ehe August Wilhelms und Luise Amalies der Nachfolger Friedrichs hervorgehen, der spätere König Friedrich Wilhelm II. Dann verliebt sich der mittlerweile offiziell als Prinz von Preußen und somit als designierter Thronfolger titulierte August Wilhelm leidenschaftlich in Sophie Maria von Pannwitz, eine Hofdame der Königinmutter. Er versucht, sich scheiden zu lassen, um die schöne Junkerstochter, die seine Liebe erwidert, heiraten zu können. Das aber geht nur mit Zustimmung des

Familienoberhauptes, der König entscheidet über die persönlichen Verhältnisse seiner Geschwister. Friedrich lässt sich nicht überzeugen und wirft seinem Bruder vor, in fünfjähriger Ehe lediglich ein Kind gezeugt zu haben. Da die Verbindung mit dem Fräulein von Pannwitz nicht standesgemäß wäre und die aus ihr hervorgehende Nachkommenschaft demnach der Thronfolge unwürdig, verletzte es die Staatsräson, ein solches Abenteuer zu erlauben. Als König denkt Friedrich über persönliches Eheglück anders als zu seiner Kronprinzenzeit. 1751 heiratet die Angebetete einen Cousin, um die peinliche Situation zu beenden. August Wilhelm fällt während der Eheschließung in Ohnmacht.

Im Privaten wie in der Politik beweist der frisch inthronisierte König seine Unabhängigkeit und seinen Gestaltungswillen, er zeigt dabei Tatkraft, Risikobereitschaft und zwischenmenschliche Härte. Der sächsische Gesandte Ulrich Friedrich von Suhm nennt als weiteren hervorstechenden Charakterzug Friedrichs bekannte Gabe zur Verstellung: »Auch wenn er nicht als großer Fürst geboren wäre, hätten sein Unglück und seine Lage ihn gelehrt, seine Gesinnung zu verbergen.« Suhm, der dem Prinzen auch persönlich nahesteht, stellt unter diesem Vorbehalt fest: »Ich glaube, seine größte Leidenschaft ist Ruhm und guter Ruf.« Das äußere sich gerade darin, dass er streng seiner Vernunft folge und sich vor eiligen Urteilen hüte, dann aber eisern an seinen Entschlüssen festhalte. Sein schweres Schicksal habe ihn genötigt, Seelengröße und Standhaftigkeit zu beweisen. »Er ist gut, hochherzig, freigiebig, gefühlvoll, mitleidig mit dem Unglück anderer und voller Abscheu gegen Ungerechtigkeit.« Zudem arbeite Friedrich beharrlich an seinem Charakter. Die einzige Schwäche, die Suhm an ihm findet, ist seine Neigung zum Spott, die habe er aber abgelegt – ein Irrtum oder eine Beschönigung des sächsischen Gesandten.

Wie aber passt die zweifellos zu Recht attestierte Ruhmsucht zur Tugend des Mitgefühls, die Friedrich von einem
Herrscher fordert? Wie wird sich der König zu den Thesen
verhalten, die er als Philosoph im »Antimachiavell« formuliert hatte: »Der Krieg bringt im allgemeinen so viel an Unheil
mit sich, sein Ausgang ist so wenig gewiß, und seine Folgen
sind so verderblich für ein Land, daß die Fürsten gar nicht
genug Überlegungen anstellen können, ehe sie sich in einen
einlassen.« Es zeigt sich schnell, dass der gerade inthronisierte
König sich nicht lange mit derartigen Skrupeln aufhält und
das Leid vieler Tausender in Kauf nimmt, um seine Ziele zu
erreichen. Das »Rendezvous mit dem Ruhm« lässt nicht lange auf sich warten.

EXKURS: BAUERN UND JUNKER

Preußens Wirtschaft und Gesellschaft sind im 18. Jahrhundert überwiegend agrarisch geprägt, etwa drei Viertel der Menschen leben und arbeiten auf dem Land. In
der Prignitz im Nordwesten Brandenburgs zum Beispiel
liegt die Herrschaft Stavenow, zu der acht Dörfer mit insgesamt 96 bäuerlichen Haushalten gehören. Ganz oben
in dieser agrarischen Gesellschaft stehen die Gutsherren
aus der Familie von Kleist, denen die Bauern dienst-
und abgabenpflichtig sind und deren Gerichtsbarkeit
sie unterstehen. Unter den Bauern, die Land auf eigene
Rechnung bewirtschaften, überwiegen die 52 Hüfner,
von denen wiederum sind die meisten Zweihüfner, Inhaber voller Bauernstellen. Ein Zweihüfner bestellt 25
bis dreißig Hektar Land unterschiedlicher Qualität mit
Roggen, Gerste und Hafer, seine Erträge liegen in der
Regel beim Dreieinhalbfachen des ausgesäten Getreides.

Er besitzt fünf Pferde und ebenso viele Rinder, drei bis vier Schweine und sechs bis zehn Schafe, außerdem rund zwanzig Stück Geflügel.

Die 25 Inhaber von Kleinstellen, Kossäten genannt, kommen in den Stavenower Dörfern auf vier bis sechs Hektar urbares Land und nutzen für ihr Vieh die Gemeinweide. Vervollständigt wird die dörfliche Gesellschaft durch den gleichfalls bäuerlichen Dorfvorsteher, Schulze genannt, den Wirt oder Krugpächter, den Müller, den Schmied, den Prediger, den Schulmeister und den Küster.

In den Haushalten der großen wie der kleinen Bauern leben neben diesen selbst und ihren Frauen noch die Kinder, die Eltern sowie Knechte und Mägde, im Durchschnitt zehn bis zwölf Personen. Da Todesfälle auch unter jüngeren Menschen häufig sind und die hinterbliebenen Ehepartner sich erneut verheiraten, gibt es in vielen Familien Stiefmütter und -väter sowie Halb- und Stiefgeschwister. Die Kindheit endet mit der Konfirmation, die Vierzehnjährigen wechseln dann in den Status von Mägden und Knechten, die auf einem fremden oder dem elterlichen Hof dienen. Etwa die Hälfte der jungen Menschen heiratet, für gewöhnlich in einem Alter von Mitte bis Ende zwanzig. Mit der Hochzeit werden sie eigenständig und können von da an einer eigenen Hausgenossenschaft vorstehen.

Die Hochzeiten sind große Ereignisse, da mit ihnen sowohl familiäre Verbindungen als auch materielle Arrangements besiegelt werden. Heiratet ein Hoferbe oder eine Hoferbin zum ersten Mal, fällt dieses Ereignis zumeist mit der Übergabe des Hofs zusammen. In der Regel hinterlassen die Bauern mit etwa sechzig Jahren einem Sohn oder unter Umständen auch einer Tochter die Wirtschaft und ziehen sich auf das Altenteil zurück, das sowohl ein auf dem Hof gelegenes Quartier als auch detailliert festgelegte Versorgungsansprüche umfasst.

Was die Bauern anbauen, verbraucht ihr Haushalt etwa zur Hälfte selbst. Das tägliche Brot ist aus Roggen, Gerste steht als Grütze und Suppe jeden Werktag auf dem Tisch, auch Erbsen sind, neben den immer bedeutsamer werdenden Kartoffeln, ein wichtiges Grundnahrungsmittel. Die Bewirtschafter voller Stellen haben in Stavenow das Recht, gegen eine Abgabe zu Hause Bier zu brauen, das in der Regel eher leicht ausfällt und das Alltagsgetränk ist. Kohl, Bohnen, Karotten, Zwiebeln und anderes Gemüse sowie Obst liefert ein eigener Garten. Käse und Speck, Butter, Schmalz und Eier ergänzen die bäuerliche Kost, auch Salzhering ist ein Alltagsgericht. Fleisch gibt es nur an Sonn- und Festtagen. Für den Eigenbedarf werden auch noch Leinen und Wolle hergestellt. Alles in allem sind die Leute in der Herrschaft Stavenow weder ärmer noch wohlhabender als die Landbevölkerung in den meisten Gegenden Europas.

Die Menschen haben ihr Auskommen und nicht selten auch mehr, doch die Kindersterblichkeit ist hoch und Infektionskrankheiten wie Tuberkulose, Lungenentzündung und Diphtherie, Pocken und Masern sind sie schutzlos ausgeliefert, besonders in Jahren schlechter Ernten. Zwischen 1765 und 1800 stirbt knapp die Hälfte der Lebendgeborenen im Kindesalter, weiß man über den Sprengel Blüthen, zu dem die Herrschaft Stavenow gehört. Ein Bauernsohn hat – die Kindersterblichkeit eingerechnet – eine durchschnittliche Lebenserwartung von etwa 25 Jahren, eine Bauerntochter von über

37 Jahren – trotz der Gefahren der Geburt. Das mittlere Sterbealter der Bäuerinnen und Bauern, die älter als
39 werden, liegt bei 63 Jahren. Auch das Vieh ist stets
von Krankheiten bedroht, das die Hofleute, sehr zum
Missfallen des Pastors, nicht selten durch Amulette zu
schützen versuchen.

Die Stavenower Bauern zahlen Steuern an den fernen
König, die wichtigsten sind die Kontribution genannte
Grundsteuer sowie das Speise- und Fouragegeld, das für
die Versorgung der Soldaten und der Militärpferde erhoben wird. Ein Zweihüfner zahlt rund vierzehn Taler
im Jahr an den Fiskus sowie Getreide im Wert von acht
bis zehn Talern an den Gutsherrn. Während der 1740er-
Jahre entsprechen die Steuern und Abgaben etwa der
Hälfte des stark schwankenden Überschusses, der sich
aus der Ernte abzüglich des Saatguts und des Eigenverbrauchs errechnet. Dank der steigenden Kornpreise
fällt dieser Anteil am Überschuss bis in die 1780er-Jahre
auf etwa 40 Prozent, denn die Abgaben werden nicht
erhöht. Trotz solcher Gewinne sind die Bauern häufig
verschuldet, da sie ihren jüngeren Kindern eine Mitgift
mit in die Ehe geben wollen, Arbeiter und Gesinde entlohnen müssen oder Darlehen, die sie in einem schlechten Jahr oder für besondere Ausgaben aufgenommen
hatten, zurückzuzahlen haben.

Die Bauern leben in Erbuntertänigkeit, die an das von
ihnen bestellte Land gebunden ist und Dienstpflichten
sowie die erwähnten Abgaben fordert. Sie haben kein
Eigentum an Grund und Boden, sondern lediglich ein
Nutzungsrecht. Dieses vererben sie an ihre Kinder, dürfen es aber nicht zwischen mehreren Erben aufteilen, so
dass den Geschwistern, die vom Hoferbe ausgeschlossen

sind, nur eine Abfindung bleibt. Auch haben die Hof-
inhaber nicht das Recht, Land zu veräußern. Als erbuntertänige Bauern sind sie aber nicht an die Scholle
gebunden, sondern können ihre Stelle aufgeben, sofern
sie einen dem Gutsherrn genehmen Nachfolger finden
und das fällige Loskaufgeld bezahlen. Doch in aller Regel beharren die Hüfner und Kossäten auf ihren Besitz-
und Erbrechten. Allerdings beanspruchen die Gutsherren das letzte Wort bei Erbfällen, was immer wieder zu
Spannungen führt. Unbestritten ist hingegen das Recht
des Herrn, von neuen Stelleninhabern einen Untertanen-
eid zu fordern. Auch darf er überschuldeten Bauern die
Hofstelle entziehen.

Anders als in der Prignitz, wo die Bauern in Erbuntertänigkeit leben, ist in Pommern, der Uckermark und der
Neumark die Leibeigenschaft allgemein üblich. Nach
dem Ende des Dreißigjährigen Krieges hatten viele
der dort ansässigen Gutsherren die allgemeine Not ge-
nutzt, um diesen Status durchzusetzen. Der wichtigste
Unterschied zwischen erbuntertänigen und leibeigenen
Bauern besteht darin, dass Letztere kein Abzugsrecht
haben und vom Gutsherrn auf andere Stellen »versetzt«
werden können. Der Gutsherr hat zudem sämtliche
Rechte an Grund und Boden, Haus und Hof inne, über
die Besetzung der Stellen entscheidet er alleine. Gemeinsam haben Erbuntertänige und Leibeigene, dass sie der
Gerichtsbarkeit des Herrn unterstehen und diesem
dienstpflichtig sind.

Die Dienstpflicht schwankt, je nach Bauernstelle
und Jahreszeit arbeiten die Bauern zwei bis sechs Tage
pro Woche auf den Feldern des Gutsherrn. Die Hüfner

dienen mit dem eigenen Gespann, die Kossäten leisten
Handarbeit. Oft sind es nicht die Hofvorstände selbst,
die diese Dienste absolvieren, sondern deren Knechte,
die nicht selten zur Bewältigung umfangreicher Dienstpflichten eigens eingestellt werden. Dabei sind die tatsächlich geleisteten Arbeiten oft geringer als die ver-
brieften, und wer kann, kauft sich frei.

Während die Bestellung der herrschaftlichen Felder
vor allem Sache der Bauern ist, wird das gutseigene
Vieh vom Gesinde des Gutshofs versorgt. Die Knechte
und Mägde sind Bauernsöhne und -töchter, die bis zu
ihrer Heirat in den Dienst eines Gutsherrn treten. Sie
arbeiten auf der Grundlage von Dreijahresverträgen, in
die sie nicht selten gepresst werden. Nach Ablauf ihres
Vertrages können sie das Gut verlassen, ohne einen Ersatz zu stellen oder ein Ablösegeld zu zahlen, wie es ein
abzugswilliger Bauer tun muss. Manche fliehen schon
vor Ablauf ihrer Verträge und entweichen ins Ausland
nach Mecklenburg oder Braunschweig, wo sie, falls sie
nicht straffällig geworden sind, oft neue Existenzmög-
lichkeiten finden, da die Fürsten darum konkurrieren,
möglichst viele gesunde Untertanen zu haben. Doch in
der Mehrzahl ertragen sie lieber die Unfreiheit und die
Schikanen mancher Herren und Aufseher, da sie immer
noch auf einen eigenen Hof hoffen und sich zudem nicht
von ihren Familien und, sofern sie die Ältesten sind, von
dem Erbe entfernen wollen, das sie erwartet.

Da es deutlich weniger Stellen als Kinder von Bauern
gibt, zählen viele von ihnen ihr Leben lang zu den Land-
losen. Doch gibt es auch unter ihnen Verheiratete, die
dann die gemeinschaftlichen Gesindeunterkünfte verlassen und in eigenen Häuschen wohnen. Der Anteil

der Hausleute, wie sie in Stavenow heißen, beträgt dort ein Fünftel: 19 von 96 Haushaltungen. Sie besitzen ein wenig Vieh und einen Garten; im Winter dreschen sie gegen Lohn das herrschaftliche Korn. Andere Landarbeiter bewohnen Unterkünfte auf den Bauernhöfen, sie heißen Einlieger. Der Anteil dieser sesshaften Armen an der Landbevölkerung ist gering. Anders steht es um die Entwurzelten, die in nicht unbeträchtlicher Zahl ein Leben auf Wanderschaft führen und sich von Gelegenheitsarbeiten und Bettelei, wenn nicht von Diebstahl und Raub ernähren.

Gerichtsherren in den Gutsbezirken sind die Junker. Sie beschäftigen zumeist einen juristisch gebildeten Gerichtsverwalter, der Übeltäter verurteilt, Streitigkeiten zwischen den Dörflern regelt und oft als Mittler zwischen der Herrschaft und den Untertanen gefordert ist. Diese Verbindung von Gerichtsbarkeit auf der einen und Dienstpflicht bei großem Eigenbesitz auf der anderen Seite ist das Charakteristikum der im östlichen Mitteleuropa vorherrschenden Gutsherrschaft. Sie geht auf das Mittelalter zurück, als östlich der Elbe Dörfer unter deutschem Recht gegründet und von deutschen Bauern und Adeligen besiedelt wurden. Auch die eingesessene slawische Bevölkerung hatte Anteil an diesem Prozess, der teils friedlich verlief, teils mit brutalen Eroberungskriegen einherging. Die Neugründungen standen unter dem Schutz und der Grundherrschaft von Söhnen westdeutscher oder auch einheimischer Adeliger, also »junger Herren«, wovon sich »Junker« herleitet.

Auf die großen Agrar- und Bevölkerungskrisen im späten Mittelalter und in der frühen Neuzeit reagierten

die Junker, indem sie ihre Rechtsposition gegenüber
ihren Untertanen stärkten und den Eigenbesitz ihrer
Güter, der ursprünglich kaum über den der Bauern
hinausging, erheblich vermehrten. In der Prignitz beispielsweise sind im 18. Jahrhundert zwanzig bis dreißig Prozent der Flächen Gutsland. Auch interessieren
sich die Junker zunehmend für rationales Wirtschaften,
lassen die am Eigenbedarf ausgerichtete Produktion
hinter sich und werden zu marktorientierten Großpro-
duzenten. Viele Konflikte mit den Bauern rühren daher,
dass die Gutsherren an ihre Gewinne denken und mehr
Dienste von ihren Untertanen fordern. Die Innovatio-
nen, die während des 17. Jahrhunderts Eingang in die
Landwirtschaft fanden, gingen auch auf das Profitstre-
ben der – häufig verschuldeten – Gutsherren zurück.

Die Junker sind mächtig und verlangen deutlich höhere Abgaben als Grundherren in anderen Teilen Mitteleuropas. Ihre Büttel beaufsichtigen die arbeitenden
Bauern stets mit einem Stock in der Hand, den sie auch
einsetzen. Es steht den Gutsherren zu, ihre Untertanen
bei Verfehlungen einzusperren und zu züchtigen, dennoch sind sie alles andere als allmächtig. Sie sind an
Recht und Gesetz gebunden, das die Bauern bei den höheren Instanzen einklagen können. Als die Kleists auf
Stavenow die Dienste und Abgaben drastisch erhöhen
wollen, verlieren sie mehrere Prozesse vor dem königlichen Gericht. Außerdem ist es durchaus im Sinne der
Herren, ein einigermaßen harmonisches Verhältnis zu
ihren Untertanen zu pflegen. Bauern, die bummeln oder
die Arbeit verweigern, lassen sich schwer zu mehr Leistung zwingen. Ein Kompromiss ist dagegen häufig der
einfachste Weg, die Wirtschaft am Laufen zu halten.

Die Bauern von Stavenow, so lässt sich sagen, nehmen ihre Herrschaft als einen selbstverständlichen und wenig erfreulichen Teil ihres Lebens hin. Dabei sind sie nicht nur Untertanen der Junker, sondern auch des Königs. Dieser braucht sie beide, Bauern wie Junker, bilden sie doch den personellen Grundstock seines Heeres, die einen als Mannschaften, die anderen als Offiziere. Auch das ländliche Steueraufkommen ist von größtem Interesse für den Staat. Die preußischen Militärpotentaten greifen deshalb immer tiefer in die nur scheinbar statischen Verhältnisse auf dem Land ein.

III

Die Wandlung eines Musensohns zum Mars

Gelegenheit macht Diebe

Der überraschende Tod von Kaiser Karl VI. am 20. Oktober 1740 ändert schlagartig die politische Situation in Europa. Der letzte männliche Habsburger hatte seine Tochter Maria Theresia als alleinige Erbin eingesetzt, doch ob die Pläne des Kaisers Wirklichkeit werden, ist ungewiss. Mehr als zwei Jahrzehnte lang hatte Karl versucht, der sogenannten Pragmatischen Sanktion allgemeine Anerkennung zu verschaffen. Dieses habsburgische Hausgesetz führt die Möglichkeit einer weiblichen Erbfolge ein und soll so Maria Theresia die Herrschaft über sämtliche, ungeteilt bleibende Länder des Hauses Habsburg sichern. Die Gefahr einer Zersplitterung, etwa durch die Vererbung an die Nachkommen des älteren Bruders des Kaisers, wäre gebannt. Maria Theresias Gemahl, Franz Stephan von Lothringen-Toskana, hofft zudem auf die Wahl zum römisch-deutschen Kaiser. Die Pragmatische Sanktion soll sicherstellen, dass es nicht zu einem Krieg um das habsburgische Erbe kommt. Doch der Wille des Kaisers genügt nicht, auch die übrigen deutschen und europäischen Souveräne müssen zustimmen. Schließlich haben die lieben Verwandten in Erbangelegenheiten ein Wörtchen mitzureden.

Die europäischen Herrscherhäuser sind durch jahrzehntelange Heiratspolitik eng miteinander verwoben, so dass sie erscheinen wie ein einziger großer Clan. Jede Linie dieser Groß-
familie steht für einen souveränen Staat, der Verträge mit
anderen Staaten abschließt. Völkerrecht und Erbrecht sind
untrennbar miteinander verbunden, und Erbstreitigkeiten
stehen regelmäßig auf der Tagesordnung. Der Ausgang dieser
Auseinandersetzungen entscheidet darüber, welcher Fürst
welches Land regiert und wie die Macht zwischen den Herrscherhäusern verteilt wird. Es fehlt nicht an vorsorglich abge-
schlossenen Verträgen, wohl aber an einem Schiedsrichter,
der die vielfach gegensätzlichen und sich überschneidenden
Ansprüche regeln könnte. Das hatte nach dem Aussterben der
spanischen Habsburger zu einem dreizehn Jahre dauernden
Krieg in Europa geführt. Nun, nach dem Tod von Kaiser
Karl VI., herrscht allseits eine gespannte Erwartung, ob der
erste umfassende Konflikt seit dem Ende des Spanischen Erbfolgekrieges im Jahr 1714 ausbrechen würde.

Die meisten Staaten hatten die Pragmatische Sanktion gebil-
ligt, so auch Preußen. Wiederholt hatte Friedrich Wilhelm I.
die weibliche Erbfolge im Hause Habsburg anerkannt, unter
anderem anlässlich der Verheiratung seines ältesten Sohnes.
Dafür war ihm von Wien der Erwerb des Herzogtums Berg in
Aussicht gestellt worden, ohne dass die führenden Politiker
am kaiserlichen Hof ihr Versprechen einzulösen gedachten.
Im Verein mit den westlichen Großmächten erzwang Wien
1738 den Verzicht Preußens auf das Herzogtum Berg. Damit
war auch Preußen nicht mehr verpflichtet, sich an die Ver-
einbarungen zu halten, die Pragmatische Sanktion zu res-
pektieren und Österreich Gefolgschaft zu leisten. Im Jahr vor
seinem Tod hatte sich Friedrich Wilhelm die Unterstützung
Frankreichs in der Angelegenheit um Berg zusichern lassen –
Preußen hatte sich schon vor dem Amtsantritt Friedrichs von
Österreich abgewandt.

Zu den wenigen Fürsten, die die Pragmatische Sanktion und den Thronanspruch Maria Theresias nie anerkannt haben, gehört Kurfürst Karl Albrecht von Bayern. Er ist mit einer Nichte Karls VI. verheiratet und fordert deshalb den Kaisertitel sowie die böhmische Krone für sich selbst. Auch der sächsische Kurfürst, dessen Frau ebenfalls eine Tochter von Karls älterem Bruder Joseph ist, meldet Ansprüche auf diverse habsburgische Länder an. Beide Fürsten hoffen auf die Unterstützung Frankreichs, des traditionellen Gegenspielers der Habsburger. Auch steht ein Konflikt zwischen Großbritannien und Frankreich bevor, dessen Ursachen in Übersee liegen. Im Handelsgeschäft mit den westindischen Kolonien konkurriert England mit Frankreich und Spanien. London und Madrid befinden sich bereits seit 1739 im Krieg. Es scheint nur eine Frage der Zeit, bis Frankreich Spanien zur Seite springt. Schließlich regieren in beiden Ländern Könige aus dem Hause Bourbon. Die östliche Großmacht Russland wiederum, die freundschaftliche Beziehungen mit Österreich pflegt, ist nach dem Tod der Zarin Anna bis auf Weiteres mit sich selbst beschäftigt. Der Tod des Kaisers gibt all diesen schwelenden Konflikten und machtpolitischen Ansprüchen neue Nahrung.

In den ersten Wochen verhalten sich sämtliche Akteure betont ruhig. Lediglich Preußen trifft sogleich Kriegsvorbereitungen. Friedrich sieht in der neuen Konstellation eine große Chance. Trotz der gegenwärtigen Ruhe würde es über kurz oder lang zu einem allgemeinen Konflikt zwischen den europäischen Mächten kommen. Ob er selbst oder irgendwer anders mit den Feindseligkeiten beginnt, macht für ihn keinen Unterschied. Er ist sicher, dass er gute Chancen hat, von einem großen Krieg zu profitieren: Würde er ein Stück des habsburgischen Erbes an sich reißen, könnte er mit der Unterstützung entweder Frankreichs oder Englands rechnen. Noch vor dem – mittelfristig absehbaren – Verscheiden des letzten

Habsburgers hatte er enge Vertraute nach Versailles und London geschickt, um herauszufinden, welcher der beiden möglichen Bündnispartner eher zu einem Krieg bereit ist. Doch besonders intensiv waren diese Sondierungen nicht. Friedrich ist entschlossen, notfalls auch ohne Verbündete anzugreifen. Und sein Ziel ist gewichtig: Statt sich mit dem lang ersehnten, vom territorialen Kern seines Landes jedoch weit entfernten Herzogtum Berg zu begnügen, will er nun das angrenzende Schlesien erobern. Dieses Land ist um vieles größer, bevölkerungsreicher und wohlhabender als das kleine rheinländische Territorium. Er hat vor, ohne viel Federlesens in Schlesien einzumarschieren und sich des Landes zu bemächtigen. Sein größter Trumpf sind die einsatzbereiten, hervorragend ausgebildeten Truppen und der gut gefüllte preußische Kriegsschatz. Das militärische Potenzial Preußens, so der Plan, wird sein Land für mögliche Bündnispartner attraktiver machen und seine Verhandlungsposition gegenüber Wien stärken.

Länderskizze: Österreich

Die Monarchie der Habsburger ist um 1740 eine Ansammlung von Ländern in Mittel-, West-, Ost- und Südosteuropa, die allein dadurch zusammengehalten werden, dass eine einzige Person sämtliche Kronen dieser Länder auf sich vereinigt. In den verschiedenen Territorien liegen die heutigen Hauptstädte Wien, Prag, Budapest, Bratislava, Ljubljana, Zagreb, Brüssel und Luxemburg. Diese Städte verteilen sich auf die Erblande, die den Großteil des heutigen Österreichs umfassen, die Länder der böhmischen Krone mit Mähren und Schlesien sowie die Länder der ungarischen Krone, zu denen unter anderem die Slowakei, Westkroatien und

Siebenbürgen zählen. Hinzu kommt der Großteil Oberitaliens. Getrennt von diesen Kernterritorien liegen die
Österreichischen Niederlande sowie Vorderösterreich
mit Freiburg. In all diesen Regionen leben etwa 15 Millionen Menschen, die unter anderem Deutsch, Tsche-
chisch, Ungarisch, Kroatisch, Slowenisch, Slowakisch,
Italienisch, Rumänisch, Jiddisch und Niederländisch
sprechen.

Ein großer Teil dieser Länder war in den Jahrzehnten
um 1500 durch Heiraten und Erbgänge an das Geschlecht
der Habsburger gefallen, dessen Stammsitz im Kanton
Aargau liegt. Die wichtigsten Erwerbungen der jüngeren
Zeit sind die 1699 vom Osmanischen Reich abgetretenen Teile Ungarns sowie die 1714 Wien zugesprochenen
vormaligen Spanischen Niederlande. Vorangegangen
waren erfolgreiche Waffengänge unter der Führung des
Prinzen Eugen von Savoyen.

Seit dem 15. Jahrhundert wird regelmäßig ein Habsburger zum Kaiser gewählt, doch die Idee der katholischen, römisch-deutschen Universalmonarchie ist
längst verblasst. Im Dreißigjährigen Krieg war der letzte
Erfolg versprechende Versuch gescheitert, die kaiser-
liche Macht gegen die protestantischen Fürsten durchzusetzen. Und mit dem Aussterben der spanischen
Habsburger-Linie im Jahr 1700 hatte die Dynastie
endgültig ihren gesamteuropäischen Charakter verloren. Bei alledem hielt Kaiser Karl VI. am barocken
Zeremoniell und der katholischen Frömmigkeit fest.
Seine Sorge galt seinen Nachkommen, denen er das
Erbe ungeteilt hinterlassen wollte, denn an jedes habsburgische Land ist ein eigener herrschaftlicher Rechts-
titel gebunden, der von anderen Fürsten beansprucht

werden kann. In der Pragmatischen Sanktion von 1713 setzte er deshalb die Unteilbarkeit der »hinterlassenen Erb-König-Reiche und Landen« fest. Damit vollzog er den ersten Schritt hin zu einem einheitlichen Staat. Jedes Land der habsburgischen Monarchie hat seine eigene Verwaltung, oder besser: Verwaltungen. Vor Ort bestimmen die Stände – Adel, Städte und geistliche Herren – über die Geschicke mit und entscheiden über die Steuern. In Wien sind verschiedene Kanzleien für die Angelegenheiten der Erblande, Böhmens, Ungarns, Oberitaliens und der Niederlande zuständig. Diese zentralen Behörden spielen aber nur eine geringe Rolle. Neben dieser unübersichtlichen Administration erbt Maria Theresia auch noch 100 Millionen Gulden Schulden, was mehr als dem Zehnfachen des jährlichen Steueraufkommens der böhmischen und österreichischen Länder entspricht.

Während des achtjährigen Erbfolgekrieges, den Maria Theresia nun trotz der Vorkehrungen ihres Vaters führen muss, tritt der Reformbedarf Österreichs unübersehbar zutage. Besonders alarmiert die junge Königin, dass die preußische Verwaltung in Schlesien viel mehr Steuern einnimmt, als zuvor nach Wien geflossen waren. Das schon früh zentralisierte Preußen wird für die österreichischen Reformkräfte zu einem Vorbild, das sie zunächst nachahmen und anschließend besiegen wollen. Im Rahmen der Neuorganisation werden die Steuerbewilligungsrechte der Stände beschnitten, ein Kataster belegt umfassend die landwirtschaftlichen Einkünfte. Die Steuerleistung steigt von neun auf 14 Millionen Gulden. Österreich unterhält ein stehendes Heer von gut 100 000 Mann, das aber chronisch unterfinanziert bleibt. Maria Theresia ist so klug zu wissen, dass sich die prunkvolle habsburgische Hofhaltung auf die Dauer nicht bestreiten lässt, und verordnet drastische Sparmaßnahmen. Diese und eine Reihe weiterer Reformen in Justiz- und Schulwesen betreffen allerdings nur die böhmischen Länder sowie die Erblande. In der Folge festigt sich ein österreichisch-böhmischer Kernstaat, von dem Ungarn und die übrigen Länder ausgeschlossen bleiben.

Das »Rendezvous des Ruhms«

Im Oktober und November 1740 hält sich Friedrich in seinem geliebten Schloss Rheinsberg auf. Ein letztes Mal erstrahlt es in dem Glanz, der während der Kronprinzenzeit von der anmutigen Anlage ausgegangen war. Wieder gibt es abends Musik, Tanz und Theater, wieder werden Feste gefeiert, wieder widmet sich der König nach langer, intensiver Arbeit den höfischen Vergnügungen. Wilhelmine findet sich ein, ebenso Voltaire. Der Schriftsteller, der als Privatmann auftritt und großzügig seinen Charme versprüht, ist von der französischen Krone beauftragt, Informationen über die kommenden Schachzüge des jungen Herrschers zu beschaffen. Friedrich spielt den galanten Hofmann, weiß aber genau zwischen dem Freund und Philosophen einerseits und dem spionageverdächtigen Untertan des französischen Königs andererseits zu unterscheiden.

Den offiziellen Gesandten ergeht es nicht besser als dem Amateurspion. Zwar gibt es unübersehbare Rüstungen und Gerüchte über einen Einfall in Schlesien, doch keinerlei klare Hinweise auf die Pläne Friedrichs. Einzig der österreichische Gesandte Botta d'Adorno wird von dem entschlossenen Souverän ins Bild gesetzt, was einer Kriegserklärung gleichkommt. Friedrich ist sich seiner Sache sicher. Er weiß, dass Österreich geschwächt ist. Ein unglücklich verlaufener Türkenkrieg hatte viel Kraft gekostet. Einen überragenden Militärführer gibt es nicht, Prinz Eugen ist vier Jahre zuvor gestorben.

Nach seiner Rückkehr von Rheinsberg besucht der König in Berlin Bälle und gibt Empfänge. Einige preußische Einheiten schickt er unterdessen nach Westen, um seine wahren Absichten zu verbergen. Den Offizieren der Berliner Regimenter erklärt er:»Meine Herren, ich unternehme einen Krieg, für den ich keine anderen Verbündeten habe als Ihren Mut, und kein anderes Hilfsmittel als mein Glück ... Leben Sie wohl, brechen Sie auf zum Rendezvous des Ruhms, zu dem ich Ihnen ungesäumt folgen werde.« Am 13. Dezember reist er aus Berlin ab. Als er in seine Kutsche steigen will, hängen sich ihm seine jüngeren Brüder Heinrich und Ferdinand an die Rockschöße, doch nicht um ihn zurückzuhalten, sondern weil sie mit in den Krieg ziehen wollen.

Drei Tage später übertritt Friedrich die Grenze zu Schlesien.»Ich habe meinen Rubikon überschritten mit fliegenden Fahnen und klingendem Spiel. Meine Truppen sind besten Willens, die Offiziere voller Ehrgeiz und die Generäle dürsten nach Ruhm; alles wird nach unseren Wünschen verlaufen, und ich habe Anlass, alles erdenklich Gute von diesem Unternehmen zu erwarten«, schreibt er an den Minister Podewils. Julius Cäsar wusste, dass die Überquerung des oberitalienischen Flüsschens Rubikon einen blutigen Bürgerkrieg bringen würde. Dem preußischen Bewunderer des römischen Feldherrn sind die Folgen seines Überfalls hingegen unklar. Seine Unternehmungslust verleitet ihn dazu, das Risiko zu unterschätzen. Mag Österreich zu diesem Zeitpunkt ein geschwächter Gegner sein, so ist es doch immer noch einer der mächtigsten Staaten auf dem Kontinent. Es wird von einem jungen Herrscherpaar regiert, dessen Stärken niemand einzuschätzen vermag. Wie sich bald herausstellt, verfügt Maria Theresia über genauso viel Ehrgefühl wie Willenskraft. Ihr Widerstand macht dem Kontrahenten die Erwerbung Schlesiens zur Lebensaufgabe; der leichtfertige, nur scheinbar gefahrlose Griff mündet in einen Kampf um den Fortbestand Preußens. Erst drei blutige Kriege und 23 Jahre später wird Schlesien endgültig preußisch sein.

An der Spitze seiner Truppen überschreitet der junge Preußenkönig am 16. Dezember 1740 bei Krossen die Grenze zu Schlesien und marschiert die Oder hinauf. In Schlesien stehen kaum österreichische Feldtruppen, nur die Festungen leisten Widerstand. Friedrich lässt sie abriegeln und setzt den Einmarsch fort. Dass ein Fürst persönlich seine Armee anführt, ist keineswegs die Regel. Friedrich lässt zudem den preußischen General mit dem größten Ansehen und der meisten Erfahrung, den Alten Dessauer, zu dessen Missvergnügen in Berlin zurück. Der königliche Heerführer will demonstrieren, dass er persönlich den Oberbefehl führt und nicht nur als Dekor dient. Noch verlässt sich der Unerfahrene aber nicht voll auf seine eigenen Entscheidungen, sondern stellt sich den alten Feldmarschall Christoph von Schwerin als Berater zur Seite.

Zur gleichen Zeit verhandeln preußische Diplomaten in Wien über eine Verständigung. Sie bieten Maria Theresia und ihrem Gemahl die Garantie aller übrigen Besitzungen der Habsburger im Reich. Bei der Kaiserwahl würde Franz Stephan die preußische Kurstimme erhalten sowie Geld, und die Teilnahme Preußens an einem proösterreichischen Bündnis wäre ihm sicher. Der Preis für dieses Angebot ist Schlesien. Der Erzherzog gerät in Zorn. Die Türken vor Wien wären ihm lieber als die Preußen in Schlesien. Die Verhandlungen, die trotz dieser heftigen ersten Reaktion zunächst zustande kommen, scheitern schnell. Die österreichische Führung fühlt sich im

Recht, hatte ihr Gegner doch bereits zu den Waffen gegriffen, während noch verhandelt wurde. Eine unerhörte Provokation und ein Bruch sämtlicher diplomatischer Konventionen! Am 3. Januar 1741 ziehen die Preußen in die schlesische Hauptstadt Breslau ein, deren Bewohner sie freudig begrüßen. Die protestantischen Schlesier, die knapp in der Mehrheit sind, hatten unter der religiös intoleranten Herrschaft der katholischen Habsburger gelitten und heißen jetzt den gleichfalls protestantischen preußischen Herrscher willkommen. Die Katholiken halten sich zurück. Dann geht es weiter die Oder hinauf in Richtung Südosten.

Feldzüge im Winter sind ungewöhnlich, die schlechten Wegeverhältnisse zehren an den Kräften der Invasionsarmee. Von sieben bis vier Uhr marschieren die Truppen, dann widmet sich Friedrich »dem Kleinkram fader Geschäfte. Da heißt es ... Hitzköpfe zügeln, Faulenzer auf Trab bringen, ... Raubgierige in Zucht halten, Schwätzer anhören und Stumme unterhalten; kurz, man muss mit dem trinken, der Lust hat, essen mit dem, der Hunger hat, Jude mit den Juden und Heide mit den Heiden sein.« Der königliche Feldherr kümmert sich auch um Kleinigkeiten und ist nahe bei seinen Soldaten. Die Geduld, die er sich selbst in seinen Aufzeichnungen zuschreibt, hat er aber nicht immer. Sein Ton ist zumeist scharf, seine Zurechtweisungen schneidend.

Bis Ende Januar besetzen die preußischen Truppen das offene schlesische Land. In drei Festungen hält sich österreichischer Widerstand, der aber von preußischen Abteilungen blockiert wird. Das Ziel, Schlesien im Handstreich zu erobern, scheint erreicht. Die Soldaten, die unter den winterlichen Bedingungen leiden, beziehen Quartiere in den Dörfern und Städten. Anfang März gelingt ein Überraschungsangriff auf die wichtige Festung Glogau. Dann warten die Preußen auf das Frühjahr und den österreichischen Gegenschlag.

Ein lohnender Preis

Warum Schlesien? Für »das kühnste und größte Unternehmen,
das je ein Fürst meines Hauses gewagt hat«, wählt Friedrich
einen Einsatz, der das Risiko wert ist. Ein britischer Diplomat
schreibt 1758 über Schlesien: »Das Bergland ist gut bewirt-
schaftet und dicht bevölkert, und überall gibt es Manufakturen. Das Herzogtum Schlesien ist in der Tat ein gutes Land,
für das es sich zu kämpfen lohnt, und seine Einwohner sind
schön. Außerhalb Englands sah ich nie einen so hübschen
Menschenschlag wie die Schlesier, die ganz anders sind als
ihre gewöhnlich wirkenden Nachbarn in Brandenburg und
Böhmen.« Schlesien hat gut eine Million Einwohner, alle ver-
streuten preußischen Lande zusammen haben nur 2,25 Millionen. Im Jahr 1752 wird Schlesien etwa vierzig Prozent der
Steuereinnahmen erwirtschaften. Außerdem grenzt die be-
gehrte Provinz unmittelbar an das brandenburgische Kernland.

Schlesiens Größe und Wohlstand würden Friedrich von einem Kurfürsten mit Königskrone zum Oberhaupt eines wahrhaftigen Königreiches machen. Statt Spielball der Großen zu
sein, würde er zu denen gehören, die das Spiel bestimmen.
Brandenburg-Preußen wäre nicht mehr eine große Mittelmacht, sondern eine kleine Großmacht. Nebenbei würde er
seinen schon 1735 geäußerten Plan verwirklichen, »seinen
Nachbarn, den frechen Sachsen, der den Sarmatenkönig«, den
König von Polen, »spielt, etwas zu ducken«, indem er dem
Kurfürst-König August III. die ersehnte Landbrücke zwischen
Sachsen und Polen verbaut. Und er würde sich strategische
Vorteile verschaffen: Statt die Österreicher drei Tagesmärsche
vor Berlin zu haben, würde er von Schlesien aus leicht Prag
erreichen können. Der Besitz dieser Provinz würde die Macht-
verhältnisse im Reich auf Dauer verändern. Die aufstrebenden
Hohenzollern stünden auf Augenhöhe mit den altehrwürdigen

Habsburgern. Doch erst einmal muss er abwarten, wie Österreich auf seinen Einmarsch reagieren wird.

Von Ende Januar bis Mitte Februar 1741 hält sich Friedrich in Berlin auf. Nach seiner Rückkehr in das besetzte Land inspiziert er die Truppen und wagt sich dabei in die Nähe der österreichischen Vorposten. Am 27. Februar lauern Husaren dem König auf. Sie verfehlen ihr Opfer um eine Stunde und erschießen irrtümlich einen Unbeteiligten, dessen große Kutsche sie für die königliche halten. Sie schlagen auch die Kavallerieschwadron, die kurz zuvor noch dem Preußenkönig zum Schutz gedient hatte, in die Flucht. Die preußische Kavallerie erweist sich als unterlegen. Die leichten Reiter der Österreicher hingegen, die Husaren und Kroaten, sind Meister des sogenannten kleinen Kriegs. Sie stören die Versorgung, sammeln Informationen und machen jede Bewegung von Nachschub oder kleinen Formationen zu einem Risiko. Es fehlte nicht viel und die Husaren Maria Theresias hätten die Herrschaft Friedrichs II. auf eine ebenso bemerkenswerte wie kurze Episode der preußischen Geschichte reduziert.

Recht und Gewalt

Der preußische Einmarsch in Schlesien erstaunt und entsetzt die Zeitgenossen. Alles geht sehr schnell, gerade einmal drei Monate vergehen zwischen dem Tod des Kaisers und der nahezu vollständigen Besetzung des Landes. Der jugendlich ungestüme König hatte zuvor weder Rechtsansprüche öffentlich angemeldet, noch das Ende der Verhandlungen mit Wien abgewartet. Er schafft zuerst Fakten, um anschließend zu erklären, »zur Abwendung aller solcher besorglichen Suiten [Folgen] und zur nöthigen Defension [Verteidigung] der von Gott uns anvertrauten Land und Leute bei der bevorstehenden großen Gefahr eines allgemeinen Krieges« gehandelt zu haben. Er habe Sachsen und Bayern zuvorkommen müssen, die demnächst Einspruch gegen die österreichische Erbregelung erheben würden. Obwohl er sich mit Maria Theresia nicht habe verständigen können, nehme er sich ihre Interessen »sehr zu Herzen« und wolle sie fortan unterstützen. Friedrich gibt damit öffentlich zu, einen Präventivkrieg zu führen, und bietet dem Opfer Österreich anschließend Hilfe an. Vielleicht ist das dreiste Angebot tatsächlich ernst gemeint, vielleicht auch nur geheuchelt. Für Maria Theresia ist die erpresserische Absicht des Unternehmens offensichtlich: Preußen will die gegenwärtige militärische Schwäche Österreichs ausnutzen und als Gegenleistung für die angebotene Waffenhilfe Schlesien erhalten. Aber diese Hilfe wäre allein deshalb nötig, weil Preußen eine Auseinandersetzung eröffnet hat, der es angeblich zuvorkommen wollte. Das widersprüchliche Vorgehen und die anmaßende Haltung des jungen Königs sind für Maria Theresia eine Zumutung. Sie lehnt den Handel ab.

Sein forsches Vorgehen rechtfertigt Friedrich zum einen mit dem Argument, eine Bedrohung seiner Länder vorsorglich abzuwehren, zum anderen mit dem Verweis auf seine »unbestreitbaren Rechte« auf Schlesien. Tatsächlich sind konkrete erbrechtliche und vertragliche Ansprüche der Hohenzollern auf das Land an der Oder nicht sehr überzeugend. Doch wie der Minister Podewils bemerkt, »wird [man] immer Mittel finden, diese alten Rechte wieder ins Leben treten zu lassen und sich über unerhörte Übervorteilung zu beschweren«. Entsprechend gering ist Friedrichs Interesse an diesen Fragen. Er weist Podewils darauf hin, Rechtsfragen seien »Sache der Minister«. Friedrich weiß, dass er nicht der Erste ist, der einen Krieg mit einem juristisch leicht anfechtbaren Standpunkt rechtfertigt. Auch in diesem Fall darf Ludwig XIV. als sein Vorbild gelten. Der Sonnenkönig hatte rund sechzig Jahre zuvor unter fadenscheinigen Begründungen nach dem Elsass gegriffen, und auch der 1701 entgegen bestehenden Verträgen vom Zaun gebrochene Spanische Erbfolgekrieg hatte den Maßstäben eines »gerechten Krieges« nicht entsprochen. Im Gegensatz zu den Erbansprüchen auf Schlesien ist der Fall aus Perspektive des Reichsrechts glasklar: Friedrichs Angriff auf ein anderes Reichsterritorium bricht den Frieden in eklatanter Weise. Doch für den Preußenkönig – zu seinen Titeln zählt auch der des Erzkämmerers des Reiches – ist das Heilige Römische Reich Deutscher Nation offensichtlich eine zu vernachlässigende Größe. In seiner Ausbildung kam es nicht vor, wohl weil sein Vater Friedrich Wilhelm die Reichsordnung noch für selbstverständlich genommen hatte. In Friedrichs politischen Entwürfen spielt es keine Rolle, ihn interessiert allein die europäische Großmachtpolitik. Aus seiner Perspektive ist das Reich zweitrangig, doch viele Zeitgenossen sehen in der alten Ordnung nach wie vor einen Schutz vor Willkür und die Garantie alter Privilegien. Mit seinen komplizierten Rechtsstatuten sichert das Reich die Existenz der geistlichen sowie kleineren und kleinsten Territorien gegenüber den größeren Mächten, und auch bei der Verteidigung nach außen, wie etwa 1734 gegen Frankreich, hat es noch seine Funktion.

Das Urteil über Friedrichs Vorgehen in Schlesien fällt besonders scharf aus, weil man ihn an seinen eigenen Maßstäben misst. Ist das noch der Musensohn von Rheinsberg? Ist dies das gerechte und tüchtige Handeln eines aufgeklärten Fürsten, das Friedrich nur Monate zuvor beschrieben und somit von sich selbst gefordert hatte? »Ein Fürst, der einen ungerechten Krieg anfängt, ist grausamer als ein Tyrann. Er bringt seiner ungebärdigen Leidenschaft das Leben, das Glück, die Gesundheit von Tausenden zum Opfer, die er beschützen und glücklich machen müsste«, heißt es im »Antimachiavell«. Aber was ist ein ungerechter Krieg und was ein gerechter? Kann ein Angriffskrieg gerecht sein? Der fürstliche Autor bejaht diese Frage und hält sich so in dieser ersten programmatischen Schrift als zukünftigem König ideologisch und praktisch die Möglichkeit kriegerisch-offensiven Handelns offen. Es seien solche Angriffskriege gestattet, schreibt der junge Friedrich, »mit denen ein Herrscher bestimmte Rechte ... behauptet. Über Königen gibt es keinen Gerichtshof mehr, keine Obrigkeit hat über ihre Händel ein Urteil zu fällen, so muss denn das Schwert über ihre Rechte und die Stichhaltigkeit ihrer Beweismittel entscheiden.« Damit weist er auf das Problem hin, dass der Clan der europäischen Fürsten weder ein Oberhaupt noch einen Schiedsrichter kennt. Es muss demnach zwangsläufig Gewalt über erbrechtliche und vertragliche Ansprüche entscheiden. Habgier und Expansionsdrang der Fürsten tun ihr Übriges. Krieg ist in diesem Staatensystem gleichermaßen unumgänglich und selbstverständlich. Und doch bleibt ein übler Beigeschmack angesichts des aufklärerischen Anspruchs eines Königs, der die Frage nach Krieg und Frieden so leichtfertig beantwortet. Was die Zeitgenossen nicht wissen: Es sind die von ihm selbst kritisierten »ungebärdigen Leidenschaften«, die den jungen Eroberer anspornen.

Seinem Sekretär und Freund Jordan offenbart Friedrich, worum es ihm eigentlich geht, nämlich »um die Genugtuung, meinen Namen in den Zeitungen und dereinst in der Geschichte zu lesen«. Friedrich will Ruhm, und das mehr als jeder andere Fürst seiner Zeit, auch wenn er dieses Ziel selbstironisch »eine große Tollheit« nennt. Für den Erfolg seines Rendezvous mit dem Ruhm geht er über die Grenzen des Reichsrechts, der Gewohnheit und des Rechtsempfindens bedenkenlos hinweg. Aber entspricht sein Ehrgeiz etwa nicht dem jahrhundertealten Trachten des europäischen Adels, sich durch Kriegstaten und Machtgewinn einen Namen zu machen? Hatte sein Vater nicht das Streben nach Waffenruhm zu einem Ziel der Erziehung des Prinzen erklärt? So betrachtet folgt der kriegerische Preußenkönig den althergebrachten

Idealen seines Standes. Andererseits gehört zu den Werten des
Adels die ritterliche Pflicht, sich gerade auch an ungeschriebe-
ne Gesetze zu halten. Aber das hat Friedrich nicht getan. Das
»große Verbrechen« des Einfalls in Schlesien ist weniger der
Rechtsbruch als die offene Brutalität seines Vorgehens, die der
Schicklichkeit widerspricht. Statt ausführlich zu verhandeln,
schreitet er direkt zur Tat. Die ungeschriebenen Regeln, die
die Machtpolitik zügeln sollen, missachtet er. Dass er die von
ihm selbst im »Antimachiavell« erhobenen Ansprüche nun
so großzügig zu übergehen oder doch zumindest eigenwillig
zu interpretieren scheint, irritiert zusätzlich. Der »aufgeklärte
Fürst« erweist sich bei seiner ersten politischen Tat als aggressive und machtbewusste Herrscherpersönlichkeit.

Auch Voltaire ist unangenehm berührt vom Handeln des
Königs, der sich sein Freund nennt. Nur wenige Monate zuvor hatte der Schriftsteller höchstpersönlich den »Antimachiavell« herausgegeben – der nun den Griff nach Schlesien
für Friedrich zu einer Image-Katastrophe macht. In Preußen
verbietet der Autor sein eigenes Werk. Ihm ist nur zu bewusst,
dass den Zeitgenossen die Kluft zwischen Theorie und Praxis
negativ auffallen wird. Voltaire und viele andere fragen sich:
Wie passen die jüngsten Ereignisse zu dem Anspruch, die
Epoche der weisen römischen Herrscher, der Antonine, wie-
derzubeleben? Im März 1741 dichtet der Franzose in einem
Brief an einen Freund:

Bei den nördlichen Feldern
Sah ich Könige in der Zurückgezogenheit
Die sich für Antonine hielten
Ich sah, wie ihre guten Vorsätze
Beim ersten Trompetenschall entflohen
Sie gehen auf blutige Abenteuer
Provinzen zu erobern oder zu verwüsten
Der Ehrgeiz hat sie unterworfen

Dem ich entsage, lebt wohl, Ihr Fürsten
Was ich brauche und was mir genügt, sind Freunde.

Gegenüber Friedrich verhält Voltaire sich deutlich wendiger. Im August 1741 verherrlicht er den Kriegsherrn als Kämpfer gegen Fanatismus, Vorurteil und Tyrannei. Diese Übel sind für Voltaire gleichbedeutend mit der katholischen Kirche und der katholischen Großmacht Österreich. Den friedlichen Philosophenkönig ersetzt Voltaire nun durch den kriegerischen Vorkämpfer der Vernunft, an die Stelle der Antonine tritt als Vorbild Kaiser Julian, der im vierten Jahrhundert die Kirche zurückzudrängen versucht hatte. Voltaire ist sich seiner Kehrtwende wohl bewusst. In Friedrich verehre er nun, so sein Eingeständnis, einen jener falschen Götter – oder kriegslüsternen Fürsten –, die er früher gelästert habe.

Friedrich nutzt die Gunst der Stunde, seine Ruhmsucht ist dabei ein wichtiger Motor. Aber welche Rolle spielt darüber hinaus das Erbe des Vaters bei dem kriegerischen Auftakt seiner Regierung? Angesichts der Kindheit und Jugend des Prinzen erscheint jede von Friedrichs Handlungen als Reaktion auf die übergroße, als traumatisch erlebte Vaterfigur. Einerseits kann man den Angriff auf Schlesien als einen Bruch mit der Politik des übervorsichtigen Friedrich Wilhelm verstehen, der »seine Soldaten liebte wie der Geizhals sein Gold«. Andererseits erfüllt er das Vermächtnis des Vaters, nimmt doch der Sohn die sorgfältig geschmiedete Waffe in die Hand. Der Ruhm, den Friedrich zu erwerben gedenkt, kann den des Vaters leicht in den Schatten stellen. Das Kriegsziel ist zwar nicht Jülich-Berg, auf das der Soldatenkönig es abgesehen hatte, aber die Eroberung Schlesiens ist ein großer Gewinn für den preußischen Herrschaftsbereich, den Friedrich Wilhelm zu schätzen gewusst hätte.

Hatte der Vater den zufällig bekannt gewordenen Plan des Großen Kurfürsten, sich dieses Landes zu bemächtigen, nicht gelobt? Und ist der Griff nach Schlesien nicht auch eine Genugtuung für die Erniedrigungen, die der Soldatenkönig durch die Habsburger erleiden musste? Welche Bedeutung können die enttäuschten Hoffnungen auf das Herzogtum Berg noch haben, wenn man den hochmütigen Österreichern erst einmal Schlesien entrissen haben wird? In seinem Politischen Testament hatte der Soldatenkönig seinen Nachfolger auf die große Tradition hingewiesen, in der er stehen würde: »Kurfürst Friedrich hat das rechte Flor und Aufnahme in unser Haus gebracht, mein Vater hat die Königl. Würde gebracht. Ich habe das Land und Armée in Stande gebracht. An euch, mein lieber Successor, ist, was eure Vorfahren angefangen, zu sutteniren und eure Prätensionen [Ansprüche] und Länder darbeischaffen die unserm Hause von Gott und Rechts wegen zugehören. Betet zu Gott und fanget niemahlen ein ungerechten Krig an. Aber wozu Ihr Recht habet, da laßet nicht ab. Den gerechte Sache wird euch Gott gewiß segnen aber [in] eine ungerechte Sache wird euch Gott gewiß verlaßen, das seid versichert.« Eine ungerechte Sache? Oder die Fortsetzung eines großen Aufbauwerks? Der Sohn kann sich aussuchen, ob er sich in der Tradition seines Vorgängers sieht oder nicht.

Friedrich will es sich und der Welt beweisen. Der Vater stieß ihn in einen Abgrund der Ohnmacht und der Todesangst. Vergessen kann er diese Erfahrung nicht. Er kann allenfalls sich selbst und der Welt demonstrieren, dass er nicht mehr in diesem Abgrund gefangen ist. Doch selbst wenn man Friedrich von dem Trauma Küstrin und vom Konflikt mit dem Vater her deutet, so ist sein Handeln doch nicht ausschließlich davon bestimmt. Zwar lässt sich seine Aggressivität plausibel damit in Verbindung bringen, nicht aber die Bahn, in die er sie lenkt. Sie kann den vom Vater eingeschlagenen Weg fortsetzen oder von ihm abweichen. Sein Ehrgeiz mag eine Reaktion auf den Vater sein, doch geht sein Handeln zu keinem Zeitpunkt in einem nachgeholten Widerstand gegen ihn auf.

Die erste Schlacht

Die ersten Monate des Jahres 1741 vergehen unter intensiven Verhandlungen. In den europäischen Hauptstädten wird darum gerungen, welche Mächte die Sache Österreichs samt der Pragmatischen Sanktion unterstützen und welche es auf das Erbe der Habsburger abgesehen haben. Es zeichnet sich eine »pragmatische« Koalition ab, zu der neben Österreich noch Russland, Großbritannien, die Niederlande und Sachsen gehören. Friedrich sieht sich mit der Gefahr konfrontiert, dass ihm sein Raub wieder entrissen wird und Preußen einen Großteil seiner älteren Gebiete verliert. Er macht sich auf die Suche nach Bündnispartnern und kann schließlich Frankreich sowie den Kurfürsten Karl Albrecht, den bayerischen Anwärter auf die Kaiserkrone, auf seine Seite ziehen.

Im Frühjahr bereiten sich die preußischen Truppen auf den Gegenangriff der Österreicher vor. Unbemerkt überqueren die habsburgischen Regimenter das Gebirge zwischen Mähren und Schlesien. Sie entsetzen die Festung Neisse und marschieren weiter zur Oder. Friedrich ist derweil mit Verstärkungen in Oberschlesien angelangt. Die Preußen drohen abgeschnitten und geschlagen zu werden. Dem königlichen Heerführer gelingt es, seine Männer über die Glatzer Neiße zu führen und die zahlenmäßig unterlegenen Österreicher zur Schlacht zu stellen. Aber das Risiko ist groß: Da die Preußen mit dem Rücken nach Osten stehen, ist ihnen im Falle einer Niederlage der Rückzug abgeschnitten. Schon in der ersten Schlacht, die Friedrich zu bestehen hat, geht es um alles oder nichts. Vor dem Gefecht nimmt er in einem Brief Abschied von seinem Bruder August Wilhelm. Sollte er nicht überleben, will er verbrannt und in einer Urne im Park von Rheinsberg beigesetzt werden.

Der siebzigjährige österreichische Marschall Neipperg will dem 29-jährigen König, der noch nie eine große Schlacht erlebt, geschweige denn geleitet hat, eine Lehre erteilen. Auf den noch schneebedeckten Feldern bei dem Dorf Mollwitz stoßen die Armeen aufeinander. Zuerst sind die Österreicher im Vorteil und schlagen die panisch reagierende preußische Kavallerie in die Flucht. Die österreichischen Reiter bedrohen die rechte Flanke der Preußen, wo sich ihnen die preußische Infanterie entgegenstellt. Nun zeigt sich, welch ein hervorragendes Heer der Soldatenkönig seinem Sohn hinterlassen hat. Die Fußtruppen halten den stundenlangen Angriffen stand, ihr Abwehrfeuer zwingt die gegnerischen Reiter zum Rückzug.

Dann gehen die Preußen zum Angriff über. Die knapp zwei Kilometer breite Front der blau gekleideten preußischen Infanterie setzt sich in Bewegung. Die Bataillone rücken trotz des gegnerischen Kanonenfeuers nur langsam vor, um ihre Ordnung nicht zu verlieren. An die Stelle der Toten und Verletzten rücken die Soldaten des zweiten Treffens, deren Linie etwa dreihundert Meter hinter dem ersten Treffen marschiert. Auf etwa 150 Meter Entfernung beginnen sie, die ihnen frontal gegenüberstehende Linie der weiß uniformierten Österreicher unter Feuer zu nehmen. Die Männer stehen in drei Reihen Seite an Seite, von denen sich die erste zum Feuern niederkniet. Ungerührt vom Lärm der Musketen und von den Schreien der Verwundeten feuern sie Salve um Salve. Die Feuerkraft, die Geschlossenheit und das Stehvermögen der Angreifer zwingen die Österreicher zur Flucht.

Die unerbittliche Disziplin der preußischen Infanterie zeigt sich in ihren hohen Verlusten, die nicht geringer sind als unter den Österreichern. Beinahe jeder fünfte Preuße ist tot oder verwundet. Auch in den späteren siegreichen Schlachten werden oft mehr Preußen als gegnerische Soldaten sterben. Der Grund: Wie bei Mollwitz bleiben Friedrichs Infanteristen beharrlich in Reih und Glied, während sich ihre Gegner bereits zur Flucht wenden, eine natürliche Reaktion, wenn man,

aufrecht stehend und oft nur einen Steinwurf von der gegnerischen Linie entfernt, jeden Moment die nächste Gewehr-
salve erwartet. Die Vorderlader verschießen dreißig Gramm
schwere Bleikugeln, die viel größere Wunden reißen als heute
übliche Projektile. Treffer an Armen oder Beinen sind in der
Regel weniger verhängnisvoll als in Brust oder Bauch. Die
verwundeten Gliedmaßen müssen aber häufig amputiert werden, und dann besteht immer noch die Gefahr einer tödlichen
Infektion.

Statt ihrem Fluchtimpuls zu folgen, laden die Preußen ihre
schweren, sperrigen Musketen, was nicht weniger als vierzehn
Handgriffe erfordert. Unter anderem muss die papierene Pa-
tronenhülle mit den Zähnen aufgerissen und ein wenig Pulver
auf die kleine Zündpfanne des Steinschlossgewehrs gestreut
werden. Derart filigrane Verrichtungen können unter Feind-
beschuss nur ausgeführt werden, wenn die Soldaten intensiv
trainiert, »gedrillt« wurden. Der Vorteil der preußischen
Soldaten besteht darin, dass sie mehr geübt haben. Und es
herrscht ein strenger Zwang. »Der Gemeine muss den Offizier mehr fürchten als den Feind«, fordert der Kriegsherr
Friedrich von Preußen. Den Infanterielinien folgen Offiziere
und Unteroffiziere, die Fliehende aufhalten sollen.

Die preußischen Musketiere schießen drei bis vier Mal pro
Minute und damit deutlich häufiger als ihre Gegner. Auf das
Zielen kommt es dabei nicht an, da die Musketen sehr un-
genau sind und nicht einmal über Visiere verfügen. Zudem
behindert der dichte Pulverdampf nach der ersten Salve die
Sicht. Bei Übungen treffen auf 220 Meter gerade einmal 149
von tausend verschossenen Kugeln, auf 75 Meter finden gut
vierhundert Projektile ihr Ziel. In der Schlacht sind es deutlich
weniger, etwa fünf bis sieben Prozent Treffer im Durchschnitt,
was allerdings bei mehreren Salven schon eine verheerende
Wirkung bedeutet. Der Drill zielt darauf ab, dass die etwa 75
Mann eines Pelotons im selben Moment »wie ein Schuss« die

Waffen auslösen. Das gleichzeitige Einschlagen der Kugeln soll die Moral des Gegners brechen und ihn in die Flucht schlagen. All das gelingt am 10. April 1741 in brutaler Konsequenz. Mollwitz ist der erste von vielen Siegen, die Friedrich den Qualitäten seiner Soldaten zu verdanken hat. Jahrzehnte später wird der König in der »Geschichte meiner Zeit« über diese Schlacht resümieren: »Eigentlich rettete die Preußen nur ihre Tapferkeit und ihre Manneszucht.« Er wird nicht erwähnen, dass er in der kritischen Phase der Schlacht den Ort des Geschehens verlässt. Sein Feldmarschall Christoph von Schwerin bittet ihn, sich vor den Feinden in Sicherheit zu bringen. Beinahe nehmen noch Husaren den fliehenden König gefangen. Er entkommt nur dank seines schnellen Pferdes. Zurück in Berlin wird er den Grauschimmel aus Dankbarkeit in Pension schicken.

Als ihn endlich die Nachricht vom preußischen Sieg erreicht, eilt er zurück auf das Schlachtfeld. Seinen ersten Sieg verdankt Friedrich seinem Feldmarschall Schwerin – und der preußischen Infanterie. »Unsere Infanterie seindt lauter Cesars und die oficirs davon lauter Helden, aber die Cavalerie ist nicht wehrt das sie der Teufel holte«, kommentiert der glückliche Sieger.

EXKURS: DAS PREUSSISCHE HEER

Der Begründer des preußischen Heeres war Friedrichs Urgroßvater, der Kurfürst Friedrich Wilhelm. Der Große Kurfürst, wie er genannt wurde, hatte 1640 die Herrschaft über ein Land angetreten, das die raubenden und mordenden Söldnerscharen des Dreißigjährigen Krieges weitgehend verwüstet und entvölkert hatten. Instrument der Kriegführung waren Regimenter, die von den

Obristen, die sie führten, an die Kriegsparteien ver-
mietet wurden. Die Landesherren hingen von den Launen und Forderungen dieser Männer ab, die sich dem
Meistbietenden andienten. Um ihr Kapital, das heißt
ihre Soldaten, nicht zu gefährden, mieden die Kriegs-
unternehmer offene Schlachten und beschränkten sich
lieber darauf, das gegnerische Territorium auszuplün-
dern. Indem sich die Söldner aus dem Land des Gegners
ernährten und sich auch sonst nahmen, was ihnen gefiel, schwächten sie dessen Ressourcen. Die Folgen für
die Bevölkerung waren im Sinne des Wortes verheerend.
Mit der Lebensgrundlage der Menschen schwand auch
der politische Spielraum der Fürsten dahin.

Wie andere Herrscher seiner Zeit reagierte der Große
Kurfürst auf diese Erfahrung mit der Schaffung eines
stehenden Heeres als neuartiges staatliches Machtmit-
tel. Er wollte seine eigenen, von ihm selbst besoldeten
Kämpfer, die ihm jederzeit zur Verfügung stehen würden. Statt ganzer Regimenter wurden nun einheimische
wie ausländische Einzelpersonen für den Militärdienst
angeworben. Nicht wenige wurden gewaltsam genötigt,
einen Dienstkontrakt zu unterschreiben.

Die »Zähmung der Kriegsgöttin« verlangte auch eine
Neuordnung der Versorgung. Preußen schuf ein System
der Bevorratung, außerdem die dazugehörigen Trans-
portkapazitäten. Da die Einnahmen aus den kurfürst-
lichen Landgütern die enorm gestiegenen Militärausgaben nicht mehr deckten, führte Kurfürst Friedrich
Wilhelm eine Verbrauchssteuer, die Akzise, ein, die an
den Stadttoren auf Güter des täglichen Bedarfs zu ent-
richten war. Eine Steuer, die vom Landesherrn erhoben
statt von den Ständeversammlungen bewilligt wurde,

war etwas Neues. Sie wertete die fürstliche Zentralgewalt beträchtlich auf. Somit förderte die »Verstaatung« des Militärs auch den inneren Ausbau des Staates. Friedrich Wilhelms Nachfolger Friedrich, als Kurfürst der Dritte, als König der Erste seines Namens, baute zwar das Heer weiter aus, legte aber mehr Wert auf seine Standeserhöhung zum König und auf eine entsprechend repräsentative Hofhaltung. Dann kam Friedrich Wilhelm I., der Soldatenkönig, an die Macht. Unter ihm wurde Brandenburg-Preußen endgültig zum Militärstaat. Die Herstellung des blauen Rocks, den er auch höchstpersönlich zu tragen pflegte, machte er zu einer Hauptaufgabe der heimischen Wirtschaft. Er beendete die verschwenderische Hofhaltung seines Vaters und konnte zugleich auf eine beträchtliche Steigerung der Staatseinnahmen stolz sein. Fünf von sieben Millionen Talern an Einkünften steckte er allein 1739 ins Militär. Mit seiner Bevölkerungszahl lag Preußen nur an dreizehnter Stelle in Europa, trotzdem hatte das Land die viertgrößte Armee. Für seine militärische Stärke wendete es einen größeren Anteil seiner Ressourcen auf als jeder andere Staat zu dieser Zeit.

Im Interesse des Gleichgewichts von Militär und Wirtschaft wollte Friedrich Wilhelm den ungeordneten Werbungen, die viele Untertanen außer Landes trieben, ein Ende setzen. 1733 wies er den einzelnen Regimentern und Kompanien sogenannte Kantone zu, in denen alle tauglichen Männer »enrolliert«, in die Regimentslisten eingetragen wurden. Die größeren und gesünderen Männer, die oben auf der Liste standen, rückten ein, die übrigen bildeten die Reserve. Ein Soldat sollte mindestens 1,72 Meter groß sein, da sich die Länge des Gewehrlaufs nach der Körpergröße richtete. Ein längerer Lauf bedeutete eine größere Reichweite und damit einen taktischen Vorteil. So hatte die oft belächelte Leidenschaft des Soldatenkönigs für seine »langen Kerls« einen ganz einfachen, militärisch-praktischen Hintergrund.

Trotz der flächendeckenden Erfassung der Landbevölkerung ist das Kantonssystem, das der junge Friedrich von seinem Vorgänger übernimmt, von einer allgemeinen Wehrpflicht noch weit entfernt. Neben anderen sind die Inhaber von Bauernstellen sowie Handwerker und Stadtbürger vom Militärdienst ausgenommen, sorgen sie doch mit ihrer Arbeit für die nötigen Steuereinnahmen sowie für Waffen, Proviant und Ausrüstung. Die Soldaten sind mehrheitlich Landarbeiter, unterbeschäftigte Handwerker und Kleinbauern.

Die Rekrutierung von »Ausländern« dauert an, sie stellen immer noch ein Drittel der Truppen. Sie treten aus Abenteuerlust oder Neugier in preußische Dienste, aus Not oder Unzufriedenheit mit ihrem bisherigen Leben oder weil sie den Soldatenberuf für attraktiv halten. Viele von ihnen kommen vom Land und fliehen vor den ungenügenden und saisonabhängigen Verdienstmöglichkeiten in den Dörfern. Andere sind Handwerker, für die es keine Arbeit und keinen Platz in den Zünften gibt. In den Garnisonsstädten finden die »Ausländer« ein niedriges, aber immerhin regelmäßiges Einkommen, freie Unterkunft, Brot und Arbeitskleidung sowie die Aussicht auf eine bescheidene Versorgung im Alter.

Viele andere junge Männer werden jedoch von den berüchtigten preußischen Werbern in den Militärdienst gezwungen. Ohne gewaltsame Methoden wäre die außerordentliche Größe der preußischen Armee nicht zu erreichen. Besonders in Kriegszeiten mehren sich in den Nachbarstaaten die Beschwerden über »gepresste« Rekruten. Das Exerzieren bereitet demnach nicht nur auf das Gefecht vor, sondern zwingt auch die vielen, die gegen ihren Willen Soldat geworden sind, unter den Willen ihrer Vorgesetzten. Die Willigen wie die Unwilligen werden in den einheitlich agierenden Verband eingegliedert. Dazu trägt auch die Uniform bei, die den Männern ihr unverwechselbares Erscheinungsbild gibt und sie von der Zivilbevölkerung unterscheidet. Auf dem Gebiet des Exerzierens ist Preußen führend. Der erfahrene Heerführer Leopold von Anhalt-Dessau, der Alte Dessauer, bringt den Preußen als ersten Soldaten überhaupt den Gleichschritt bei.

Die Regeln des preußischen Militärs sind streng. Die Soldaten werden unter Stockschlägen gedrillt, dürfen von den Vorgesetzten gezüchtigt werden und unterstehen der Gerichtsbarkeit des Regimentskommandeurs. Berüchtigt ist die Strafe des Spießrutenlaufens: Die Delinquenten müssen zwischen zwei Reihen Soldaten hindurchgehen, die sie mit Weidenruten auf den nackten Rücken schlagen. Der Schweizer Soldat Ulrich Bräker: »Da mussten wir zusehen, wie man sie durch zweihundert Mann achtmal die lange Gasse auf und ab Spießruten laufen ließ, bis sie atemlos hinsanken, wie sie des anderen Tags aufs neue dran mussten, die Kleider vom zerhackten Rücken heruntergerissen, und wie wieder frisch drauflosgehauen wurde, bis die Fetzen geronnenen Bluts ihnen über die Hosen hinabgingen.«

Weil es die Aufgabe der Kompaniechefs ist, die allzu sehr geschundenen Männer zu ersetzen und zu bezahlen, sind der Gewaltanwendung wenigstens aus prag-

matischen Gründen Grenzen gesetzt. Aber körperliche
Züchtigung ist zu dieser Zeit nicht nur im Militär gang
und gäbe: Der Meister schlägt den Lehrling, der Gutsherr den Bauern, der Bauer den Knecht, die Eltern das
Kind, der Lehrer den Schüler.

Offiziere können nur einheimische Adelige werden,
denen Friedrich Wilhelm verboten hatte, in fremde
Dienste zu treten. Stattdessen zwang er die Junker, ihre
Söhne in die Berliner Kadettenanstalt zu geben. Oft
treten sie schon mit zwölf oder dreizehn Jahren in den
aktiven Dienst ein, während die nichtadeligen Unteroffiziere im Durchschnitt 44 Jahre alt sind. Bürgerliche
Offiziere gibt es kaum, da sie sich mehr für den finanziellen Gewinn als für den Gewinn von Ehre interessierten,
so die Überzeugung Friedrichs. Den Edelleuten wird
die Unterwerfung unter den Landesherrn mit Ansehen,
Standesehre und Geld versüßt, deshalb wurde aus dem
einstmals verhassten Soldatenberuf der Stolz des Adels.

Die aus der Landbevölkerung rekrutierten Soldaten
verbringen zur Ausbildung zunächst achtzehn Monate
bei der Truppe und werden intensiv gedrillt. Danach
leben sie nur noch während der Exerzierzeit in den
Garnisonsstädten, von April bis Juni, in den weniger
arbeitsreichen Wochen zwischen Aussaat und Ernte.
Die übrige Zeit verbringen sie in ihren Dörfern und arbeiten in ihren Zivilberufen. Zum Kirchgang tragen sie
den blauen Rock. Der Gutsherr hat keine richterliche
Gewalt über sie, da sie dem Gericht ihres Regiments
unterstehen. Auch die ausländischen Soldaten gehen zumeist einem Zivilberuf nach, da ihr Sold allein sie nicht
ernähren kann. Ihre Arbeitskraft spielt eine wichtige
Rolle für die städtische Wirtschaft.

Die Bürger der Garnisonsstädte sind zur Unterbringung der Soldaten, dem sogenannten »Servis«, während deren Ausbildung und der Exerzierzeit verpflichtet. Ihre Häuser verfügen deshalb oft über eigens eingerichtete Kammern und Stuben. Auch die dauerhaft in den Garnisonsstädten lebenden Militärs wohnen in Bürgerhäusern. Das Quartier des einfachen Soldaten besteht aus einer unbeheizten Kammer mit Bett. Die Benutzung der Küche ist inklusive, auch der Gebrauch von Gewürz und Konservierungsstoffen – »Salz und Sauer« – steht ihm zu sowie Anteil an Feuer und Licht. Im Winter hat der Soldat das Recht, in der geheizten Stube seines Wirts zu sitzen. Ein Major oder Oberst hat Anspruch auf ein möbliertes Haus mit Stallungen.

Für den Landesherrn hat die Einquartierung gleich mehrere Vorteile. Die Stadtmauern erschweren den vielen gepressten Infanteristen die Flucht aus dem verhassten Militär. Sodann bremsen die in königlichen Diensten stehenden Soldaten den Freiheitsdrang der Stadtbürger, deren jahrhundertealte Selbstverwaltung von den absolutistischen Fürsten empfindlich eingeschränkt wird. Zahlt etwa ein Bürger seine Steuern nicht, steht das Militär für die Pfändung zur Verfügung. Umgekehrt sollen die Bürger die Soldaten kontrollieren, damit diese nicht über die Stränge schlagen oder die Rechte der Zünfte missachten. Und schließlich schonen die Einquartierungen den Fiskus, da die bürgerlichen Wirte für die Kosten aufkommen. Zwar ist ein kleiner Teil der Männer bereits in Kasernen untergebracht, doch wird es noch bis Ende des 19. Jahrhunderts dauern, dass sämtliche Soldaten in den militäreigenen Gemeinschaftsunterkünften wohnen.

Die Einquartierung belastet die Stadtbewohner ma-

teriell und stört ihre Häuslichkeit, zumal die wohlhabenden Bürger im 18. Jahrhundert zunehmend Wert
auf Privatsphäre legen. Sie betrachten die Soldaten als
grobe Gesellen, während diese ihrerseits auf die »Bür-
ger-Canaillen« herabschauen. Nicht selten kommt es
zu Streit und sogar zu Handgreiflichkeiten. Anhaltende
Spannungen können, sofern die finanziellen Voraussetzungen vorhanden sind, durch die »Ausheuer« gelöst
werden. Die Wirte haben die Möglichkeit, den Soldaten
den Geldwert der Einquartierung auszubezahlen, damit
diese sich andernorts einmieten können.
Aber genauso gibt es zahlreiche Beispiele für ein gelun-
genes Zusammenleben. Oft genug machen Wirt und
Soldat gemeinsame Sache, um an den Zünften und dem
Fiskus vorbei zu Geld zu kommen. Manche Einquar-
tierte integrieren sich erfolgreich, heiraten Frauen aus
der Garnisonsstadt und erwerben nach dem Ende ihres
Dienstes das Bürgerrecht. Überhaupt ist rund ein Drittel
der Soldaten verheiratet, ihre Frauen und Kinder gelten
ebenfalls als Militärpersonen und unterstehen der Heeresverwaltung statt der städtischen Obrigkeit.

Vom Überfall zum europäischen Krieg

Friedrichs erfolgreicher Handstreich gegen Schlesien macht
an den Höfen Europas Appetit auf den habsburgischen
Kuchen. Gesandte umwerben den Sieger von Mollwitz, mit
dessen Unterstützung sie ihren Teil abbekommen wollen. In
Versailles wird entschieden, den bayerischen Anspruch auf
die Kaiserkrone und die habsburgischen Erblande zu unterstützen, ebenso Sachsen, das die böhmische Kurwürde for-

dert. Die Aufteilung des Besitzes der Habsburger, denen nur Ungarn und das Erzherzogtum Österreich bleiben sollen, gilt als beschlossene Sache, obwohl Frankreich die Pragmatische Sanktion anerkannt hatte. Nicht anders als Friedrich findet die französische Politik einen Weg, die gegenüber Wien gemachten Garantien für nichtig zu erklären. Zugleich sichert Frankreich in einem Geheimabkommen Preußen den Besitz Niederschlesiens zu. Friedrich wiederum verspricht, dem bayerischen Kurfürsten Karl Albrecht bei der Kaiserwahl die brandenburgische Kurstimme zu geben.

Eine Armee der neuen französisch-bayerisch-sächsischen Allianz greift die von Truppen entblößten habsburgischen Kernlande an. In Linz lässt sich Karl Albrecht von Bayern als Erzherzog von Österreich huldigen, in Prag erklärt er sich zum König von Böhmen. Maria Theresia steht unter gewaltigem Druck, doch anstatt Österreich den Gnadenstoß zu geben und auf Wien zu marschieren, hält sich Friedrich lieber zurück. Er hat die Österreicher bei Mollwitz zwar geschlagen, aber nicht aus Schlesien vertreiben können. So schließt er gerne mit dem Marschall Neipperg die geheime Konvention von Kleinschnellendorf, in der Österreich ihm den westlichen Teil Schlesiens zuspricht. Um die ahnungslosen Bundesgenossen Friedrichs nicht auf den Plan zu rufen, inszenieren die Preußen und die Österreicher im Anschluss an die Geheimverhandlungen die Übergabe der Festung Neisse als Belagerung. Mit diesem Waffenstillstand will Friedrich verhindern, dass das Haus Habsburg und damit das Gleichgewicht der Mächte zu sehr geschwächt wird. Und er hofft, so schnell wie möglich und im Besitz seiner Eroberung aus dem Krieg herauszukommen.

Dann aber wendet sich das Blatt: Maria Theresia gewinnt den ungarischen Adel für sich und erzielt überraschende militärische Erfolge. Ihre Truppen schlagen die gegnerische Allianz zurück und besetzen Bayern. Unter diesen Umständen

ignoriert der Preußenkönig den Waffenstillstand von Kleinschnellendorf und fällt, verstärkt durch ein französisches
Hilfskorps und den Großteil der sächsischen Streitkräfte, in
Mähren ein. Dieser Schritt bringt ihm seinen lebenslangen
Ruf als untreuer Bundesgenosse ein. Er verteilt seine Truppen
über das besetzte Land und lässt die Festung Brünn belagern,
macht aber keine Anstalten, gegen das vor ihm liegende österreichische Kernland vorzurücken. Die im fruchtbaren Mähren vorhandenen Kornvorräte lässt er beschlagnahmen oder
verbrennen, um es als Operationsbasis gegen Schlesien un-
tauglich zu machen. Die sächsischen Soldaten werden von der
preußischen Heeresleitung bei der Zuteilung von Verpflegung
und Quartier benachteiligt. Ihre Beschwerden ignoriert der
preußische Oberkommandierende.

Derweil bereiten die Österreicher einen Angriff auf die
preußisch-sächsisch-französische Streitmacht in Mähren vor.
Zwar haben die Truppen Maria Theresias zur gleichen Zeit
mit den Franzosen und Bayern im benachbarten Böhmen
zu kämpfen, doch halten die Generale Preußen für den ge-
fährlicheren Kontrahenten. Sie schicken die österreichische
Hauptmacht gegen Friedrich, der den sich nähernden Feind
lange nicht bemerkt. Endlich lässt er seine Einheiten zusam-
menziehen, doch es könnte schon zu spät sein. Der französische Gesandte Valory findet ihn in düsterer Stimmung: »Das
Befinden des Königs war erschreckend, sein Blick war davon
grauenerregend geworden. Alle seine Äußerungen klangen
hart, sein Lachen gekünstelt und höhnisch, seine Scherze bit-
ter ...« Die Zerstreuung seiner Kräfte lässt Friedrich um den
Erfolg seines Feldzugs fürchten. Gerade noch rechtzeitig gelingt es den Preußen, ihre Truppen zu sammeln. Am 17. Mai
1742 treffen die beiden Armeen bei Chotusitz in Südböhmen
aufeinander. Wieder gibt es hohe Verluste auf beiden Seiten,
wieder haben die Preußen mehr Tote zu beklagen als ihre
Gegner, wieder behauptet die preußische Infanterie dank ih-

rer Disziplin das Schlachtfeld. Anders als in Mollwitz hält
sich die preußische Kavallerie dieses Mal deutlich besser. Und
der König bleibt vor Ort und führt höchstpersönlich den ent-
scheidenden Angriff.

Voltaire hat sich längst an die neue Rolle Friedrichs gewöhnt. Mal preist er eifrig seine Erfolge, dann beklagt er wieder die Schrecken des Krieges. Er macht dem Sieger Vorwür-
fe, stellt ihm aber auch Vergebung in Aussicht. Der Sieg bei
Chotusitz wirft zudem poetische Probleme auf: »... wie soll
man über Chotusitz (›Chotusils‹) in Versen sprechen? Chotusitz, was für ein kläglicher Name! Schämen Sie sich nicht,
Sire, die Schlacht bei Chotusitz gewonnen zu haben, das sich
auf nichts reimt und in den Ohren kratzt?« Der Beschuldigte
beschwichtigt mit dem Hinweis, dass sich Chotusitz – »Cotu-
schitz« – recht gut auf Mollwitz reime.

Zwei Monate nach der Schlacht schließen Preußen, Sachsen
und Österreich den Frieden von Berlin. Dieser Erste Schlesische Krieg bringt Friedrich – vorläufig – ganz Schlesien ein,
zuzüglich der strategisch wichtigen Grafschaft Glatz und abzüglich einiger Herzogtümer und Landstriche Oberschlesiens.
Sachsen geht leer aus und hütet sich fortan vor dem Nachbarn im Norden. Frankreich und Bayern sind im Kampf gegen
Österreich wieder allein und ärgern sich über den wendigen
und unzuverlässigen Preußenkönig und den Separatfrieden. In
einem Brief an seinen Sekretär und Freund Jordan rechtfertigt
Friedrich sein Ausscheren aus der Koalition und stilisiert sich
zum Märtyrer, der gegen sein Gewissen und seine Pflichten zu
handeln gezwungen gewesen sei. Er müsse im Interesse des
Staates vorgehen, dem er nicht durch weitere Feindseligkeiten
habe schaden wollen. Der Gewinn an Land, Ruhm und militärischer Erfahrung sei schließlich ausreichend gewesen.

Der Krieg verändert die Weltsicht des jungen Königs. Die
Reaktion der Öffentlichkeit auf sein rücksichtsloses Vor-

gehen zwingt ihn, sich zu rechtfertigen. Im Vorwort zur
»Geschichte meiner Zeit« von 1743 äußert er die Hoffnung,
dass die Nachwelt »den Philosophen vom Fürsten und den
Ehrenmann vom Politiker wird unterscheiden können. Ich
muss gestehen: Wer in das Getriebe der großen europäischen
Politik hineingerissen wird, hat es schwer, seinen Charakter
rein und ehrlich zu bewahren.« Für alle Staaten, ob klein oder
groß, gelte das gleiche Grundgesetz: Der Drang zur Vergrößerung bestimme das Handeln der Regierung. Deshalb seien
Verträge bloß falsche Schwüre, die zu brechen den Fürsten
ihr Vorteil geböte. »Das sind die feststehenden Gesetze der
europäischen Politik, denen jeder Staatsmann sich fügen
muß«, so Friedrichs Erkenntnis. Während der Kronprinz und
Autor des »Antimachiavell« in seinen philosophischen Überlegungen allenfalls Hintertüren für die Staatsräson gelassen
hatte, trennt sich der Herrscher Friedrich nun in aller Klarheit
von der Überzeugung, dass Moral unteilbar sei. Die geltende
Moral und die Moral des Fürsten treten endgültig auseinander. Und noch eines ist offensichtlich: Friedrichs Überfall auf
Schlesien hat einen europäischen Flächenbrand ausgelöst und
die alte Ordnung ins Wanken gebracht.

Die zweite Runde des Kampfs um Schlesien

Preußen hat erst einmal Ruhe. Währenddessen geht der
Österreichische Erbfolgekrieg weiter. Großbritannien stellt
sich, wie von Friedrich erwartet, an die Seite Österreichs und
öffnet für Wien das Füllhorn seiner Finanzkraft; der Löwen-
anteil der österreichischen Kriegskosten wird durch britische
Hilfsgelder gedeckt. Die »Pragmatische Armee«, die sich aus
österreichischen, britischen und niederländischen Soldaten
sowie Reichstruppen zusammensetzt, drängt die Franzosen
über den Rhein zurück.

Die französische Führung sieht sich veranlasst, die Möglichkeiten für ein neuerliches Bündnis mit Preußen zu sondieren. Ein weiteres Mal wird Voltaire als Botschafter nach Berlin gesandt; er soll Friedrichs Haltung auskundschaften und ihn auf die Seite Frankreichs ziehen. Ein aussichtsloses Unterfangen – offensichtlich wollen die Gegner, die der Schriftsteller am Hof Ludwigs XV. hat, Voltaire loswerden und ihm eine Niederlage bereiten. Und ihr Plan geht auf: Der Preußenkönig weiß schon vor der Ankunft des Amateurdiplomaten Bescheid und lässt den Besucher ins Leere laufen. Er genießt das Spiel mit dem zwar scharfsinnigen, aber in politischen Dingen unerfahrenen Literaten, der ihn schließlich um eine schriftliche Stellungnahme zu einem möglichen Bündnis bittet. Friedrichs Antwort fällt wenig schmeichelhaft aus, er bezeichnet Frankreich als »einen sehr starken Körper ohne Seele und Empfindung«. An einem Bündnis sei er nicht interessiert. Immerhin lässt Friedrich die Möglichkeit offen, ein attraktives Angebot aus Versailles in Erwägung zu ziehen. In einem Brief an Voltaire macht er wenige Tage später klar, was er von diesem erwartet: »Ich denke nicht daran, mit Ihnen über Politik zu sprechen ... Ich glaube, es ist besser, mit Ihnen über Poesie zu reden; aber man kann nicht immer, wie man will.«

Die sich fortsetzenden Erfolge der österreichischen Partei, die inzwischen den Rhein überschritten hat und die französische Grenze bedroht, bringen Friedrich schließlich aus der Ruhe, so dass er sich erfolgreich um eine Wiederherstellung der probayerischen Koalition bemüht und das Bündnis mit Frankreich nun doch erneuert. Karl Albrecht von Bayern war bereits am 24. Januar 1742 zum Kaiser gewählt worden. Karl VII. ist der erste Kaiser seit 1438, der nicht aus dem Haus Habsburg stammt. Sämtliche Kurstimmen hatte er auf sich vereinigt, mit Ausnahme der von Maria Theresia beanspruchten böhmischen. Sie selbst war von der Wahl ausgeschlossen worden und erkennt den neuen Kaiser nicht an, der wegen der österreichischen Besetzung Bayerns in Frankfurt residieren muss.

Friedrich plant nun, sich erneut in die kriegerischen Auseinandersetzungen einzumischen, um Schlesien zu sichern und vielleicht noch Teile von Nordböhmen dazuzugewinnen. Im Vorfeld dieses Waffengangs hütet er sich vor zweifelhaften erbrechtlichen Argumenten oder gar vor der Rechtfertigung von Präventivkriegen, sondern gibt vor, für das Heilige Römische Reich und dessen Kaiser aus dem Hause Wittelsbach zu fechten. Dass er 1740 das Reichsrecht klar verletzt hatte, lässt er unerwähnt. Im August 1744 bricht der junge Kriegsherr schon wieder eine Friedensvereinbarung mit Österreich. Den Feldzug eröffnet Friedrich mit der Verletzung der sächsischen Neutralität, indem er durch das Nachbarland hindurch in Böhmen einmarschiert. Seine Truppen besetzen Prag und dringen bis in den Süden des Landes vor. Dieser Schachzug entlastet die französischen Verbündeten. Doch weder erscheinen deren Truppen zu seiner Unterstützung, noch stellt sich ein österreichisches Heer zur Entscheidungsschlacht. Stattdessen gelingt es dem österreichischen Feldmarschall Traun, die preußischen Versorgungslinien zu durchschneiden. Friedrichs Heer wird nach allen Regeln der Kriegskunst aus Böhmen herausmanövriert. Eigene Fehler tun ein Übriges. Bei widrigem Winterwetter müssen die Soldaten die Pässe nach Schlesien überqueren. Die sonst so disziplinierten Einheiten lösen sich auf, Krankheiten greifen um sich. Viele Männer desertieren in der allgemeinen Unordnung; die üblichen Vorsichtsmaßnahmen wie abseits von Wäldern gelegene Lagerplätze oder Husarenbewachung für die Infanterie bei Märschen durch bewaldetes Gebiet können nicht umgesetzt werden. Jahre später kommentiert der König in einem Gespräch mit österreichischen Offizieren seine Niederlage: »Wissen Sie, wer mir das wenige beigebracht hat, das ich weiß? Das ist Ihr alter Marschall Traun gewesen: Das war ein Mann!«

Mittlerweile ist der von Friedrich Wilhelm zusammengesparte Staatsschatz durch die Kriege aufgebraucht. Die Aufstellung neuer Truppen ist kaum zu finanzieren. Die Amsterdamer Börse ist skeptisch angesichts der bedrängten Situation Preußens. Als der König dort Anleihen ausgibt, nimmt sie ihm niemand ab. Und es kommt noch schlimmer: Das verbündete Frankreich verliert das Interesse an Mitteleuropa und konzentriert sich auf die Auseinandersetzung mit Großbritannien in Westeuropa und Übersee. Im Januar 1745 stirbt Kaiser Karl VII. nach nur dreijähriger Amtszeit. Nun ist klar, dass Friedrich keine Reichstruppen anführt, wie er behauptet hatte, sondern schlicht seinen schlesischen Raub verteidigt. Der neue Kurfürst von Bayern schließt Frieden mit Wien und erhält dafür sein Land zurück, das immer noch von den Österreichern besetzt gewesen war. Großbritannien, auf dessen Vermittlung Friedrich gehofft hatte, stellt sich gegen Preußen, ebenso wie die Niederlande und zuvor schon Sachsen.

Länderskizze: Großbritannien

Die Briten sind stolz auf ihre Verfassung, die monarchische, aristokratische und demokratische Elemente in sich vereinigt. Mehr als irgendwo sonst in Europa beeinflusst die Ständeversammlung, das Parlament, die Politik. In der Glorious Revolution von 1688 setzte es den absolutistischen Bestrebungen König Jakobs II. ein Ende und wurde zum Träger der Souveränität. Nach der Flucht des katholischen Stuartkönigs bestimmte das Parlament über die Besetzung des Throns. 1701 schloss es Katholiken von der Thronfolge aus und erklärte den Kurfürsten Georg von Hannover zum Nachfolger der kinderlosen Königin Anne. Als Protestant und Blutsverwandter der Stuarts erfüllte der Welfe die geforderten Voraussetzungen. Mit dem Tod Annes im Jahr 1714 gelangte das Haus Hannover auf den englischen Thron, den es bis 1901 innehaben wird.

Das britische Parlament repräsentiert nicht das Volk, sondern dient der Willensbildung der Eliten. Das Recht, an den Unterhauswahlen teilzunehmen, ist an verschiedene Formen des Eigentums gebunden und steht nur etwa jedem Fünften der 6,5 Millionen Briten zu. Es gibt vierzig grafschaftliche und 203 städtische Wahlkreise, außerdem 24 walisische. England und Schottland, deren Kronen seit dem frühen 17. Jahrhundert unter einem Herrscher vereinigt sind, schlossen sich 1707 auch institutionell zusammen. Seitdem entsendet das Land im Norden der Insel 45 Commons nach London. Da die Zahl der Wahlberechtigten von Wahlkreis zu Wahlkreis sehr unterschiedlich ist – manche städtischen Wahlbezirke existieren nur noch dem Namen nach –, schwankt der Wert der Stimmen sehr stark. Manche repräsentieren nur wenige Dutzend Wähler, andere viele Tausend. Oft beeinflussen örtliche Magnaten die Wahlen. Die Mitglieder des Oberhauses, das dem Hochadel und der hohen Geistlichkeit vorbehalten ist, werden nicht gewählt. Sie erben ihre Sitze, erhalten sie kraft ihres Amtes oder werden vom König ernannt. Letzterer verfügt außerdem über ein Vetorecht gegen Gesetze und ernennt die Regierung. Georg III., der 1760 König wird, vermehrt vorübergehend den Einfluss der Krone.

Das politische Kräftespiel überschreitet die konstitutionellen Grenzen zwischen Monarch, Regierung, Ober- und Unterhaus. Einflussreiche Politiker installieren Parteigänger in Regierung und Parlament. Sich abzeichnende

Konflikte werden, wenn möglich, friedlich-schiedlich beigelegt. Reiche Landbesitzer und Kapitalisten aus der Londoner City kontrollieren weitläufige Patronagenetzwerke. Sie mindern den Einfluss der Wählerschaft. Auf dem Land gibt es immer weniger selbständige Bauern, weil die Magnaten auf deren Kosten ihren Grundbesitz vergrößern. Dadurch sinkt die Zahl der Wahlberechtigten im Laufe des Jahrhunderts. Die oligarchischen Züge der britischen Mischverfassung mindern die politische Teilhabe, gewährleisten aber auch die in Europa allseits bewunderte Stabilität des politischen Systems in Großbritannien.

Die britische Aristokratie ist die reichste Europas. Die wachsende, von technischen Verbesserungen profitierende Landwirtschaft ist die Grundlage dieses Reichtums. Weil der Landadel seinen Besitz vergrößert, werden viele kleine Bauern und die ländliche Unterschicht entwurzelt und wandern in die wachsenden Städte oder in die Kolonien ab. Bereits vor der industriellen Revolution gehen vierzig Prozent der britischen Bevölkerung gewerblichen Tätigkeiten nach, insbesondere in der Textilproduktion. Jeder zehnte Brite wohnt um 1750 in London, der größten Stadt Europas.

In der Metropole laufen weltumspannende Handelsströme zusammen, sie ist der Umschlagplatz zwischen Übersee und dem Kontinent. Der Handel zwischen den Londoner Kaufleuten und den Kolonien ist staatlich geschützt. Baumwolle aus Nordamerika wird in Manchester, Tabak in Glasgow weiterverarbeitet. Stoffe werden in Westafrika gegen Sklaven gehandelt, die wiederum im karibischen Raum an Zucker- und Baumwollpflanzer weiterverkauft werden. Das Angebot an menschlicher »Ware« ist so groß, dass der Tod Tausender Afrikaner während der Transporte aus Kostengründen in Kauf genommen wird. Die Erzeugnisse der Pflanzungen werden wiederum in London abgesetzt. 1750 befahren 6000 britische Handelsschiffe die Weltmeere. Die Gewinne aus dem Überseehandel sind neben der Landwirtschaft die zweite Säule des britischen Wohlstands, die Außenhandelsbilanz ist durchgehend positiv. Die Staatskasse belegt die Waren mit üppigen Zöllen und in Kriegszeiten verleihen die leistungsfähigen Banken die nötigen Summen. Der britische Einfluss gründet auch auf dem finanziellen Potenzial des Landes, das die Zahlung großzügiger Hilfsgelder an die Verbündeten auf dem Festland erlaubt und Staatsschulden zu einem kalkulierbaren Risiko macht. Und nicht zuletzt verfügt das Land über eine beinahe unbesiegbare Kriegsflotte.

Triumph und Friedensschluss

Während sich der politische Horizont verdüstert, stellt Friedrich mit großer Energie seine Armee neu auf. Im Frühjahr 1745 kann er knapp 60000 Soldaten ins Feld führen. Um sie zu motivieren, lobt und ermuntert er die Männer, statt sie stets nur seine Unzufriedenheit spüren zu lassen. Er hofft auf eine entscheidende Schlacht auf eigenem Gebiet, in der er die überlegene Kampfkraft seiner Soldaten voll zur Geltung bringen kann. Seine Feinde, zu denen inzwischen auch die vormals mit ihm verbündeten Sachsen gehören, enttäuschen ihn nicht und rücken nach Schlesien vor. Prinz Karl von Lothringen, ein Schwager Maria Theresias, führt den Oberbefehl in diesem Jahr nicht nur der Form nach und verzichtet auf die Beratung des bewährten Feldmarschalls Traun.

Der König lässt die gebirgige Grenzregion unverteidigt und plant, den Gegner in der Ebene zu überraschen. Wiederum erfüllt das österreichisch-sächsische Heer seine geheimen Wünsche und steigt von den Bergen ins Flachland hinab. In der Nacht zum 4. Juni rücken die preußischen Regimenter in ihre Ausgangsstellungen beim Städtchen Striegau. Um unbemerkt zu bleiben, werden den Pferden Lappen um die Hufe gebunden, Rauchen ist streng untersagt. Schwierigster Teil des Unternehmens ist die Überquerung eines Flüsschens von Süden her, Striegauer Wasser mit Namen, an das sich später der linke preußische Flügel anlehnen soll. Da der Feind westlich steht, rücken die Einheiten des rechten Flügels als Erste nach Norden vor.

Viel früher als gedacht, stoßen die Kavalleriespitzen des rechten Flügels auf den Feind, während sich ein großer Teil des preußischen Heeres noch jenseits des Striegauer Wassers befindet oder in Aufstellung begriffen ist. Friedrich befiehlt, im strategisch wichtigen Moment des ersten Feindkontaktes keine Gefangenen zu machen, um den Angriffsschwung nicht zu verlieren. Im Morgengrauen entbrennt ein wilder Kampf, die auf der angegriffenen Höhe stehenden sächsischen Grenadiere werden von den Preußen überrannt. Die sächsisch-österreichische Kavallerie flieht. Der Alte Dessauer greift mit den ersten eingetroffenen Infanteriebataillonen die sächsische Infanterie an. Ohne einen Schuss abzugeben, nähern sich die Preußen trotz des Kanonen- und Gewehrfeuers den feindlichen Linien. Die späte erste Salve eröffnet ein weiteres Gemetzel. Die sächsischen Einheiten werden vernichtend geschlagen.

Auf dem linken preußischen Flügel entgeht die Kavallerie nur knapp einer Katastrophe. Als die Brücke über das Striegauer Wasser einstürzt, sind mehrere Schwadronen plötzlich abgeschnitten. Die österreichischen Reiter bemerken das und attackieren. Nur durch die glückliche Entdeckung einer Furt durch die Husaren des berühmten Generals von Ziethen entgehen die Bedrängten der Vernichtung. Die Schlachtentscheidung bringen ebenfalls Kavalleristen. Ein Offizier vor Ort befiehlt den zufällig unbeschäftigten Bayreuther Dragonern, eine Schwachstelle im Zentrum der gegnerischen Aufstellung anzugreifen. Innerhalb von Minuten löst sich die Ordnung der Österreicher auf.

Ein Augenzeuge, der ständige französische Gesandte Valory, beschreibt das anschließende Vorrücken der Infanterie: »Die Preußen rückten vor, doch derart langsam und in Reih und Glied, als befänden sie sich ... bei einer Parade. Sie ließen das Schlachtfeld etwa 2000 Schritt hinter sich und machten halt. Kein einziger Soldat beugte sich nieder, um einen Toten oder Verwundeten zu plündern, ein bewundernswerter Vorgang, der aber bei unseren Truppen normal ist.« Offensichtlich widmen sich die Preußen erst später dem Plündern. Bis es so weit ist, siegt die Disziplin.

Die Schlacht bei Hohenfriedberg ist ein triumphaler Sieg des Feldherrn Friedrich von Preußen. Das Anlocken des Gegners, der nächtliche Anmarsch und der anhaltende Schwung der Truppen nach dem überraschenden Feindkontakt sind seine Verdienste. Doch auch die Beweglichkeit von Offizieren und Soldaten trägt erheblich zum Erfolg bei. Die Rolle der Kavallerie zeigt, dass die preußische Armee seit der Schlacht bei Mollwitz viel hinzugelernt hat. Merkwürdig bleibt, dass Friedrich die Reiterei nicht für eine längere Verfolgung des fliehenden Gegners einsetzt, um ihn noch mehr zu schwächen.

Mit dieser Schlacht hat sich Friedrich einen weiteren Feind geschaffen: Die Sachsen hegen von nun an einen ausgeprägten Hass auf die Preußen. Nach der Benachteiligung der verbündeten sächsischen Soldaten auf dem Feldzug von 1742 und der Verletzung der sächsischen Neutralität 1744 erregt nun das Blutbad von Hohenfriedberg den Zorn der Nachbarn, ebenso wie die Prügel, mit denen die gefangenen Sachsen in die preußischen Reihen gezwungen werden. In späteren Kämpfen werden die sächsischen Soldaten mit dem Schlachtruf »Dies ist für Striegau« voranstürmen.

Friedrich lässt seine Truppen ein weiteres Mal nach Böhmen vorrücken. Die gegnerischen Heere belauern einander über Wochen, ehe Friedrich wegen des nahenden Winters die Rückkehr nach Schlesien anordnet. Dabei verhält er sich recht sorglos; seine Informationen über den Feind sind ungenügend. Hier sind die Österreicher nach wie vor im Vorteil. Als die Preußen bei dem Dorf Staudenz lagern, werden sie von den Sachsen und Österreichern umgangen. Prinz Karl, der das Heer der Verbündeten anführt, sieht die Chance zu einem Überraschungsangriff. Sein Heer ist mit rund 45 000 Mann doppelt so stark wie das preußische.

Am frühen Morgen des 30. September 1745 bemerken die Preußen die Gefahr. Ohne irgendwelche Befehle abzuwarten, stellen sich die Regimenter in Schlachtordnung auf. Friedrich lässt einen Teil seiner Reiterei sogleich gegen eine Anhöhe vorgehen, die vom rechten Flügel des Gegners beherrscht wird. Dieser Schachzug verläuft sich in Einzelgefechten mit den österreichischen Schwadronen, woraufhin preußische Infanterie die stark besetzte Höhe angreift. Das massive Abwehrfeuer der gegnerischen Kanonen und Gewehre tötet Prinz Albrecht von Braunschweig-Bevern, den Bruder von Königin Elisabeth Christine. Die Preußen erleiden schreckliche Verluste und werden zurückgeschlagen, eines der angreifenden Bataillone von 381 Mann zählt dreihundert Tote und Verwundete.

Friedrich befiehlt ohne Zögern einen weiteren Angriff, im zweiten Anlauf gelingt es, die Anhöhe einzunehmen. Unterdessen marschieren das Zentrum und der linke Flügel der Preußen vor. Einen Befehl dazu haben diese Truppen nicht. Offenbar deuten die Befehlshaber vor Ort die Lage so, dass von ihnen nun erwartet wird vorzurücken. Ein solcher Vorgang ist nicht ungewöhnlich und zeigt, wie schwierig die Koordination der Truppenmassen auf dem Schlachtfeld ist.

Dieser Irrtum sichert den Preußen den Sieg in der Schlacht bei Soor. Erneut sind die preußischen Verluste hoch. Sie sind der Preis für das unbeirrt fortgesetzte Anrennen auf die Höhe. Die Disziplin und die Durchschlagskraft der Fußsoldaten Friedrichs sowie seine eigene Entschlossenheit haben ein weiteres Mal den Sieg gebracht. Aber viel lieber wäre es ihm gewesen, unbehelligt nach Schlesien zu gelangen. Erst seine Unachtsamkeit hatte Prinz Karl die Chance zur Schlacht eröffnet.

Während der Kampfhandlungen überfallen österreichische Husaren das preußische Lager und erbeuten den persönlichen Besitz des Königs inklusive des Tafelsilbers und der – beinahe leeren – Kriegskasse. Die zurückgebliebenen Kranken und Frauen werden grausam misshandelt. Zur Erleichterung des Feldherrn vernichteten die Sekretäre die wichtigsten Geheimpapiere. Friedrich verliert auch einen Windhund, der ihm ans Herz gewachsen war, und seine Flöten. Sofort weist er Quantz an, ihm neue zu fertigen. Nach dem Erfolg bei Soor führt er seine Soldaten zurück nach Schlesien, um ihnen das bestmögliche Winterquartier in freundlicher Umgebung zu verschaffen. Er geht davon aus, dass Maria Theresia und Franz Stephan bald in einen Friedensschluss einwilligen werden, und begibt sich nach Berlin.

Doch die feindliche Koalition gibt sich noch nicht geschlagen und plant einen Einfall in das brandenburgische Kernland. Der Preußenkönig eilt zurück zu seinen Regimentern in Schlesien und setzt sie Richtung Westen in Marsch. Sie fügen den Sachsen und Österreichern in der Lausitz schwere Verluste zu, stören ihre Versorgung und beenden ihren Vormarsch auf Berlin. Währenddessen rückt der Alte Dessauer mit einer zweiten preußischen Streitmacht die Elbe hinauf. Bei Kesselsdorf kommt es am 15. Dezember 1745 zu einer weiteren, für die Preußen siegreichen Schlacht. Ausgerechnet der altgediente Zuchtmeister des preußischen Heeres, auf dessen Unterstützung Friedrich fünf Jahre zuvor demonstrativ verzichtet hatte, setzt den Schlusspunkt im Zweiten Schlesischen Krieg. Noch am Weihnachtstag wird im preußisch besetzten Dresden Frieden geschlossen. Schlesien mit der Grafschaft Glatz wird erneut Preußen zugesprochen, das dafür die Wahl von Maria Theresias Gemahl Franz Stephan von Lothringen zum deutschen Kaiser nachträglich anerkennt. Sogar der vermisste Windhund taucht wieder auf und wird aus der »Kriegsgefangenschaft« entlassen. Das Wiedersehen treibt dem König die Tränen in die Augen.

Keine Katze wolle er mehr angreifen, sagt Friedrich anlässlich des Dresdner Friedensschlusses. Von nun an will er sich dem inneren Ausbau seines größer gewordenen Landes widmen. Der ersehnte Lorbeer ist gewonnen, sein Ehrgeiz gestillt. Als der siegreiche Feldherr in die Hauptstadt zurückkehrt, brennen überall die Freudenfeuer. In dem allgemeinen Trubel besucht er seinen einstigen Lehrer Duhan de Jandun, der im Sterben liegt. Von Jordan und Keyserlingk, die in den Monaten zuvor verstorben waren, hatte er nicht mehr Abschied nehmen können. Diese Verluste sind der bittere Beigeschmack des Triumphs, den ihm das Volk bereitet. Es huldigt ihm als Friedrich dem Großen.

Der Friedensschluss von Dresden am 25. Dezember 1745 beendet den Zweiten Schlesischen Krieg, während sich die Auseinandersetzungen um die österreichische Erbfolge, die der König von Preußen fünf Jahre zuvor eröffnet hatte, noch bis 1748 hinziehen werden. Das preußische Heer hat fünf große Schlachten geschlagen und alle gewonnen. Trotz des desaströsen Rückzugs aus Böhmen 1744 zählt Friedrich von nun an zu den großen europäischen Feldherren. Und er legt Wert darauf, als König auch Heerführer zu sein. Schon im

»Antimachiavell« hatte er dargelegt, dass nur ein *roi-con-nétable*, ein König-Feldherr, seiner Verantwortung gerecht werde. Weil er sich nicht mit seinem Kabinett beraten müsse, könne er schneller reagieren als seine Gegner. Unter allen gekrönten Häuptern des 18. Jahrhunderts füllt außer Friedrich nur Karl XII. von Schweden diese Rolle in vergleichbarem Umfang aus. Der Schwede dient dem Preußenkönig als Vorbild, aber auch als warnendes Beispiel: Karl hatte zu viel gewollt und war grandios gescheitert. Friedrich verhält sich umsichtiger, bei allem Mut zum Risiko bleiben seine Ziele begrenzt. Er spekuliert zwar vorübergehend auf eine Expansion in Nordböhmen, doch bleibt sein vorrangiges Ziel stets Schlesien. Und Schlesien bedeutet den Aufstieg zur Großmacht.

Aber eine Großmacht muss Kriege nicht nur gewinnen, sie muss sie ebenso bezahlen können. Auch auf diesem Gebiet bewährt sich der preußische Militärstaat. Den Ersten und Zweiten Schlesischen Krieg bestritt Friedrich mit dem Staatsschatz von 8,7 Millionen Talern, den sein Vater ihm hinterlassen hatte. Weitere 1,6 Millionen Taler lieh er sich beim kurmärkischen Adel und den Magistraten. 1745 sind die Kassen allerdings so erschöpft, dass er buchstäblich das Tafelsilber in Taler verwandeln lässt.

Friedrich hat sich einen Ruf als Feldherr erworben, doch gilt er auch als der skrupelloseste Akteur auf der politischen Bühne. Und in der Tat hatte er mit seltener Bedenkenlosigkeit eine große Provinz besetzt, sie militärisch behauptet und einen geheimen Waffenstillstand geschlossen, den er bald darauf brach. Dann ließ er seine Verbündeten im Stich und traf mit dem Frieden von Berlin einen Sonderfrieden mit Österreich, den er zwei Jahre später gleichfalls ignorierte. Am Ende hatte er seine Beute ein weiteres Mal behauptet und damit in den Auseinandersetzungen nach dem Tod Karls VI. deutlich mehr gewonnen als irgendeine andere Partei. Bei aller moralischen Fragwürdigkeit seines Vorgehens hat er gezeigt, wie gut er das große Spiel um die Macht beherrscht. Aber nicht nur der Preußenkönig hat sich bewährt, auch andere bestanden ihre Feuerprobe. Obwohl vieles gegen sie sprach, ist Maria Theresia die zweite Gewinnerin dieses Konflikts. Sie zeigt in der bedrohlichen Situation von 1741 Stärke und Entschlossenheit, die politische Führungsrolle in Wien liegt von da an bei ihr. Mit dem Ende des Krieges um ihr Erbe wird sie zwar außer Schlesien noch einige Gebiete in Italien verlieren, doch die von Versailles und Bayern angestrebte Reduzierung Österreichs zu einer Mittelmacht wird gescheitert und die Unteilbarkeit der habsburgischen Länder endlich allgemein anerkannt sein.

Die Erfolge Maria Theresias erhalten das Gleichgewicht der Mächte, so wie das Streben nach Gleichgewicht Österreich erhalten hatte, als ihm in der Stunde der Bedrängnis willige Bundesgenossen beigesprungen waren. Besonders Großbritannien hatte die Erneuerung der französischen Hegemonie verhindern wollen. Die Erinnerung an den Sonnenkönig, Ludwig XIV., nährte das Streben der europäischen Fürstenhäuser nach Gleichgewicht. Der absolutistische Herrscher hatte versucht, Frankreichs Vormachtstellung in Europa zu einer Übermacht zu steigern. Eine halb Europa umspannende Koalition unter der Führung von Österreich und Großbritannien, während des Spanischen Erbfolgekrieges verkörpert durch Prinz Eugen und den Herzog von Marlborough, hatte seinem Eroberungsdrang Grenzen gesetzt. Kein Staat soll noch einmal das europäische Gleichgewicht infrage stellen. Friedensschlüsse werden deshalb nach dem Prinzip der Übereinkunft – der *convenance* – der beteiligten Staaten geschlossen. Die militärischen Erfolge und Niederlagen beeinflussen dabei die Verhandlungspositionen, ohne sie ganz zu bestimmen. Der Tausch und die Teilung von Territorien sowie entschädigende Zugewinne für verlorene Gebiete sollen fundamentale Machtverschiebungen verhindern. Preußens zunehmende Stärke wiegt aus dieser Perspektive schwer, ist aber in ihren Folgen noch nicht voll erkennbar. Erst die Selbstbehauptung des Landes im Siebenjährigen Krieg sowie seine maßgebliche Mitbestimmung bei der ersten Teilung Polens besiegeln seinen Aufstieg zur Großmacht.

Das Emporkommen Preußens geht territorial und machtpolitisch auf Kosten Österreichs. Mit einer protestantischen Großmacht im Norden Mitteleuropas, geführt von einem aufklärerischen, »gottlosen«, Tradition und Recht geringschätzenden König will sich Maria Theresia nicht abfinden. Und nicht nur die Gegnerschaft in Krieg und Politik trennt Maria Theresia und Friedrich, auch sonst erscheinen sie gegensätzlich: Auf der einen Seite steht die Vertreterin einer Dynastie, die seit drei Jahrhunderten den Kaiser stellt und die Kronen von Böhmen und Ungarn innehat. Auf der anderen Seite führt der König in Preußen einen gerade einmal vier Jahrzehnte alten Königstitel, der noch dazu an einen abgelegenen und kargen Landstrich gebunden ist. Maria Theresias phlegmatischer Vater war ein mittelmäßiger Politiker, der seine ganze Kraft für seine Erbin einsetzte. Friedrichs tatkräftiger, cholerischer Vorgänger hingegen hatte sein Land gründlich reformiert, aber zugleich erwogen, seinen Sohn zu enterben und sogar hinzurichten.

Der gläubigen Katholikin Maria Theresia steht der – formal calvinistische – Philosoph Friedrich gegenüber, der sechzehnfachen Mutter und liebenden Ehefrau der kinderlose, getrennt lebende Einzelgänger, der Hausmutter der Feldherr. Sie baut Schloss Schönbrunn mit 1441 Gemächern und Sälen, er Sanssouci mit dreizehn Zimmern. Natürlich gibt es auch Gemeinsamkeiten wie die Liebe zu Musik und Tanz. Oder den festen Willen, Schlesien zu besitzen. Maria Theresia will dem Räuber aus Berlin keinen Fußbreit Boden ihrer reichsten Provinz überlassen, den Schock des Überfalls vergisst sie nie. Sie nennt

Friedrich den »Feind ohne Glauben und Rechtsbewußtsein«, »böses Tier«, »Ungeheuer«, »Scharlatan«, »elenden König«. Im Jahr 1746, nur ein Jahr nach dem Ende des Zweiten Schlesischen Krieges und zwei Jahre vor dem Abschluss des Österreichischen Erbfolgekrieges, schließt sie ein Bündnis mit der Zarin Elisabeth. Die Verbindung soll ihr irgendwann zum Rückgewinn Schlesiens verhelfen. Der Frieden von Aachen, der 1748 den Frieden in Europa wiederherstellt, ist von der allgemeinen Erschöpfung erzwungen und stellt für die Königin und Erzherzogin allenfalls einen Waffenstillstand dar. Sie modernisiert die Verwaltung und steigert die Staatseinnahmen, um ein stehendes Heer von 100000 Mann zu unterhalten. Maria Theresia wird Friedrich dem Großen noch alles abverlangen. Sie will das »böse Tier« zur Rechenschaft ziehen ...

IV

König von Preußen

Das Traumschloss

Am 2. Mai 1747 melden die *Berlinischen Nachrichten von Staats- und gelehrten Sachen*: »Gestern haben seine Majestät der König Dero bei Potsdam ganz neu erbautes, ungemein prächtiges Sommer-Palais Sanssouci bezogen und allda des Mittags an einer Tafel von 200 Couverts gespeiset, worauf gegen Abend von der Königlichen Kapelle ein Concert ist gehalten worden.« Ein »ungemein prächtiges Sommer-Palais« soll dieses Schlösschen sein? Ja, so ist es, denn ein Sommersitz muss nicht so prunkvoll sein wie Versailles, und ein Essen für zweihundert Personen ist keine Kleinigkeit. Sanssouci mag dem heutigen Betrachter als ein besonders anmutig geratener Ausdruck preußischer Sparsamkeit erscheinen, genügt aber den zeitüblichen Erwartungen an eine kleine Residenz vollauf.

Obwohl das Schlösschen nur über dreizehn Räume verfügt, ist die Anlage doch monumental. Unterhalb des Schlosshügels liegen weitläufige Gärten im französischen Stil mit einem Bassin samt Fontäne als Mittelpunkt. Von dort steigen sechs großzügige, nach Süden hin gelegene Terrassen zum Hauptgebäude an. Sie sind mit erlesenen, aus den klassischen

Weinbauländern importierten Reben bepflanzt. Die konkave
Form der Anlage bündelt das Sonnenlicht und begünstigt so
das Wachstum der Pflanzen. Feigenbäume stehen in Nischen
hinter Glastüren. Weinbau ist im weit nördlich gelegenen
Brandenburg durchaus üblich, ebenso die Anlage von Wein-
gärten als Teil von Schloss- und Parkensembles.

Über dem terrassierten Weinberg thront der eingeschossige,
kuppelbekrönte Schlossbau. 36 steinerne Bacchantinnen und
Bacchanten tragen das Gesims, auf dem zentral die vergoldete
Inschrift SANS, SOUCI. strahlt. Das Schlösschen hat keinen
Sockel, so dass man über nur drei flache Stufen vom Vor-
platz ins Innere gelangt. Die Wände und Decken der Räume
sind exquisit gestaltet, es dominieren die geschwungenen, von
Muscheln inspirierten Stuckornamente des Rokoko, zu denen
sich allerhand Musikinstrumente, Waffen oder Masken gesellen. Die Räumlichkeiten erstrecken sich rechts und links des
ovalen, von einer Kuppel überwölbten Marmorsaals. Auf der
nördlichen, im Gegensatz zur heiteren Gartenseite massiv und
nüchtern wirkenden Hoffront des Schlosses fasst eine halbrunde
Kolonnade die Zufahrt ein. Auf der gegenüberliegenden Höhe
erheben sich kunstvoll errichtete Ruinen. Sie verdecken das
Becken, das die Fontäne unterhalb der Terrassenanlage speist.

Sanssouci ist Friedrichs des Großen lange gehegter und endlich Stein gewordener Traum. Es liegt auf dem »Wüsten Berg«
vor dem Brandenburger Tor. Seit seiner Kindheit kennt er
diesen Ort, den die königliche Familie vom Potsdamer Stadtschloss aus zu besuchen pflegte. Anfang der Vierzigerjahre
zeichnete er eigenhändig die ersten Entwürfe des »Weinbergs-
lusthauses«. Der Architekturenthusiast trug deutlich mehr zu
seinem prestigeträchtigen Bauprojekt bei als andere fürstliche
Bauherren. Die ungewöhnliche Wahl eines Hügels als Stand-
ort und die ganz unterschiedliche Gestaltung von Hof- und
Gartenseite gehen ebenso auf ihn zurück wie die ersten Grund-
risszeichnungen. Die Ausarbeitung des Vorhabens übertrug

er Georg Wenzeslaus von Knobelsdorff, mit dem er schon
zu Rheinsberger Zeiten Architekturpläne geschmiedet hatte.
Am 10. August 1744, dem Tag vor Friedrichs Abreise zu den
Truppen in Schlesien, begannen die Bauarbeiten.

Dem Bauherrn und Mitarchitekten schwebte ein Ort länd-
licher Zurückgezogenheit vor, der sich harmonisch in die
Landschaft einfügt und sie zugleich gestaltet, ein Ineinander
von Natur und Kunst. Sein Haus versucht erst gar nicht,
Preußens Macht zu repräsentieren. Es folgt vielmehr seinen
privaten Vorlieben und ästhetischen Vorstellungen. Von der
Anhöhe bietet sich ein weiter Blick über die Seen und Buch-
ten der Havel und die waldigen Hügel an ihren Ufern. An
diesem Ort wünscht der Preußenkönig *sans souci*, ohne Sorge
zu sein, im Leben wie im Tod. Eine zuverlässig überlieferte
Anekdote schildert, wie Friedrich mit dem Marquis d'Argens
über die Baustelle spazierte. Er wies seinen Begleiter auf eine
Gruft hin, die auf dem Schlossplateau zum Garten hin unter
der Erde liegt. »Wenn ich dort sein werde, werde ich ohne
Sorgen sein«, sagt Friedrich zu dem Marquis.

Friedrich findet in dem Schloss das ersehnte Zuhause und
nennt es »meinen Weinberg«, sich selbst »den Philosophen
von Sanssouci«. Im Jahr seines Einzuges dichtet er:

Diese stille Einsamkeit
Ist mir Bollwerk, Wehr und Turm
Wider jeden Stoß und Sturm
Dieser wildbewegten Zeit. ...
Glücklich wer abseits vom Wege sich ein
    Heiligtum gebaut,
Zuschaut, wie zu seinen Füßen Sturm und Wetter
    grollt und braut.

Mit seiner neuen Sommerresidenz verbindet der Bauherr die
freudige Erwartung zwangloser und anregender Geselligkeit.

1 *Friedrich II., König von Preußen. Dieses Porträt von Johann Georg Ziesenis ist eines der wenigen, für die Friedrich Modell saß. Es zeigt den König mit 51 Jahren, kurz nach dem Ende des Siebenjährigen Krieges.*

2 *König Friedrich Wilhelm I.
in Preußen, Vater und Vorgänger Friedrichs. Gemälde
von Georg Wenzeslaus
von Knobelsdorff, 1737.*

3 *Königin Sophie Dorothea,
Friedrichs Mutter. Gemälde
von Antoine Pesne, 1737.*

4 Markgräfin Wilhelmine von Bayreuth. Wilhelmine steht ihrem Bruder Friedrich in den Kämpfen mit dem Vater zur Seite. Die Geschwister haben zeit ihres Lebens ein sehr enges Verhältnis zueinander. Gemälde von Jean-Étienne Liotard, 1745.

5 Von der Pike auf – der sechsjährige Kronprinz Friedrich in Uniform. Das Kind steht der »Compagnie kronprinzlicher Cadetten« vor. Gemälde von Antoine Pesne, 1718/19.

6 König Friedrich Wilhelm liebt handfeste Formen der Geselligkeit.
Sein Sohn Friedrich hingegen fühlt sich im »Tabakskollegium« äußerst unwohl.
Gemälde von Georg Lisiewski, 1737.

7 Die Hinrichtung seines Freundes
Katte war der traumatische Tiefpunkt
von Friedrichs Jugend. Illustration aus
Friedrich Försters Leben und Thaten
Friedrich's des Grossen, *Meissen 1840.*

8 Elisabeth Christine, geborene Prinzessin von Braunschweig-Bevern, als preußische Kronprinzessin und Gemahlin Friedrichs. Gemälde von Antoine Pesne.

Deux Façades du Château en Perspective
du Coté du Lac, tiré du parterre auprès du
Chateau, marqueé au Plan par la lettre D.

9 Die Erweiterung von Schloss Rheinsberg ist das erste Bauprojekt Friedrichs. Hier verlebt der Kronprinz vier unbeschwerte Jahre. Kupferstich von Johann Conrad Krüger, 1773.

10 *Höfische Lustbarkeiten: Eine Bootspartie mit Thronfolger auf dem Grienericksee bei Rheinsberg, Aquarell aus dem 19. Jahrhundert nach einem zeitgenössischen Gemälde von Georg Wenzeslaus von Knobelsdorff.*

11 *Friedrich mit seinen Brüdern Ferdinand, August Wilhelm und Heinrich (v. l. n. r.). Gemälde von Carlo Francesco Rusca, 1737.*

12 François-Marie Arouet, genannt Voltaire. Dieses Porträt entstand 1736, als Friedrich erstmals einen Brief an den Philosophen richtete. Stich nach einem Gemälde von Maurice-Quentin de La Tour.

13 Friedrich als Kronprinz, Gemälde von Antoine Pesne, um 1740.

14 Kurz vor dem Tod des Soldaten-königs kam es zur tränenreichen Versöhnung zwischen Vater und Sohn. Radierung von Daniel Chodowiecki, 1793.

15 Als Friedrich König wird, übernimmt er ein Heer von 80 000 Mann. Intensiver Drill und brutale Strafen wie das Spießrutenlaufen machen die preußischen Soldaten zu den kampfstärksten ihrer Zeit. Radierung von Daniel Chodowiecki, 1778.

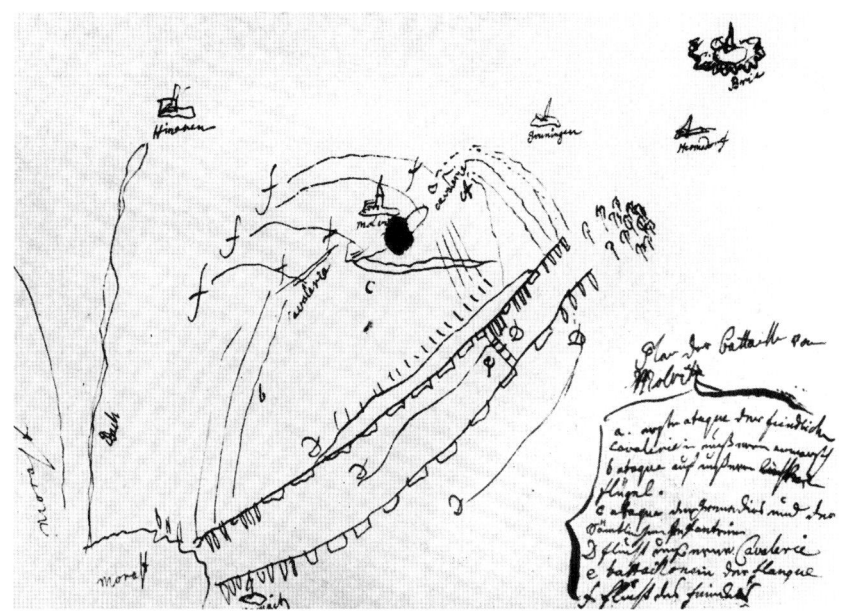

16 Skizze Friedrichs zur Schlacht bei Mollwitz, 1741.

17 Knobelsdorffs Opernhaus in Berlin ist eines der ersten Bauprojekte Friedrichs nach seiner Thronbesteigung. Später kommt der Kuppelbau der katholischen Hedwigskirche hinzu. Graphische Darstellung um 1800.

18 Nach dem kriegerischen Beginn seiner Regierung baute sich Friedrich ein Schloss nach seinem Geschmack: Sanssouci.

19 Das Neue Palais in Potsdam lässt Friedrich nach dem Siebenjährigen Krieg als Symbol der ungebrochenen Stärke Preußens bauen.

20 Im Marmorsaal von Schloss Sanssouci
versammelt der König Gelehrte und gebildete
Generale um sich. Nach einem Gemälde
Adolph von Menzels, 1850.

21 Friedrich musiziert anlässlich eines Besuchs seiner Schwester Wilhelmine
im Musikzimmer von Sanssouci. Gemälde von Adolph von Menzel, 1852.

22 Prinz Heinrich, der Bruder des Königs, steigt im Laufe des Siebenjährigen Krieges zu einem herausragenden Befehlshaber auf. Gemälde von Anton Graff, um 1785.

23 Die Schlacht bei Kunersdorf am 12. August 1759. Zeitgenössischer Kupferstich.

24 *Auf regelmäßigen Inspektionsreisen überwacht Friedrich den Wiederaufbau nach dem Siebenjährigen Krieg. Gemälde von Adolph von Menzel, 1854.*

25 *Friedrich der Große zur Besichtigung des 2. Bataillons Leibgarde reitend, Radierung von Daniel Chodowiecki, 1777.*

26 *Friedrich in einem Porträt von Anton Graff, 1781.*

27 *Der Alte Fritz auf der*
Terrasse von Sanssouci,
Stich von Daniel
Chodowiecki, 1780.

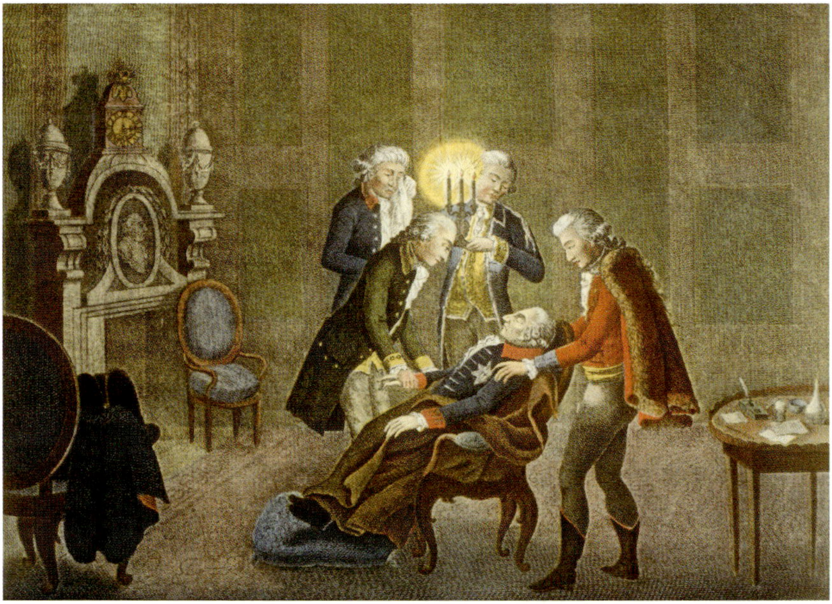

28 *Der Tod Friedrichs des Großen. Kupferstich von Peter Haas, 1800.*

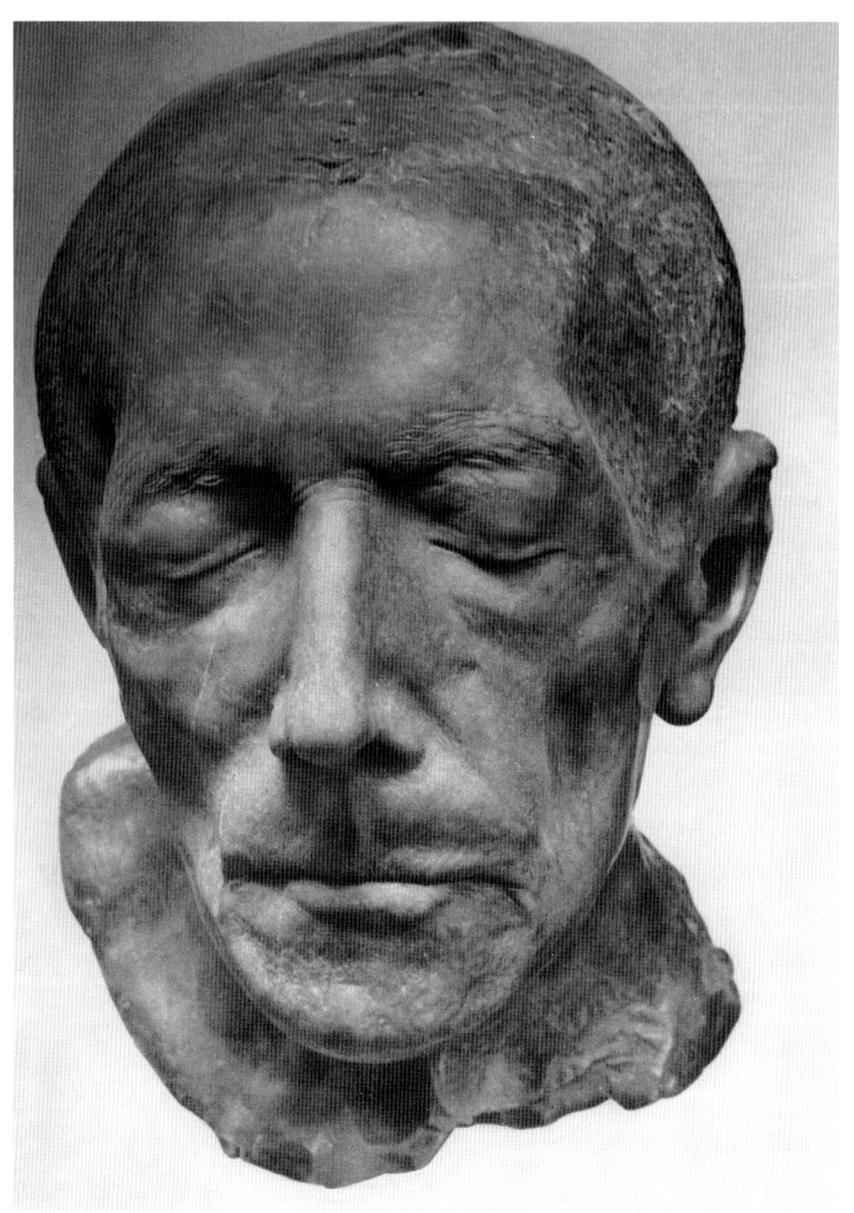

29 *Die Totenmaske Friedrichs des Großen.*

»Fern der dummen Modeplage/Endlos langer Prunkgelage«, wie sie andere Höfe pflegen, lädt sein Tisch zu »bescheidenen Genüssen«. Tatsächlich ist Friedrichs Tafel in Sanssouci in der Regel kein kostspieliges Instrument fürstlicher Machtdemonstration. Sonderlich bescheiden sind die mehrere stattliche Gänge umfassenden Mittagessen und Soupers aber auch nicht, denn der Hausherr isst gerne gut. Immerhin beschäftigt er zwölf Köche, darunter – natürlich – auch einige französische. Für Kirschen etwa, die er sehr schätzt, gibt er hin und wieder größere Summen aus.

Das Berliner Schloss dient Friedrich als Schauplatz der zeitüblichen höfischen Prachtentfaltung; diese hat allerdings mit Rücksicht auf die hohen Militärausgaben nicht das Niveau anderer Königshöfe. Es werden Feste gefeiert, auf denen, anders als in Sanssouci, peinlich auf die Rangordnung geachtet wird. Hier wirkt und agiert der König ganz anders als in der Tafelrunde. Graf Lehndorff, Oberhofmeister der Königin, hält in seinem Tagebuch zum Geburtstag von Friedrichs Schwägerin Luise Amalie fest: »Der König gibt aus dieser Veranlassung ein großes Mittagessen, bei dem alles großartig und höchst langweilig ist. Es ist einzig und allein die Wirkung, die die Anwesenheit des Königs verursacht. … Die vierzig Personen, die im Vorzimmer bei schönster Laune waren, stellten, sobald der König eintraf, nur noch vierzig Bildsäulen dar. Warum flößt die Macht mehr Furcht als Liebe ein?« 1766 schreibt der britische Gesandte nach London, dass der König sich gelegentlich über Förmlichkeiten lustig mache, aber wie niemand sonst beharrlich auf seinen Rang, seine Würde und sein Ansehen achte. Außer dem Berliner Schloss sind die Palais der Prinzen, der Königinmutter und der Königin Schauplätze höfischen Lebens. Dort treffen sich die adeligen Militär- und Verwaltungseliten sowie die ausländischen Diplomaten.

Als Voltaire, der den Hof von Versailles gut kennt, 1750 nach Berlin kommt, ist er beeindruckt von der Pracht des Ca-

rousels, das Friedrich anlässlich des Besuchs seiner Schwester
Wilhelmine und ihres Gemahls, des Markgrafen von Bayreuth, veranstaltet. »Es sieht fast so aus, als wäre man hier nur
zum Vergnügen«, bemerkt der Gast aus Frankreich. Zu dieser
Feierlichkeit, bei der sich Friedrich höfische Unterhaltung unter Ludwig XIV. zum Vorbild nimmt, werfen sich Hofgesellschaft und Kavallerieoffiziere in Ritterkostüme, die aus Tiger-
und Marderfell, Atlas und Brokat, Purpur und Samt gefertigt
und mit Perlen, Rubinen und Diamanten besetzt sind. Ihre
Pracht soll die Macht eines wahrhaftigen Königs zum Ausdruck bringen. Im Lustgarten neben dem Berliner Schloss
stechen die edlen Ritter vom Pferd herab mit der Lanze nach
Ringen und reiten auf dem mit 30000 Lampen erleuchteten
Platz in gefälligen Formationen, die sie einen Monat lang
eingeübt haben. Solche kostspieligen Ereignisse gehen Hand
in Hand mit der sprichwörtlichen preußischen Sparsamkeit.
Stellt der König fest, dass ein Paar neuer Manschetten zu lang
geraten ist, schneidet er sie entzwei, um ein weiteres Paar zu
erhalten.

Da Sanssouci nicht nur als Refugium für unbekümmerte
private Anlässe dient, sondern im Sommer ständiger Aufent-
haltsort des Hofes ist, sieht das Schloss auch die tägliche Arbeit und die Sorgen des Königs. Seinem Vorleser de Catt beschreibt er seinen Tagesablauf: »Um sieben Uhr stehe ich auf,
und während ich mich ankleide, lese ich meine Briefe. Das
dauert bis halb neun, dann gehe ich aus. Ich reite oder ich gehe
spazieren, bis elf Uhr. Während dieser Zeit habe ich Muße,
meine Ideen reifen zu lassen, damit ich den ersten Augenblick
vermeide, der bei mir immer sehr feurig ist; denn ich geste-
he, diesem ersten Augenblick gebe ich sehr nach. Von elf bis
zwölf diktiere ich. Dann nehme ich Gesuche und Bittschriften
entgegen und zweimal die Woche Abrechnungen. Um ein Uhr
speise ich, was bis halb drei dauert, denn ich habe wenig Lust
zum Essen. Danach gehe ich spazieren. Oft spreche ich über

Geschäfte. Um fünf lese ich, um sieben wird Musik gemacht, um neun esse ich mit Freunden zu Abend, wobei tüchtig geschwatzt wird. Am nächsten Morgen denkt niemand mehr daran.« Voltaire fasst den Tagesablauf des vielseitigen Herrschers in schmeichelhaften Worten zusammen:

Ein großer Herrscher bis zur Mittagsstunde,
Am Nachmittag Schriftsteller ersten Ranges,
Tagsüber Philosoph voll edlen Dranges,
Und abends göttlich bei der Tafelrunde.

Das Schloss in Potsdam ist nicht das erste große Bauprojekt des jungen Königs. Ursprünglich hatte er sich Charlottenburg als Hauptwohnsitz ausersehen und den Architekten Knobelsdorff damit beauftragt, dem Schloss einen neuen Flügel anzufügen. Dieser wird fertiggestellt, doch findet Friedrich so nahe bei der Hauptstadt nicht die Ruhe, die er sich wünscht, und gibt Potsdam den Vorzug. Aber auch für Berlin hat er große Pläne. Gemeinsam mit Knobelsdorff will er der Stadt ein neues Zentrum geben. Der Plan, den Friedrich 1740 skizzierte, sah eine neue Residenz nördlich der Linden vor; der »Forum Fridericianum« genannte große Platz vor dem Palais sollte von Opern- und Ballhaus gerahmt werden.

Als erster Bau des Ensembles wurde die Oper in Angriff genommen. Sie war 1743 fertiggestellt und gilt architektonisch und technisch als vorbildlich. Eine Vorrichtung, die das Parkett auf Bühnenhöhe anhebt, verwandelt das Haus in den größten Ballsaal der Hauptstadt. Das Projekt wirkt, als wolle der junge König Glück und Segen für den Beginn seiner Regierungstätigkeit heraufbeschwören: »Das sicherste Zeichen dafür, dass ein Land einer klugen und glückhaften Regierung untersteht, ist die Tatsache, dass sich in seinem Schloss die schönen Künste entfalten: sie sind wie Blumen, die in einem fetten Erdreich und unter einem strahlenden Himmel gedeihen ...«, heißt es im »Antimachiavell«. Musiziert wird im neuen Opernhaus von Italienern und Franzosen, gesungen auf Italienisch. Deutschsprachige Opern gibt es noch nicht, und Friedrich ist der Überzeugung, dass nur das Heranholen ausländischer Künstler seine halbbarbarische Heimat kulturell voranbringen könne.

Im Berliner Schloss wohnt der königliche Hausherr in den Wochen um den Jahreswechsel und besucht während dieser Zeit die Karnevalsbälle. Sonst weilt er sporadisch in der Hauptstadt und bevorzugt in der kalten Jahreszeit das Potsdamer Stadtschloss, das er gleichfalls hat ausbauen lassen. Sobald es die Witterung erlaubt, zieht er auf den Hügel von Sanssouci.

Seiner Schwester Wilhelmine erscheint Sanssouci als ein Kloster und Friedrich als dessen Abt. Nicht nur ihr fällt auf, dass diesem kleinen Hof eine entscheidende Zutat fehlt: die Frauen. Seit dem Ende des Ersten Schlesischen Krieges 1742 behandelt Friedrich seine Gattin Elisabeth Christine kühl und trennt sich schließlich von ihr. Wenn er während des Sommers in Sanssouci weilt, wohnt sie in ihrem Schloss Schönhausen nördlich von Berlin, das er ihr geschenkt hat. Die Mittel, die er ihr zugesteht, genügen lediglich für eine bescheidene, einer Königin nicht gerade schmeichelnde Hofhaltung. Nur im Winter wohnen die Ehepartner gleichzeitig für einige Wochen im Berliner Stadtschloss, begegnen sich aber lediglich zu offiziellen Anlässen. Hält sich der König in Potsdam auf, steht die Königin den Feierlichkeiten und Empfängen vor und auf diese Weise zumindest zeremoniell im Mittelpunkt des Berliner Hofes.

Elisabeth Christine reizt Friedrich weder geistig noch sexuell. Seine Ablehnung geht so weit, dass er seine ihm rechtmäßig angetraute Ehefrau nicht ein einziges Mal in sein neues Schloss einlädt. Friedrichs Desinteresse und ihre Kinderlosigkeit verdammen die Königin zu einer Nebenrolle, die ihrem nominellen Status in keiner Weise entspricht. Sie kann nicht über die Erziehung oder die Verheiratung von Prinzessinnen und Prinzen mitbestimmen, wie es Friedrichs Mutter so energisch getan hatte. Ihre Lage wird noch erschwert durch die Ablehnung, die sie von den übrigen Mitgliedern der königlichen Familie erfährt. Sie klagt nur leise über ihr trauriges Schicksal: »Ich wollte, ich könnte mit denen tauschen, die gegen ihren Willen in Potsdam sind und sich nichts daraus machen, beim König zu sein. Ich würde das für die größte Glückseligkeit halten, die mir begegnen könnte. Aber es ist nun einmal der Lauf der Welt, dass man nie das hat, was man sich wünscht«, schreibt sie 1750.

Mit den Jahren leidet Elisabeth Christine zunehmend unter ihrer Isolierung. Graf Lehndorff betrachtet ihr Schicksal teils verständnisvoll, teils kritisch: »Die Königin ist im Grunde eine gute Frau; aber die Gemahlin des größten, des schätzenswertesten und liebenswürdigsten der Könige zu sein, dazu passt sie ganz und gar nicht ... Es ist wirklich schade, dass diese Fürstin, die im Grunde so viele gute Eigenschaften besitzt, so oft sich zu einer Heftigkeit hinreißen lässt, die man im gewöhnlichen Leben Brutalität nennen würde und die ihr so viele Personen entfremdet, die ihr sonst von Herzen ergeben sein würden.« Ihr wird nachgesagt, mehr Aufmerksamkeit zu fordern, als sie ausfüllen könne. Diese Charakterzüge, die in ihrer unglücklichen Situation offenbar noch stärker hervortreten, mögen dazu beitragen, dass sich der König die Königin auf herabwürdigende Art und Weise fernhält.

Trotz der Abwesenheit der Königin und der sonst üblichen Hofdamen fehlen Frauen in Friedrichs Umgebung nicht vollständig. In den Vierzigerjahren verehrt er die gefeierte Tänzerin Barbara Campanini, genannt La Barberina, die der Hofmaler Antoine Pesne für ihn porträtiert. Über dreißig Jahre später begeistert er sich für die Sängerin Elisabeth Mara. Geht sie auf Konzertreise ins Ausland, wird ihr Mann festgesetzt, bis sie sich wieder in Preußen einfindet. Sie selbst singt oft, aber nicht gerne für den König und verlässt schließlich genervt das Land.

Neben diesen gefeierten Künstlerinnen gibt es selbstverständlich noch die Frauen in seiner Familie. Anders als seine Gattin sind seine Mutter und die Schwestern als Besucherinnen in Sanssouci willkommen. Im Schloss wohnt außerdem Babette Coichois, die Frau des Marquis d'Argens. Der Hausherr achtet sie, weil sie die wichtigste Voraussetzung erfüllt, um seine Gunst zu gewinnen: Sie ist geistreich.

Voltaire bringt auf den Punkt, was Friedrichs Hof in Sanssouci außergewöhnlich macht: »Weder Frauen noch Priester setzten jemals einen Fuß in sein Schloss. Er lebte ohne Hof, ohne Rat und ohne Gottesdienst.« In einem Punkt aber irrt der Schriftsteller: Auch wenn Friedrich auf den Rat der Frauen und der Priester verzichtet, so hat er doch einen Hof. Mit dieser besonderen Art der Hofhaltung teilt Friedrich der höfischen Öffentlichkeit mit, dass er weder Wert auf weibliche Gesellschaft noch auf organisierte Frömmigkeit und permanente Prachtentfaltung legt. In Sanssouci herrscht ein Souverän, der sich von der Vernunft leiten lassen will und nichts mehr schätzt, als sich dem Austausch mit Männern von Geist hinzugeben.

Der runde Tisch von Sanssouci

Die eigentliche Bestimmung des neuen »Lusthauses« Sanssouci ist die Tafelrunde. An dem runden Tisch im Marmorsaal hat keiner der belesenen und weltgewandten Teilnehmer einen festen Platz, alle sollen sich im leichten, gebildeten Gespräch als Gleiche unter Gleichen fühlen. Diese Gelehrtenrepublik im Kleinformat plaudert und debattiert selbstverständlich auf Französisch. Voltaire, die größte Zierde dieses Kreises, stellt fest: »Die Sprache, die man bei Hofe am wenigsten hört, ist Deutsch. Ich habe noch kein einziges deutsches Wort gehört. Unsere Sprache und Kultur haben größere Eroberungen gemacht als Karl der Große.«

Nie wieder ist die Gesellschaft um Friedrich so glanzvoll wie während der Jahre um 1750. Aus der Rheinsberger Zeit sind der italienische Schriftsteller Algarotti, ebenso Graf Gotter aus Thüringen und General von Stille verblieben. Die Brüder George und James Keith stammen aus Schottland. James hatte an dem vergeblichen Kampf der Stuarts um die britische Krone teilgenommen, tritt später in preußische Dienste und wird von Friedrich zum Feldmarschall ernannt. George Keith, Lordmarschall von Schottland, war ein General des Zaren gewesen. Er lebt bereits im Ruhestand, als er eingeladen wird, zum Potsdamer Kreis zu stoßen. Julien Offray de La Mettrie ist Autor des materialistischen Werkes »Der Mensch als Maschine«. Für seine radikalen Gedanken wird er in Frankreich verfolgt, im toleranten Preußen findet er Aufnahme. Dabei teilt Friedrich die Ansichten La Mettries keineswegs: »Wenn man seine Bücher ungelesen ließ, könnte man mit ihm zufrieden sein.« Der Philosoph, Spaßmacher und Schlemmer stirbt 1751, angeblich an den Folgen des exzessiven Verzehrs von Trüffelpastete. Pierre Louis Moreau de Maupertuis gewinnt Friedrich für die Stelle des Präsidenten der Akademie der Wissenschaften. Seinen Ruf verdankt der Wissenschaftler unter anderem der Entdeckung, dass die Erdkugel an den Polen abgeplattet ist. Aus der Provence stammt der Schriftsteller Marquis d'Argens, der das königliche Theater leitet und das Amt eines Kammerherrn bekleidet. Der dem Opium zuneigende Langschläfer und Hypochonder ist immer wieder Gegenstand mehr oder weniger grober Witzeleien.

Die »Epistel an das Bett des Marquis d'Argens« aus des Königs Feder gibt einen Eindruck vom Humor der Tafelrunde. Das angesprochene Nachtlager könne nicht wissen,

welch großer Geist auf ihm zu ruhen pflege. Dabei sei dieser
seinem Bett noch viel inniger verbunden als Odysseus der
Penelope.

> Für deine Federn, draus der Moder haucht,
> Für deine schmierig abgeschabten Tücher,
> Den Vorhang, löcherig und angeraucht,
> Die Kissen, deren Überzug verbraucht,
> Verließe sicherlich dein Herr die Bücher,
> Die Freunde, die Verwandten, Geld und Güter,
> Als deiner muffigen Matratzen Hüter.

Später, Mitte der Sechzigerjahre, reist d'Argens nach Frankreich. In den Wirtshäusern auf seinem Weg lässt Friedrich ein
von ihm höchstpersönlich gefälschtes Schreiben des Bischofs
von Aix anbringen, in dem d'Argens scharf angeklagt wird.
Die Täuschung funktioniert, und d'Argens fühlt sich tatsächlich eine Zeit lang als »Gotteslästerer und Feind des Men-
schengeschlechts« verfolgt.

Die drastischen Scherze des erlauchten Kreises erinnern
Voltaire an »die sieben Weisen Griechenlands im Bordell«.
Friedrich erzählt einmal, dass er einen Mann begnadigt habe,
der Unzucht mit einem Esel trieb. In Preußen sei nicht nur die
Religion frei, sondern auch der Penis. Neben Geistreichem
und Anzüglichem kommen auch Lästereien nicht zu kurz.
Am liebsten zieht die Runde über religiöse Institutionen her:
»Gott wurde respektiert, aber all jene, die die Menschen in
seinem Namen betrogen hatten, wurden nicht geschont.«

Die katholische Kirche ist die Lieblingsfeindin der *philosophes*. Friedrich spottet im »Bericht des Phihihu, Sendboten
des Kaisers von China in Europa«, in dem sich ein fiktiver
Beobachter über die exotischen Sitten der Europäer erstaunt.
Über die heilige Messe berichtet der Gesandte: »Heute war
ich im großen Tempel der Christen. ... In diesem Tempel ist

eine große Menge von Altären, und vor jedem Altar steht ein Bonze. Jeder dieser Bonzen, vor dem das Volk am Boden liegt, macht einen Gott. Sie behaupten aber, so viele Götter sie auch durch Murmeln gewisser Zaubersprüche machen, es sei immer derselbe Gott. ... Wenn sie den Gott gemacht haben, essen sie ihn auf.«

Traditionelle Frömmigkeit und Lehren betrachtet der theologisch gut informierte »Philosoph von Sanssouci« als »alberne Märchen« und »Trugbilder«. Die Kirche habe den naiven Gottesglauben des Schwärmers Jesus verfälscht und überfrachtet, um über die leichtgläubigen Massen herrschen zu können. Andererseits hält der König die Religionen für nützlich und notwendig, weil sie dem niederen Volk wichtige moralische Werte vermittelten und somit auch dem Interesse des Staates dienten. In der Öffentlichkeit zügelt er seine Spottlust, um die religiösen Gefühle der Menschen nicht zu verletzen.

Von seiner Kritik an Kirche und Religion nimmt Friedrich den Protestantismus stets aus, ihm attestiert er Fortschrittlichkeit. Immerhin ist der formelle Calvinist immer noch der »Papst der Lutheraner«, also oberster Dienstherr sämtlicher protestantischer Geistlicher in Preußen. Doch auch die Mitglieder der geschmähten katholischen Kirche haben nichts zu befürchten. Seine Teilnahme am publizistischen Feldzug Voltaires gegen die katholische Kirche und ihren politischen Einfluss hindert Friedrich nicht daran, die preußischen Katholiken in seine Politik der Toleranz einzubeziehen.

Der Philosoph auf dem Thron ist der Auffassung, dass der Staat Aberglauben bekämpfen und Toleranz fördern müsse, aber keinen Glauben erzwingen dürfe, nicht einmal den vernunftgemäßen des Königs. Als die einstmals freien und gleichen Menschen die Fürsten über sich erhoben, damit diese die Gesetze wahrten, hätten sie ihre Gedanken- und Glaubensfreiheit behalten. Nie sei den Herrschern das Recht verliehen worden, über die Religion ihrer Untertanen zu bestimmen.

Stattdessen hätten die Beherrschten ein Anrecht auf die fried-
liche Koexistenz der Konfessionen: »Der falsche Glaubens-
eifer ist ein Tyrann, der die Länder entvölkert, die Toleranz ist
eine zärtliche Mutter, die für ihr Wohlergehen und Gedeihen
sorgt.«
Friedrichs Maxime, dass Religion und Politik strikt getrennt
werden müssten, ist aus seiner Sicht auch eine Lehre aus der
Geschichte. Dem königlichen Geschichtsschreiber steht das
Grauen der Religionskriege vor Augen, in denen Souveräne
im Namen des Glaubens Tod und Zerstörung über die Menschen brachten. Eine seiner ersten Amtshandlungen ist es, die
Losungen auf den preußischen Standarten zu verändern, aus
dem traditionellen »Pro deo et patria« – »Für Gott und Vaterland« – streicht er den Gottesbezug und schreibt sich »Pro
gloria et patria« – »Für Ruhm und Vaterland« – auf die Fahnen. »Man soll den Namen Gottes nicht in die Streitigkeiten
der Menschen mischen. Der Krieg geht um eine Provinz, nicht
um die Religion.«
Doch woran glaubt Friedrich selbst? Über sein Weltbild
gibt er in den Episteln Auskunft, die er an seine Freunde von
der Tafelrunde richtet. Sie erscheinen 1750 erstmals in einem
Privatdruck als »Werke des Philosophen von Sanssouci«. Er
glaubt an die Existenz Gottes, dessen Ruhm als Weltenbau-
meister die Natur unübersehbar verkünde. Im Geist des Deis-
mus sieht er den göttlichen Uhrmacher am Werk, der Mensch
und Natur nach seinen Gesetzen geschaffen und ihnen dann
freien Lauf gelassen habe. Gut zehn Jahre zuvor hatte er gegenüber Voltaire noch hartnäckig die Prädestinationslehre
vertreten, wonach die Vorsehung das Leben des Einzelnen bis
ins Kleinste diktiert. Mittlerweile haben ihn die Erfahrungen
im Krieg pessimistischer gestimmt. In einem Gedicht an Maupertuis beschreibt er deshalb nur noch die Gattung Mensch als
Gegenstand der Vorsehung, während der Einzelne und selbst
die Völker für den Schöpfer unbedeutend seien. Sogar Natur-

katastrophen seien aus der Warte Gottes zu gering, um seinen Schöpfungsplan zu stören. Den Menschen bleibe all das undurchsichtig:»Sein wir versichert: was uns auch befällt/An Unheil und an Herzeleid/Der Himmel weiß doch besser drum Bescheid/Als alle Weisen dieser Welt.«

Bei aller religiösen Skepsis ist Friedrich doch überzeugt, dass eine vernunftgemäße Moral notwendig sei und die Menschen ihrer Bestimmung folgten, wenn sie als vernunftbegabte Geschöpfe Gottes untereinander gerecht wären und ihre Pflicht erfüllten. Lohn und Strafe im Jenseits erwarteten die Menschen aber nicht.

An George Keith richtet er seine in Reime gebrachten Gedanken über die Seele, die er als ein Anhängsel des Körpers betrachtet und somit nicht länger für unsterblich hält:»Wir, ohne Furcht und Hoffen, erwarten keinen Lohn;/Wir wissen nichts von Strafen der ewgen Höllenpein,/Vom niedren Eigennutze blieb unser Denken rein./Der Menschheit Wohl, die Tugend ist unsrer Tage Licht,/Was von der Schuld uns fernhält, die Liebe ist's zur Pflicht./Wir wollen ohne Reue ruhvoll von hinnen fahren,/Gewiß, daß unsre Taten der Welt ein Segen waren.«

Die»Werke des Philosophen von Sanssouci« beschließt das»Palladion«, ein epischer Streich in sechs Gesängen über das Geheimnis hinter den preußischen Siegen. Gleich dem Palladion, dem geschnitzten Bild der Göttin Athene, welches das belagerte Troja lange vor der Eroberung schützte, wirke der französische Gesandte Valory wie ein Schutzschild für Preußen. Es erscheinen Heilige und Teufel, die über Sieg und Niederlage Rat halten, es gibt Lästereien über fischblütige Holländer und italienische Kastraten. Reformatoren treten auf, die sich in Generale verwandeln. Das halb phantastische, halb allegorische Geschehen gipfelt in einer wilden Schlacht, die natürlich die Preußen gewinnen. Hier zeigt sich deutlich, dass das Versemachen, wie auch das Komponieren, für Friedrich erholsamer Zeitvertreib und Liebhaberei ist. In diesem Zeitalter der Amateurdichter bieten ihm seine Alexandriner einen Ausgleich zu den Mühen des Alltags. Ein großer Poet ist Friedrich sicher nicht. Gegenüber d'Argens bekennt er 1766: »Wer nicht wie Racine schreibt, sollte auf die Poesie verzichten. Aber man sagt, die Poeten seien Narren, und das ist meine Entschuldigung. Und Sie werden zugeben, dass diese Narrheit für die Öffentlichkeit ungefährlich ist, besonders wenn der Poet die Welt nicht zwingt, seine Werke zu lesen, wenn er Verse macht, nur um sich selbst zu unterhalten, und wenn er der Erste ist, sein schwaches Talent einzugestehen.« Nicht immer ist er so souverän, wie er sich hier gibt. Das wird bald auch Voltaire zu spüren bekommen, wenn er mit dem König dessen Werke bespricht.

Der schwierige Höfling Voltaire

Einige Mitglieder der Tafelrunde haben sich aus freien Stücken für ein Leben am Hof Friedrichs entschieden, für andere gehört die Teilnahme an den Gesellschaften zu ihren Aufgaben als Kulturfunktionäre und Hofbeamte. Der unangefochtene Meister unter den Berufsplauderern im Dienste Friedrichs des Großen ist Voltaire. Der Franzose ist der Mann, den der *roi philosophe* seit eineinhalb Jahrzehnten herbeisehnt und zu »besitzen« wünscht. Der Briefwechsel soll endlich in eine dauerhafte, persönliche Anwesenheit des Dichterfürsten münden. Die engen Beziehungen zu dem berühmtesten Schriftsteller seiner Zeit sind dem König ein Herzensbedürfnis, ein intellektuelles Vergnügen und zudem ein Beweis seiner Sonderstellung unter den Fürsten Europas. Friedrich ist zwar keineswegs der einzige Herrscher seiner Epoche, der seine Hofgesellschaft um bürgerliche Intellektuelle bereichert. Doch in seinem Fall ist das Verhältnis zwischen Macht und

Geist besonders eng, dazu für seinen Ruf als *roi philosophe* von großer Bedeutung. Zudem nimmt die Allianz zwischen den Geistesfreunden Voltaire und Friedrich einen ungewöhnlich dramatischen Verlauf. Der Tod der Marquise du Châtelet im Jahr 1749 lässt den Umzug Voltaires nach Berlin in den Bereich des Möglichen rücken. Die Bindung an seine Lebensgefährtin hatte ihn bisher die Lockrufe Friedrichs überhören lassen. Jetzt zieht der König alle Register, um den bewunderten Schriftsteller zu sich zu holen. Zunächst einmal fragt er den französischen König um Erlaubnis, weil Voltaire als Historiograph und Kammerherr zu dessen Hof gehört. Ludwig XV. lässt seinen Höfling mit der Bemerkung ziehen, es gebe nun einen Verrückten weniger an seinem Hof, dafür am preußischen einen mehr. Nun muss Friedrich noch den Umworbenen selbst überzeugen, er stellt ihm eine großzügige Rente und die Zahlung der Reisekosten in Aussicht. Trotz seiner Bemühungen um Voltaire äußert er sich auch abfällig über den Schriftsteller. Er brauche ihn als Französischlehrer, wie unmoralisch er auch sein möge, schreibt er an Algarotti. »Von einem Schurken lässt sich trefflich lernen. ... Dieser Mann hat einen Weg gefunden, Gegensätzliches zu vereinigen. Man bewundert seinen Geist und verachtet zugleich seinen Charakter.«

Der Franzose ist einem Leben auf märkischem Sand keineswegs abgeneigt. Im Gegenzug verlangt er neben materieller Sicherheit und sichtbaren Gunstbezeugungen auch uneingeschränkte geistige Freiheit und unbedingte Loyalität. Sein künftiger Gastgeber soll gegen jeden vorgehen, der das Missfallen Voltaires erregt, was bei der ausgeprägten Streitlust und Geltungssucht des großen Schriftstellers nicht gerade wenige sind. Friedrich wiederum packt den Dichterfürsten erfolgreich bei seiner Eitelkeit, indem er ihn als die sinkende Sonne am Himmel der Poesie bezeichnet und den an seinem Hof angestellten Baculard d'Arnaud als die aufgehende preist.

Die Provokation funktioniert. Der aufgebrachte Voltaire
will beweisen, dass seine Zeit noch lange nicht vorüber ist.
Am 21. Juli 1750 trifft er in Potsdam ein. Der von Friedrich
gelobte d'Arnaud übersteht Voltaires Ankunft übrigens nur
wenige Monate. Der König folgt den Anfeindungen Voltaires
gegen den jungen Konkurrenten und entzieht d'Arnaud seine
Gunst. Voltaire will der König des Geistes sein, der König des
Landes räumt ihm die Hindernisse aus dem Weg.

Zuvor war Voltaire schon zweimal mit diplomatischem
Auftrag in Berlin gewesen und hatte erfahren müssen, dass
Friedrich ihn als Gesandten nicht ernst nahm. Nun kommt
er auf dessen Einladung und als eine gefeierte Jahrhundert-
erscheinung. Er genießt in vollen Zügen seine Rolle als Freund
und Günstling des Königs. Er hofft, dass er in den preußischen Residenzstädten Ruhe findet vor den Intrigen seiner
Gegner und vor materiellen Sorgen, dass ihm die preußische
Gesellschaft mit Hochachtung begegnet und einen zentralen
Platz in ihrem intellektuellen Leben einräumt. Ihm weniger
wohlgesonnene Kommentatoren würden es so sagen: Voltaire
will mit Friedrichs Hilfe seine Sucht nach Einfluss, Ansehen
und Geld befriedigen. Der König wiederum freut sich auf die
Gegenwart Voltaires, auf erhellende Gespräche und auf den
denkbar besten Lehrer der Poesie. Oder anders ausgedrückt:
Er würde einen großen Geist zum Diener haben, dessen Glanz
seinen Ruhm vermehrt.

Während der ersten Monate sind König und Höfling voneinander begeistert. Friedrich lässt Voltaire häufig zu sich
kommen, sie sprechen über Literatur und die Dichtungen
des königlichen Poeten. Der Franzose ist in Hochstimmung:
»Er hatte gute Höflinge, die ihm sagten, alles wäre vortrefflich; aber was vortrefflich ist, das ist, daß er mir mehr glaubt
als allen seinen Schmeichlern, daß er die Wahrheit liebt, die
Wahrheit fühlt.« Dabei, so Voltaire, seien die Verse Friedrichs
»ganz herrliche«. Die Mitglieder der königlichen Tafelrunde,

die bis in die Nacht zusammensitzen, bieten dem Dichter interessante Gesellschaft und intellektuelles Vergnügen. Er bekommt eine großzügige Pension und eine Wohnung im Berliner Schloss, später eine Villa in Potsdam. Auf den ausdrücklichen Wunsch des Neuberliners hin verleiht ihm der König den Orden »Pour le mérite« sowie den Titel eines Kämmerers. Für dieses Amt erhält Voltaire zwar Geld, aber um des Königs Haushalt muss er sich nicht kümmern. Der Dichter gehört vielmehr zu jenem merkwürdigen Hofstaat, den ein anonymer Satiriker, der Voltaire selbst sein könnte, so beschreibt: »[Friedrich] hat einen Kanzler, der niemals spricht, einen Oberjägermeister, der keine Wachtel zu töten wagen würde, einen Oberhofmeister, der nichts anordnet, einen Oberschenk, der nicht weiß, ob Wein im Keller ist, einen Oberstallmeister, der nicht befugt ist, ein Pferd satteln zu lassen, einen Oberkammerherrn, der ihm noch nie das Hemd gereicht hat.« Ganz ohne Pflichten ist der Kammerherr Voltaire aber doch nicht: Er soll seinem Dienstherrn beim Versemachen helfen und ihm ein geistreicher und gefälliger Gesellschafter sein.

Schon bald muss der Gast aus Frankreich feststellen, dass Friedrich zwar längst nicht jeden seiner Vorschläge annimmt, gleichzeitig aber erwartet, dass der Dichterfürst ihm stets zu Diensten ist. Zudem werden die Treffen seltener, ohne dass sich sagen lässt, ob allein Friedrichs Amtsgeschäfte diese verhindern oder auch die ausgeprägte Launenhaftigkeit des Amateurdichters. Dann ist der als geldgierig beleumundete Voltaire in einen Prozess verwickelt, der sich um ein riskantes Finanzgeschäft dreht. Diese unerfreuliche Angelegenheit nimmt der König zum Anlass, ihre Treffen ganz auszusetzen. Die Schatten, die die Affäre auf das Verhältnis der beiden wirft, werden nicht mehr weichen. In einem Brief vom Februar 1751 hält der König dem Schriftsteller vor, dass dieser durch seine Geschäfte zum Stadtgespräch geworden

sei, und dies, obwohl er, so Friedrichs Aufrechnung, gemäß
Voltaires Wunsch dessen Konkurrenten d'Arnaud vom Hof
entfernt habe. Wo Voltaire größere geistige Freiheit erhofft
hatte, stößt er nun an die Grenzen, die einem Höfling gesetzt
sind. Er darf schreiben, was er will, kann in Frieden und in
Wohlstand leben, muss sich aber von Affären und unnöti-
gen Attacken fernhalten. Diese Forderungen passen schlecht
zu Voltaires Eigensinn, der sich gleichwohl alle Mühe gibt,
den Gepflogenheiten des preußischen Hofes zu entsprechen.
Auch Friedrich ist alles andere als eine einfache Persönlichkeit. Das lassen schon die eindringlichen Ratschläge des Marquis d'Argens vermuten, die er dem neuen Vorleser Henri de
Catt gibt, der in der zweiten Hälfte der 1750er-Jahre in die
Umgebung des Königs eintritt: Er soll wenig sprechen und
das möglichst ruhig und gesetzt, »ohne Zwang und Ziererei«.
Auf Späße soll er sich lieber nicht einlassen, denn die könnten
leicht maßlos werden, genauso wenig auf Vertraulichkeiten,
insbesondere wenn sie die königliche Verwandtschaft beträ-
fen. Keinesfalls dürfe er Bitten äußern, niemals die Rede auf
Geld bringen. Um all jene, die der König für »Narren, Schurken, Ränkeschmiede und Querköpfe« halte, solle er einen
großen Bogen machen. Und – ganz wichtig: »... bemängeln
Sie um Gottes willen weder seine Prosa noch seine Verse ...«
Kurz: es kann unangenehm sein, dem König zu nahezukom-
men. Bei Geld, unliebsamen Personen und seiner Schriftstel-
lerei kann er ungemütlich werden. Voltaire wiederum lästert
gerne, schaut aufs Monetäre und hält sich selbst für das Maß
aller Dichtkunst.
     Die ersten Störungen überwinden der Fürst und der Phi-
losoph. Voltaire schwärmt im Sommer 1751 gegenüber dem
Herzog von Richelieu: »Ich komme in Potsdam an, die großen
blauen Augen des Königs, sein holdseliges Lächeln, seine Sire-
nenstimme, seine fünf Schlachten, sein ausgesprochenes Gefallen an der Zurückgezogenheit und an der Arbeit, an Versen

und an Prosa, endlich Freundlichkeiten, die einen schwindeln lassen, eine entzückende Unterhaltungsgabe, Freiheit, volles Vergessen der Majestät im persönlichen Umgang, tausend Aufmerksamkeiten ... – alles das hat mir den Kopf verdreht. Ich ergebe mich ihm aus Leidenschaft, aus Verblendung und ohne zu überlegen.«

Doch nur wenige Tage später erleidet das Verhältnis zwischen den beiden Männern einen irreparablen Schaden. Voltaire wird zugetragen, dass Friedrich ihn nur noch ein Jahr in Preußen halten wolle.»Man presst die Orange aus und wirft die Schale fort«, habe Friedrich gesagt. Voltaire ringt mit der Frage, ob der König diese Äußerung trotz all seiner Freundschaftsbekundungen tatsächlich gemacht haben könnte. Bedenkt man die – Voltaire selbstverständlich unbekannte – Bemerkung Friedrichs gegenüber Algarotti, er wolle unbedingt den besten und charakterschwächsten aller Französischlehrer, so erscheint es durchaus vorstellbar, dass in dem Hofklatsch ein Körnchen Wahrheit steckt. Voltaires Vertrauen ist jedenfalls dahin.

Trotz all dieser Ärgernisse und Enttäuschungen genießt Voltaire in Preußen literarische Freiheiten, die ihm in seiner Heimat versagt geblieben waren. Dann aber, als er in schärfster Form Maupertuis, den Präsidenten der Akademie, angreift, stößt er an die Grenzen der ihm gewährten geistigen Immunität. Der empfindliche und statusbewusste Naturforscher ist ein ehemaliger Weggefährte Voltaires, der ihn einst Friedrich empfohlen hatte. Doch das ist lange her, nun ist ihr Verhältnis von heftiger Abneigung und Konkurrenz bestimmt. Wahrscheinlich hatte Voltaire den Neid Maupertuis' erregt, als er dessen Platz als literarischer Berater einnahm und noch dazu höhere Bezüge erhielt. Der Neuankömmling mag seinerseits den Wissenschaftler um den Vorsitz der Akademie der Wissenschaften beneiden.

Den Anlass zu Voltaires Attacken bot der Streit zwischen

Maupertuis und dem Gelehrten Samuel König um die Entdeckung eines physikalischen Gesetzes. König hatte behauptet, dass nicht Maupertuis, sondern Leibniz der eigentliche
Entdecker sei, wie aus einem Brief von Leibniz hervorgehe.
Maupertuis ist äußerst aufgebracht, hält er das Gesetz der
kleinsten Aktion doch für seinen größten Beitrag zur Wissenschaft. Als Samuel König, der das Original nicht besitzt, den
besagten Leibniz-Brief nicht vorzeigen kann, sorgt Maupertuis dafür, dass die Akademie die umstrittene Briefstelle für
gefälscht erklärt.

Voltaire ist über diesen unerhörten Machtmissbrauch empört und schreibt an seine Nichte, dass man ein Land, in dem
eine Akademie Kriminalprozesse abhalte, besser verlasse.
Anonym bezichtigt er den einstmals geschätzten Kollegen
des Plagiats. Dadurch nun fühlt sich Friedrich persönlich angegriffen, weil er Maupertuis an die Spitze seiner stolzen Akademie berufen hatte. Der König reagiert mit einem Flugblatt,
in dem er den längst identifizierten Angreifer scharf zurecht-
weist. Friedrich lässt den Streithahn auf deutliche Weise spüren, dass auch in der Republik des Geistes die Redefreiheit
ihre Grenzen hat. Während der Tafelrunde dürfen Standes-
unterschiede in den Hintergrund treten. Tritt aber ein Konflikt auf, ist es keineswegs gleichgültig, wer der König und
wer der Höfling ist. Er verlangt von Voltaire, sich schriftlich
zu verpflichten, Anschuldigungen gegen »berühmte Gelehrte« in Zukunft zu unterlassen. Sodann lässt er die »Schmäh-
schrift des Doktors Akakia«, die Voltaire gegen Maupertuis
gerichtet hatte, vom Henker verbrennen und schickt dem
Akademiepräsidenten die Asche des Pamphlets. Ein schwe-
discher Diplomat beschreibt Voltaire Ende 1752 als Verein-
samten, der nur noch widerwillig mit dem König zu Abend
esse und dabei an einen Musikanten erinnere, der nur die
Gesellschaft zu unterhalten habe.

Wenige Monate später verlässt Voltaire Potsdam. Von Leip-

zig aus verschießt er nochmals seine Pfeile gegen Maupertuis.
Der König gerät in Wut. Seiner Ansicht nach hat Voltaire
das Versprechen, sich ruhig zu verhalten, gebrochen. Im Mai
erhält der preußische Geschäftsträger in Frankfurt am Main
den Befehl, von Voltaire die Herausgabe eines Manuskripts
mit Gedichten Friedrichs zu fordern. Der König fürchtet In-
diskretionen durch den »Schurken und größten Verräter des
Universums«: Der verstoßene Dichter könne die nur für den
innersten Kreis bestimmten, mit manchen politischen Spitzen
versehenen königlichen Verse leicht gegen ihren Urheber verwenden. Doch die Gedichte befinden sich in dem Teil des
Gepäcks, der dem Schriftsteller nachgeschickt wird. Da lässt
der Geschäftsträger Voltaire und seine Nichte Madame Denis
kurzerhand festsetzen, obwohl sie einen Pass des französischen Königs besitzen. Auch seinen Kämmererschlüssel und
seinen Orden muss der gefallene Favorit herausgeben. Damit
ist er nicht länger ein Höfling König Friedrichs II. Dieser Über-
griff außerhalb des preußischen Territoriums ist ein Skandal
und ein Rechtsbruch, den Friedrich zwar nicht veranlasst hat,
aber indirekt billigt.

Voltaire ist zutiefst gedemütigt. Zurück nach Paris kann er
nicht ohne Weiteres – sein Bruch mit dem preußischen König
macht ihn in Frankreich zu einer politischen Belastung und
einer unerwünschten Person. Im Elsass wartet er ab, was aus
ihm werden wird. Er findet schließlich seinen Alterssitz auf dem
Landgut Les Délices bei Genf, wo er einen zweiten Frühling
erlebt. Sein Kontrahent Maupertuis büßt infolge der Affäre
Karriere, Ruf und Gesundheit unwiderruflich ein. Er legt den
Vorsitz der Akademie nieder, verlässt Berlin und stirbt 1759 in
Basel. Viel später stellt sich heraus, dass es den Leibniz-Brief
tatsächlich gibt, dieser aber nicht eindeutig das Gesetz der
kleinsten Wirkung formuliert, auf dessen Urheberschaft Maupertuis bestanden hatte. Heute gilt der französische Mathematiker, Astronom und Philosoph als Entdecker des Gesetzes.

Der Bruch zwischen Friedrich und Voltaire war kaum zu vermeiden. König und Dichter sind sich zwar auf philosophischem Gebiet in ihrem Vernunftglauben einig, doch auf dem politischen Parkett bleibt es Friedrich vorbehalten, sich als Philosophenkönig zu beweisen, während Voltaire nichts anderes übrig bleibt, als den Ruhm des Herrschers zu mehren und ihm als »Hofgrammatiker« zu dienen. Diese ungleiche Rollenverteilung belastet die Freundschaft der beiden großen Geister auf Dauer zu sehr. Zu mächtig sind der Geltungsdrang und die Streitlust Voltaires, zu verletzlich und eitel ist, trotz allen Freundschaftskults, der standesbewusste König. Beide haben ihre Gründe, sich dem anderen überlegen zu fühlen: Friedrich sieht sich als geistig ebenbürtig und von Geburt her weit überlegen, während sich der Schriftsteller als den unangefochtenen Geistesfürsten seiner Zeit betrachtet. Beide hatten unrealistische Erwartungen aneinander. Voltaire hatte fest damit gerechnet, dass ihn sein königlicher Dienstherr in keiner Weise intellektuell beschränken würde. Friedrich findet aber, dass die Freiheit da endet, wo das Ansehen seiner Akademie von einem seiner Höflinge infrage gestellt wird. An diesen Schwächen und Ansprüchen zerbricht die Harmonie zwischen Macht und Geist, die Voltaire und Friedrich eine Weile ideal verkörpert hatten. Die Zeitumstände lassen echte Gleichheit und Augenhöhe nur vorübergehend zu, im Zweifelsfall behaupten die Standesgrenzen ihr Recht. Und doch: Unabhängig von ihren gesellschaftlichen Rollen verbinden die beiden Männer gemeinsame Überzeugungen und ein Kern persönlicher Zuneigung. Der Bruch ist nicht endgültig. Was zwischen den beiden an Freundschaft möglich ist, überlebt. Es zeigt sich, dass ihre Brieffreundschaft ungleich besser funktioniert als das tägliche Beisammensein.

EXKURS: VERWALTUNG UND WIRTSCHAFT

Der Hauptzweck der preußischen Staatsverwaltung im 18. Jahrhundert ist die Vermehrung des fürstlichen Vermögens. Sie folgt der Lehre des Kameralismus, der sich von der *camera,* der Schatzkammer, herleitet und damit schon auf den zentralen Gedanken verweist: Es soll mehr Geld in die Staatskasse fließen als ihr entnommen wird. Um maximale Budgetüberschüsse zu erzielen, soll möglichst viel Geld im Land vorhanden sein. Die wichtigste staatliche Einrichtung ist die Armee, die zwei Drittel der Einnahmen beansprucht. Finanz-, Wirtschafts- und Militärpolitik sind deshalb eng verklammert. Die Verwaltung versucht, die Ressourcen des Landes optimal nutzbar zu machen, wenn möglich direkt für militärische Zwecke.

Die Wirtschaft ist in weiten Bereichen eine Staatswirtschaft und wird von den Behörden unmittelbar gelenkt. Wichtige Betriebe sind in staatlichem Besitz. Bestimmte Gewerbe werden gezielt angesiedelt und neue Untertanen angeworben. Hohe Zölle schützen die heimische Wirtschaft und verhindern, dass Geld aus dem Land fließt. Um das einheimische verarbeitende Gewerbe zu stützen, dürfen Fertigprodukte nicht importiert, Rohstoffe nicht exportiert werden. So soll eine positive Handelsbilanz erreicht werden: Nur ein Land, das weniger einführt als es ausführt, kann an Macht gewinnen und den Nachbarn überlegen sein.

Die Zeitgenossen stellen sich die Wirtschaft als statisch vor. Die Erkenntnis, dass es ein Wirtschaftswachstum gibt, von dem alle Marktteilnehmer profitieren, ist noch unbekannt. Nach Überzeugung der Kameralisten ist Wachstum nur auf Kosten anderer möglich. Daher gilt es, die eigene Wirtschaft zu fördern und die ausländische zu behindern. Oder neue Territorien zu gewinnen, sei es durch Eroberung oder Erbgang. Die permanente Bereitschaft zum Krieg findet in der herrschenden Wirtschaftslehre ihre Entsprechung und Bestätigung. Das Wirtschaften dient wiederum der Vorbereitung des Krieges: Die Mehreinnahmen werden gehortet und dienen als Kriegskasse. Friedrich erklärt im Politischen Testament einen Staatsschatz von 20 Millionen Talern für wünschenswert, der, wie er rechnet, für vier Feldzüge ausreiche. Das Sparen für den Krieg hat zur Folge, dass in Friedenszeiten große Mengen Kapital ungenutzt herumliegen.

Der Dienst des Königs am Staat, den Friedrich zur obersten Maxime des Herrschers erklärt, zielt auf die »Glückseligkeit« der Bevölkerung. Da er überzeugt ist, seine Herrschaft einer Übereinkunft unter den Menschen zu verdanken, kann nur »das größte Glück für die größte Zahl« sein Auftrag sein. Er muss also für die äußere und innere Sicherheit sorgen, die das Heer und die Beamten gewährleisten. In Preußen ist die Armee so groß und so wichtig, dass sie mehr Zweck als Mittel zu sein scheint. Doch solche Gedanken liegen Friedrich fern. Er ist überzeugt, dass er das Heer im Interesse seiner Untertanen unterhält. Deshalb setzt er das Recht des Königs voraus, für dessen Finanzierung Steuern einzuziehen, mit denen er allerdings möglichst umsichtig umzugehen habe. Er mahnt seinen Nachfolger, dass das Geld eines Fürsten »Blut und Schweiß seines Volkes« seien. Umso willkommener ist ihm, dass die Wirtschaftsförderung im Interesse des Militärs gleichzeitig auch die Verdienstmöglichkeiten seiner Untertanen verbessert.

Die Einnahmen des preußischen Staates sprudeln aus verschiedenen Quellen. Althergebrachte landesherrliche Monopole umfassen unter anderem den Salzhandel, die Post oder den Bernsteinhandel. Zu den traditionellen Rechten des Landesherrn zählt es außerdem, Zölle auf Land- sowie Wasserstraßen zu erheben und von den Juden Schutzgelder zu kassieren. Der König und Kurfürst ist zudem der größte Grundbesitzer des Landes: Bei seinem Regierungsantritt gehören Friedrich ein Viertel der Felder und Forsten. Seine Güter, die Domänen, wachsen beständig an Zahl und Umfang und nähren die Staatskasse mit Pachteinnahmen und Steuern.

Zu diesen älteren Einnahmequellen kommen neuartige Abgaben, die im Wesentlichen vom Großen Kurfürsten und dem Soldatenkönig durchgesetzt wurden und den Machtzuwachs der Zentralgewalt gegenüber den Ständen offenbaren. Die Ständeversammlungen hatten jahrhundertelang über die Steuern entschieden, über deren Höhe und Art immer wieder neu verhandelt wurde und die nur für bestimmte Zwecke, in der Regel für die Kriegführung, verwendet werden durften. Unabhängig von den Ständen fließt dem preußischen Landesherrn seit dem späten 17. Jahrhundert die Kontribution zu, eine Art landwirtschaftliche Einkommensteuer, die ein Viertel der jährlichen Einnahmen von etwa 10,5 Millionen Talern ausmacht. Sie ergibt sich aus der Größe und den Erträgen der bewirtschafteten Flächen und wird von Bauern und Adeligen gleichermaßen entrichtet. Die Junker zahlen darüber hinaus Geld für die Ablösung militärischer Dienste.

An den Stadttoren wird auf eingeführte Waren aller Art die Akzise erhoben, eine Verbrauchs- und Verkehrs-

steuer. Sie wird in den Städten auf die Marktpreise auf-
geschlagen. Es gibt verschiedene Tarife, niedrige für
Grundnahrungsmittel, hohe für Luxuswaren. Den größten Anteil an der Akzise, mit der in den 1750er-Jahren
etwa ein Achtel der staatlichen Gesamteinnahmen erwirtschaftet wird, haben die Abgaben für Güter des täglichen Bedarfs. Um den Schmuggel an der Akzise vorbei
zu verhindern, erhalten Potsdam und Berlin eigens neue
Mauern, sogenannte Akzisemauern, die keinerlei Ver-
teidigungsfunktion mehr haben, stattdessen aber den
erfreulichen Nebeneffekt, Soldaten die Fahnenflucht zu
erschweren.

Akzise und Kontribution werden von den neun, später
zwölf Kriegs- und Domänenkammern kontrolliert, die
sich über die preußischen Provinzen verteilen. Sie wurden
vom Soldatenkönig aus älteren Behörden zusammenge-
legt: Die alten Kriegskammern zogen die Akzise und die
Kontribution ein, die zur Finanzierung des stehenden
Heeres bestimmt waren. Die Domänenkammern ver-
walteten die Einnahmen aus den landesherrlichen Gütern. Neben der Aufsicht über die Steuererhebung sind
die neuen Kriegs- und Domänenkammern auch für die
Militärausgaben und die Beamtenbesoldung zuständig,
so dass der größte Teil der Gelder in den Provinzen ver-
bleibt. Unter anderem kaufen die Beamten Korn, das
sie in Magazinen einlagern, um es bei Knappheit zu er-
schwinglichen Preisen zu verkaufen und so die Not der
Armen zu lindern. Außerdem dienen die Magazine der
Versorgung des Militärs, besonders in Kriegszeiten. Was
die Kammern an Überschüssen erwirtschaften, führen
sie nach Berlin ab.

Über den Kammern steht das Generaldirektorium,

dessen vollständige Bezeichnung General-Ober-Finanz-Kriegs- und Domänen-Direktorium lautet. Es lässt sich mit einem kombinierten Finanz-, Wirtschafts- und Kriegsministerium vergleichen. Das Generaldirektorium wurde gleichfalls vom Soldatenkönig geschaffen und gliedert sich bei Friedrichs Regierungsantritt in vier Departements. Ihnen sind einerseits bestimmte Sachressorts zugeordnet, andererseits die Zuständigkeit für die Provinzen des Landes. Das 4. Departement zum Beispiel kümmert sich um die Gebiete Halberstadt, Minden, Ravensberg, Tecklenburg und Lingen. Gesamtstaatlich ist es außerdem für die Münzangelegenheiten und die Invaliden, die dienstuntauglichen Soldaten, zuständig.

Diese aus späterer Sicht ungewöhnliche Aufgabenverteilung entspringt den Eigenheiten der verschiedenen preußischen Provinzen, die einmal eigene Staatswesen einschließlich der dazugehörigen ständischen Körperschaften gebildet hatten. Noch immer verfügt jede Provinz über eine sogenannte Regierung, die eng an den regionalen Adel und die Städte gebunden ist. Diese Regierungen sind etwa noch für Grenzfragen, die Schulaufsicht oder für die Revision von Zivilprozessen verantwortlich. Nach dem Dreißigjährigen Krieg hatten die preußischen Herrscher den Einfluss dieser Organe zugunsten der fürstlichen Zentralbehörden beschnitten, die territoriale Gliederung der Verwaltung aber beibehalten. Die Verteilung der Fachkompetenzen, die diese Territorialkompetenzen ergänzen, spiegelt das fürstliche Streben nach einem einheitlichen Staat und einer rationalisierten Verwaltung. Die regionalen und die fachlichen Zuständigkeiten sind allerdings nur schwer voneinander abzugrenzen, Reibereien zwischen den verschiedenen Departements sind an der Tagesordnung.

Departements und Kammern werden ausschließlich von Adeligen geleitet. Auf den mittleren und unteren Verwaltungsebenen greift der König notgedrungen auf die Dienste Bürgerlicher zurück – es gibt einfach nicht genug qualifizierte Junkersöhne. Wie in der Armee stützt er sich auch in der Bürokratie so weit wie möglich auf den ersten Stand. Und wo es geht, bringt er in der unteren Verwaltung ehemalige Soldaten unter, selbst wenn es besser geeignete zivile Kandidaten gibt. Er hält seine Soldaten für unbedingt verlässlich und meint zudem, dass die Beamtenposten der verdiente Lohn für ihren langen Militärdienst seien.

Am Ende der Geschäftsgänge steht auf dem Land der Landrat, in der Stadt der Steuerrat. Es gibt zweihundert Land- und Steuerräte, die mit den dreihundert Beamten der Kriegs- und Domänenkammern den Kern der Provinzialverwaltungen bilden – eine erstaunlich überschaubare Gruppe. In den Landkreisen wählen die Junker den Landrat, der aus ihren Reihen kommt. Er ist polizeilicher, fiskalischer und militärischer Verwaltungsbeamter. Der Landreiter, eine Art Polizist, und der Steuereinnehmer unterstützen ihn. Zugleich ist der Landrat königlicher Beamter und gewählter Vertreter des Landadels. Statt eines bloßen Vollstreckers des königlichen Willens ist er eher eine Art Vermittler zwischen der Hauptstadt und dem Land. Die lokalen Interessen sind zu stark und die Kontrollmöglichkeiten durch die zentrale Verwaltung zu gering, um den Anspruch des absoluten Königtums ohne erhebliche Reibungsverluste zu verwirklichen. Wenn Beamte vor Ort geschönte Berichte schreiben, Probleme aussitzen oder königliche Anordnungen sehr frei auslegen, ist die Wahrscheinlichkeit gering, dass der Souverän davon Wind bekommt. Allgemeine Verwaltung und Wirtschaftsförderung sind eng miteinander verwoben und orientieren sich in vielerlei Hinsicht an den Bedürfnissen des Militärs. Ein Musterbeispiel für diesen Zusammenhang ist das Königliche Lagerhaus, das auf Veranlassung Friedrich Wilhelms I. gegründet und später verstaatlicht wurde. Hier wird in großem Stil Wolle zu Uniformröcken verarbeitet. Wolle darf nicht ausgeführt werden, doch profitieren die Wollproduzenten von der garantierten Nachfrage des Staatsunternehmens. Das Lagerhaus versorgt das Heer und bietet Soldaten, deren Sold allein nicht zum Leben reicht, außerhalb ihrer Dienstzeiten ein zusätzliches Einkommen. Auch zivile Handwerker finden im Lagerhaus Arbeit. Fünfhundert Beschäftigte bedienen die 240 Webstühle vor Ort, weitere 5000 sind in Heimarbeit für den Musterbetrieb tätig. Die Überschüsse, die das königliche Unternehmen erwirtschaftet, gehen an das Militärwaisenhaus in Potsdam. Das Lagerhaus erfüllt somit drei Funktionen: Es rüstet das Heer aus, es vermehrt den Wohlstand der Untertanen, und es finanziert eine wohlfahrtsstaatliche Einrichtung.

Regierungsarbeit

Der von den preußischen Herrschern geformte Staatsapparat ist ganz auf die Bedürfnisse eines Autokraten zugeschnitten. Und auch König Friedrich II. ist ein Selbstherrscher, der die Regierungsgeschäfte persönlich leitet. Schon im »Antima-

chiavell« kritisiert er unselbständige Souveräne: »Es gibt zwei
Arten von Fürsten in der Welt: solche, die alles mit eigenen
Augen sehen und ihre Länder selbständig regieren; und solche, die sich auf die Treue ihrer Minister verlassen und sich
von ihnen, die Einfluss auf ihr Denken gewonnen haben, regieren lassen.« Er weiß: Wer nicht selbst regiert, wird regiert.
Das Instrumentarium, das Friedrich vorfindet, entspricht im
Großen und Ganzen seinen Vorstellungen, tiefe Eingriffe hält
er vorläufig nicht für notwendig. Stattdessen passt er es be-
hutsam seinen persönlichen Bedürfnissen an.

Dem König stehen drei weit entwickelte Zentralbehörden
zur Verfügung: das für Finanzen, Wirtschaft und Militär zuständige Generaldirektorium, das die äußeren Angelegenheiten bearbeitende Kabinettsministerium und das Justizdepartement. Diese werden kollegial geführt, so dass die leitenden
Beamten sich gegenseitig kontrollieren und in ihrem Einfluss
begrenzen. Das Eigenleben der hauptstädtischen Instanzen
wird durch Friedrichs Regierungsstil, der ganz auf direkte
Einflussnahme zielt, zusätzlich eingeschränkt. In vielen Detail-
fragen ignoriert er den Dienstweg und wendet sich direkt an
die Behörden vor Ort, denen er mehr spezifische Sachkennt-
nis zutraut als der Zentrale. Regelmäßige Inspektionsreisen
stärken seine Präsenz in den Provinzen.

Weil Friedrich so viel wie möglich selbst entscheiden will,
kommuniziert er überwiegend schriftlich und direkt mit
seinen Beamten. Die Minister schicken ihm täglich Berichte
sowie Denkschriften über Fragen, die seine Entscheidung verlangen. Er findet alles Geschriebene um vieles klarer als Rats-
sitzungen, weil Diskussionen seiner Meinung nach den Sachverhalt leicht verdunkeln. Auch glaubt er, dass persönliche
Abneigungen unter den Ministern durch den Verzicht auf gemeinsame Sitzungen gemildert werden könnten. Komplizierte
außenpolitische Fragen, zu denen der König seine Kabinettsminister gerne persönlich anhört, sind vom Schriftverkehr

ausgenommen. Kabinettsminister heißen sie, weil sie zum königlichen Arbeitszimmer, dem Kabinett, Zugang haben.

Ein Fürst, der selbst herrscht, muss fleißig sein, und das ist Friedrich – nicht anders als sein Vater und Vorgänger. Seine Belastbarkeit ist eindrucksvoll, etwa wenn er im Feldlager nach einem Tag auf der Landstraße noch die Kraft für unterhaltsame Konversation und zum Verseschmieden findet. Er liest, versteht und entscheidet schnell. De Catt berichtet: »Dieser Fürst ist imstande, zwanzig Briefe sehr schnell hintereinander durchzulesen und jeden einzelnen von ihnen zu beantworten, ohne wieder hineinsehen zu müssen.« Dank seiner Bewährungszeit in Küstrin kennt er die Verwaltungsarbeit genau, was ihm das Regieren sehr erleichtert.

Der Führungsstil des umtriebigen Regenten lässt sich nur als autoritär bezeichnen. Sein Ton ist oft grob und manchmal beleidigend. Dem Präsidenten der Kriegs- und Domänenkammer in Kleve wirft er vor: »Ich muß schlecht von Euch sein informiert worden, oder Ihr seid ein Esel, daß Ihr die Provinz nicht kennet oder ein Windbeutel, der sich um nicht Kümmert; man Kann Keinen dummeren Bericht machen als den Ihr mir da schicket.« Eine Klage des Generaldirektoriums wegen Arbeitsüberlastung weist er barsch ab: »Wen sie fleißig arbeiten, so können sie ihre Arbeit des morgens in curenten [geläufigen] Sachen in drei Stunden verrichten; wenn sie sich aber Historien erzählen, Zeitungen lesen, so ist der ganze Tag nicht lang genug.«

Für das persönliche Regiment ist ein vertrauenswürdiger Sekretär unentbehrlich. August Friedrich Eichel hält die Verbindung zwischen dem König und den Behörden aufrecht und ist über sämtliche Staatsangelegenheiten informiert. Ein Gesandter berichtet, Eichel sei ununterbrochen im Dienst; man könne deshalb sieben Jahre am preußischen Hof leben, ohne ihn einmal zu Gesicht zu bekommen. Der bedächtige Mann ist beunruhigt über den waghalsigen Kurs »unseres

jungen Herrn«, wie er Friedrich nennt, und versucht, den
stürmischen König auf »gelindere Tempéraments« zu bringen. Dieser Kabinettssekretär verfügt über mehr Macht als
die im Rang deutlich über ihm stehenden leitenden Minister,
die nicht direkt, sondern nur über ihn Zugang zum König
haben. Neben den Eifersüchteleien unter den Spitzenbeamten
ist dieses Missverhältnis eine weitere Quelle der Unruhe im
preußischen Herrschaftsapparat. Während sich hochrangige
Beamte zuweilen kein Gehör verschaffen können, steht es
jedem einfachen Untertanen frei, sich direkt an den König zu
wenden. Wer sein Gesuch am Morgen in Potsdam einreicht,
kann bis fünf Uhr nachmittags auf eine Antwort rechnen.

Mit seinen engsten Mitarbeitern weilt Friedrich meist in
Potsdam, während das Generaldirektorium, das Kabinettsministerium und das Justizdepartement ihren Sitz im Berliner
Schloss haben. Mehrmals täglich reiten deshalb Kuriere zwischen den beiden Städten hin und her. Wenn sich der König
von der einen in die andere Residenz begibt, lässt er die acht
Pferde vor seiner Kutsche im Galopp laufen und bewältigt
den gut befestigten »Königsweg« in einer Stunde. Die Post-
kutsche braucht fünf Mal so lange. Eine längere Strecke, wie
zum Beispiel die sechshundert Kilometer von Berlin nach Königsberg, nimmt vier Tage in Anspruch. Unterwegs erhält die
königliche Reisegesellschaft mehrmals frische Pferde und ist
von früh morgens bis spät abends unterwegs.

Wie die Gepflogenheiten der Herrscher das Leben ein-
facher Untertanen zuweilen beeinflussen, zeigt sich am Beispiel Zehlendorfs. Es liegt am »Königsweg« zwischen Berlin
und Potsdam und dient Friedrich regelmäßig als Rastplatz.
1752 spricht ihn der Schulze an und beklagt sich, der Landreiter habe ihnen ihr Holzeisen abgenommen. Dieses Instrument, mit dem zu fällende Bäume markiert werden, beglau-
bigt die Besitzrechte der Dorfbewohner am Wald, welche die
Zehlendorfer tatsächlich aber gar nicht innehaben. Mit dem

Holzeisen verloren sie ihre Einkünfte aus dem Holzeinschlag, die sie sich angeeignet hatten. Der König weiß nichts von der Rechtslage und ermahnt die zuständige Kurmärkische Kriegs- und Domänenkammer. Die Räte sollen in Angelegenheiten, bei denen es um die Rechte und Privilegien der Untertanen gehe, »durchaus nicht vor ihren Kopf tun«, sondern zuerst ihn, den König, fragen. Da Friedrich das Recht auf Seiten der Dörfler vermutet, befiehlt er der Kammer, das Holzeisen zurückzugeben und die entgangenen Einnahmen zu erstatten. Bald darauf bekommen die Zehlendorfer erstmals ihr Recht an dem Wald verbrieft – ein Fall fürstlicher Willkür zugunsten der Untertanen und auf Kosten der königlichen Behörden.

Einige Jahre später nimmt der König den Zehlendorfer Bauern ein Siebtel des ihnen zugesprochenen Waldes wieder ab, um dort sechs ausländische Veteranen anzusiedeln. Immerhin erhält die unzufriedene Dorfgemeinde 1000 Taler Entschädigung. Diese Fälle zeigen, wie der König auch unmittelbar in die Belange seiner Untertanen eingreift, vor allem dann, wenn ihm die Verhältnisse selbst ins Auge fallen. Bei der Größe Brandenburg-Preußens kann man sich vorstellen, dass es andere Gemeinden schwerer haben, die Aufmerksamkeit des Herrschers zu gewinnen, als das am »Königsweg« zwischen Berlin und Potsdam gelegene Dorf.

Der König als Chefökonom

So gut befestigte Chausseen wie die zwischen Berlin und Potsdam gibt es selten in Preußen. Obwohl dem obersten Wirtschaftslenker Handel und Wandel sehr am Herzen liegen – nur eine gut genährte Kuh gibt genug Milch, sprich Steuern –, weigert sich Friedrich, die schlechten Straßen ausbauen zu lassen. Er argwöhnt, dass gute Straßen im Frieden den Transithandel mit ausländischen Gütern und im Kriegsfall feind-

liche Truppenbewegungen erleichterten. Anders steht es mit
den Wasserwegen, in die umfangreiche Mittel investiert werden. Von besonderer Bedeutung ist die Wiederherstellung des
Finowkanals, der den Frachtkähnen den Weg zwischen Havel
und Oder eröffnet. Ein einziger Kahn fasst die Ladung von
zwanzig sechsspännigen Wagen, so dass der Transport von
Massengütern über das Wasser ungleich günstiger ist als über
die vernachlässigten Straßen.

Schon vor seinem Amtsantritt unterstrich Friedrich im
»Antimachiavell« die Bedeutung der Massenproduktion:
»Was die verschiedenen Manufakturen anlangt, so sind sie
vielleicht das Nützlichste und Einträglichste für einen Staat;
denn durch sie genügt man den Bedürfnissen und dem Luxus
der Bewohner, und die Nachbarn werden sogar gezwungen,
dem Gewerbefleiß, den man entfaltet hat, Tribut zu zollen.
Die Gewerbe verhindern einerseits, dass das Geld aus dem
Land hinausgeht, und andererseits bewirken sie, dass Geld
hereinfließt.«

Die Manufakturen sind Fabriken, deren Maschinen und
Werkzeuge von Muskel- und Wasserkraft angetrieben werden. Nicht wenige von ihnen beschäftigen viele Hundert
Menschen. Sie stellen Eisenwaren, Luxusartikel, Waffen und
vor allem Textilien her. In seinem Politischen Testament, in
dem Friedrich 1752 seine Lehren aus zwölf Jahren Regierungstätigkeit für seinen Nachfolger zusammenfasst, stellt
der Preußenkönig fest: »Wir haben kein Peru noch reiche
Handelsgesellschaften, noch Banken, noch andere Quellen
wie die Franzosen, die Spanier und die Engländer, aber mit
Hilfe unseres Gewerbes kann es uns gelingen, uns an ihrer
Seite zu behaupten.«

Der Förderung der Industrie dient dann auch die erste Reform der Bürokratie, die der engagierte Wirtschaftspolitiker
vornimmt. Wenige Monate nach seinem Regierungsantritt
fügt er dem Generaldirektorium ein fünftes Departement

an, zuständig für »Manufactur- und Commerciensachen«. Anders als bis dahin üblich, wurde es nach rein fachlichen Gesichtspunkten aufgestellt. Es war zunächst mit der Anwerbung von ausländischen Spezialisten und Fabrikanten beauftragt, die mit ihren Fachkenntnissen die Produktion von Luxustextilien, Feinpapier, Zucker, Schachteln, Besen, Handwerksgeräten und Instrumenten in Preußen ermöglichen und ankurbeln sollen. Es untersteht Samuel von Marschall, der bis dahin als Landrat und vortragender Rat im Generaldirektorium tätig war. Er ist bürgerlicher Herkunft und war schon von Friedrichs Vater geadelt worden. Damit ist er eine Ausnahme, unter den Spitzenbeamten überwiegt der Geburtsadel. Marschall ist der Erste aus einer Reihe von einflussreichen Beamten, mit denen der König besonders eng zusammenarbeitet. Friedrich lockert die kollegiale Leitung der Behörden zugunsten einzelner mächtiger Minister auf, die allerdings klar abgegrenzte Befugnisse haben. Übermächtige leitende Minister lässt er nicht zu.

Das wichtigste Projekt des neuen Departements ist der Aufbau der Seidenindustrie. Friedrich betrachtet die Produktion des edlen Stoffes als Gradmesser für die wirtschaftliche Entwicklung Preußens und subventioniert sie über die Jahre mit Millionenbeträgen. Tausende Maulbeerbäume werden gepflanzt, deren Blätter den Seidenraupen als Nahrung dienen. Spezialisierte Weber und Strumpfwirker werden angesiedelt, bereits ansässige großzügig gefördert. Neben von Marschall und dem König spielt der Fabrikant Johann Ernst Gotzkowski eine führende Rolle. Der dirigistische Staat macht sich die Tüchtigkeit der Unternehmer zunutze, um neue Wirtschaftszweige zu schaffen und den Erwerbsgeist der Untertanen anzuregen: »Die Menschen werden alle zu Adlern, wenn man ihnen den Weg zu ihrem Glücke bahnt. Sie müssen nur durch Beispiele ermuntert, durch Wetteifer angeregt und vom Herrscher unterstützt werden«, erläutert Friedrich in den

»Denkwürdigkeiten des Hauses Brandenburg«. Wo es, wie in Krefeld, bereits florierende Seidenhersteller gibt, hält sich der Staat entsprechend zurück. Doch oft genug steht die staatliche Reglementierungswut der freien Entfaltung des Erwerbsgeists entgegen, der, wenn es sein muss, auch erzwungen wird: Überall im Land sind Frauen und Kinder angehalten, während der langen Winterabende Flachs zu spinnen. Die Beamten sollen »den Untertanen, die nicht industrieux genug sind, gehörige Anleitung ... geben«.

Die Logik hinter dieser Industriepolitik lautet, dass man alles, was man einführt, auch selbst herstellen könne. So bliebe das Geld im Land, statt das Ausland und damit mögliche Kriegsgegner zu stärken. Das Problem, dass die geförderten Betriebe in der Regel deutlich teurer produzieren als ausländische, löst die Staatsmacht auf ihre Weise: Durch Zölle werden die Preise angeglichen, was wiederum die Verbraucher belastet. Sie müssen nun die höheren Preise für die einheimische Ware wie auch für die ausländischen Erzeugnisse auf den Tisch legen. So bleibt zwar das Geld im Land, eine konkurrenzfähige Wirtschaft entwickelt sich aber nicht.

Die teilweise hoch subventionierten Manufakturen und das Handwerk beschäftigen wachsende städtische Unterschichten, denen es zunehmend schwerfällt, ein Auskommen und angemessene Unterkünfte zu finden. Samuel Formey, Sekretär der Akademie, beschreibt in seiner »Medicinischen Topographie« die Lebensbedingungen armer Berliner: »[Der Arme] schränkt sich daher immer mehr ein und behilft sich mit einem einzigen Zimmer, worin er nicht allein sein Handwerk betreibt, sondern auch mit seiner ganzen Hausgenossenschaft wohnt und schläft. Bei dem hohen Preis des Brennholzes versperrt er nun im Winter der äußeren Luft allen Zugang aufs sorgfältigste, und so leben diese Menschen in einer Atmosphäre, die beim Eintritt in ein solches Zimmer jeden fremden zu ersticken droht.«

Um den Handel mit den Massengütern zu erleichtern, schiebt Friedrich 1750 eine Münzreform an. Seit Jahrhunderten unterbieten sich die deutschen Fürsten gegenseitig mit Münzen von immer geringerem Silbergehalt und kleinerem Nennwert. Taler sind eine Seltenheit, Dritteltalerstücke oder Scheidemünzen überwiegen. Kaufleute, die mit größeren Summen umgehen, sind auf französisches und niederländisches Geld angewiesen. Das Ziel der Reform besteht darin, eine ausreichend vorhandene und zuverlässige Handelsmünze zur Verfügung zu stellen. Auf Anraten des Münzdirektors Johann Philipp Graumann werden zum Nennwert eines ganzen Talers Münzen geschlagen, deren Silbergehalt bei einem Vierzehntel von einer Mark Feinsilber – 233,85 Gramm – liegt. Der preußische Taler enthält damit weniger Silber als alle anderen im Umlauf befindlichen Talermünzen. Das widerspricht dem Ziel der Verlässlichkeit und erschwert das Vertrauen in das neue Geld, das sich auch im Inland erst nach Jahrzehnten durchsetzen wird.

Die graumannsche Münzreform ist ein Beispiel dafür, dass Friedrich immer zuerst auf die Staatskasse achtet. Sobald ihm schnelle Einnahmen winken, tritt die langfristig wirkende Wirtschaftsförderung in den Hintergrund. Münzdirektor Graumann verheißt dem König einen gigantischen Schlagschatz, wenn ein niedrigerer Silbergehalt für die Talermünze festgelegt werde. Der ergebe sich aus der Differenz zwischen Nennwert und Edelmetallwert. Friedrich glaubt ihm nur zu gerne, doch bleiben die Gewinne aus. Es ist nicht das einzige Mal, dass er sich ökonomischem Wunderglauben hingibt. Als die finanziellen Engpässe den König einmal besonders drücken, weist er seinen verschwiegenen Kammerdiener Fredersdorf sogar an, Kontakt zu einer »Goldmacherin« aufzunehmen.

Gemessen an der Größe und dem Stellenwert des Militärs ist die preußische Rüstungsindustrie von bescheidenem Umfang. Sie ist seit der zweiten Hälfte des 17. Jahrhunderts kaum gewachsen. Konzentriert in Berlin und der Mark Brandenburg gibt es eine Stückgießerei, eine Pulverfabrik, eine Gewehrfabrik, Betriebe zur Kupfer- und Messingverarbeitung sowie einige Eisengießereien, die Kanonenkugeln ebenso wie Erzeugnisse für den zivilen Bedarf herstellen. Außerdem werden Gewehre aus den Niederlanden und gusseiserne Kanonen aus Schweden eingeführt. Die Mittel für Bekleidung, Sold und Bewaffnung aufzubringen und möglichst innerhalb des Landes auszugeben, treibt die Verwaltung um und die Wirtschaft an.

Die Aufwendungen für das Militär, die drei Viertel des Budgets verschlingen, sollen die Sicherheit des Landes gewährleisten. Faktisch haben sie aber auch die Wirkung einer ökonomischen Investition. Der Eroberungskrieg gegen Österreich bereichert Preußen um die wohlhabende Provinz Schlesien. Das mit kriegerischen Mitteln erreichte Wachstum der Volkswirtschaft bringt Friedrich ans Ziel aller Träume kameralistischer Theoretiker: Die unter König Friedrich Wilhelm noch leicht negative Handelsbilanz wendet sich in einen Überschuss. Die jahrzehntelange Wirtschaftsförderung durch Friedrichs Vater hatte dieses Ziel in erreichbare Nähe gerückt, doch erst die militärische Expansion lässt es Wirklichkeit werden.

Neue Provinzen

Das frisch eroberte Schlesien bildet mit den Provinzen Kurmark, Pommern, Magdeburg und Halberstadt den Kern des Hohenzollernstaates, dem König Friedrich nun besondere Aufmerksamkeit schenkt. Noch 1741, nur Monate nach der Besetzung des Landes, ließ er in Breslau und Glogau Kriegs- und Domänenkammern einrichten. In der gut besetzten Breslauer Kammer arbeiten elf Räte, vier Sekretäre, drei Registratoren, zwei Journalisten, acht Kanzlisten, drei Kopisten, drei Kanzleidiener sowie ein Oberforstmeister. Um einen direkten Zugriff auf die schlesischen Angelegenheiten zu haben, überging Friedrich das Generaldirektorium und stellte die neuen Kammern direkt unter seine Aufsicht. Auf jährlichen Inspektionsreisen macht er sich persönlich ein Bild, keinen anderen Landesteil besucht er so häufig.

Mit den Kammern kam das preußische Steuerwesen nach Schlesien. Es verschafft dem Fiskus beträchtliche Einkünfte, nicht zuletzt dank des gut entwickelten Textilgewerbes. »Die Leinwand bringt Schlesien fast so viel ein wie Peru dem König von Spanien liefert«, bemerkt Friedrich im Politischen Testament. Der Adel muss von nun an deutlich höhere Abgaben leisten, ebenso die Geistlichkeit. Adelige zahlen gut 28 Prozent des Reinertrags ihrer Flächen an den Staat, Bauern 34 Prozent, Stiftsgüter 45 Prozent. Friedrich will damit besonders den katholischen Teil des Adels treffen, den er wegen seiner Konfession und seiner verwandtschaftlichen Verbindungen in die Donaumonarchie für unzuverlässig hält. Im Politischen Testament beschreibt er ein weiteres Mittel der Einflussnahme auf diese speziellen neuen Untertanen: »Um Altar gegen Altar zu setzen, habe ich französische Jesuiten kommen lassen, die den schlesischen Adel erziehen, und durch die Abneigung, die zwischen diesen französischen und den deutschen Mönchen herrscht, hindere ich sie zu intrigieren, wozu sie für das Haus Österreich im Stande sind.«

Rund die Hälfte der eine Million Schlesier ist katholisch, der Anteil der Katholiken in Preußen stieg von sieben Prozent auf ein knappes Fünftel. Trotz seiner Skepsis gegenüber dem Adel will Friedrich die Masse dieser neuen Untertanen für Preußen gewinnen. Die preußische Obrigkeit gibt sich alle Mühe, den Sorgen der Katholiken entgegenzuwirken, der protestantische »Ketzerkönig« könne ihre religiösen Rechte einschränken. Sie hält sich an die Wahrung des konfessionellen Besitzstandes, die im Friedensvertrag mit Österreich vereinbart wurde. Die katholischen Kirchenbauten bleiben unangetastet. Die Protestanten, die bisher nur wenige Gotteshäuser besaßen, bauen Hunderte neue Kirchen, die allerdings, gemäß älterer Bestimmungen, weiterhin keine Türme haben dürfen und von den Gemeinden selbst bezahlt werden müssen.

Laut königlichem Dekret ist es den Geistlichen beider Konfessionen verboten, gegen die jeweils andere Konfession zu predigen. Friedrich will Frieden zwischen den Kirchen, weil es allein, wie er dem Fürstbischof von Breslau schreibt, auf Menschlichkeit ankomme. »Unnütze Dispute um leere Begriffe« seien ihm gleichgültig. Und er weiß, dass nur ein toleranter Staat die Anhänglichkeit aller seiner Untertanen gewinnen kann. Toleranz ist ein Gebot der Moral wie auch der Staatsräson. Um die Katholiken einzubinden, nimmt er in Kauf, dass er bei der Besetzung geistlicher Ämter oder bei Entscheidungen über die Schulordnung so manchen Kompromiss mit dem Fürstbischof eingehen muss. Von hohen Staatsämtern bleiben Katholiken aber ausgeschlossen.

Der protestantische Teil der Bevölkerung hatte den Preußenkönig als Befreier begrüßt. Die evangelischen Schlesier müssen feststellen, dass die preußische Herrschaft ihnen zwar die Religionsausübung erleichtert, sie aber auch dem strengen Militärsystem unterwirft. Nach der Einführung des Kantonsystems ist die Zahl der Deserteure höher als in den übrigen Provinzen. Da Schlesien ein integraler Bestandteil des preußischen Staatswesens wird, bekommen die Bewohner des Landes alle Vor- und Nachteile des toleranten Machtstaats zu spüren.

In Ostfriesland liegen die Dinge anders. Mit dem Tod des letzten Fürsten im Jahr 1744 fiel das Land an die Hohenzollern. Viel tiefer als Schlesien ist es durch die kleinteilige Herrschaft der Stände geprägt. Diese schließen einen Vertrag mit dem

Preußenkönig, der ihnen die Ablösung des Militärdienstes durch Geldzahlungen bewilligt. Nur langsam setzt sich die neu geschaffene Kriegs- und Domänenkammer gegen die alten Kräfte durch. In konfessioneller Hinsicht gibt es hingegen keinerlei Reibungspunkte, da die rund 100 000 Ostfriesen das calvinistische Bekenntnis des Hauses Brandenburg teilen. Der überraschende Zugewinn des Landes an der Nordsee fiel mit den ersten Arbeiten an Sanssouci zusammen. Friedrich nutzte die Gelegenheit und zweigte einen beträchtlichen Teil der unerwarteten Einnahmen für den Schlossbau ab. Aber auch die Ostfriesen profitieren von der neuen Herrschaft, und der voranschreitende Verlust alter Freiheiten geht einher mit einem Zugewinn an administrativer Effizienz. So verbessert sich unter preußischer Aufsicht die Pflege der Deiche, die Beseitigung von Schäden an den Küstenbefestigungen wird größtenteils von der Staatskasse übernommen. Die neuen Lebensmittelmagazine retten die ärmeren Ostfriesen vor dem Hungertod, als Mäuseplagen und Dürren das Land heimsuchen. Die Wirtschaft wächst und mit ihr der Export von Käse, Butter, Pferden und Hafer. In Emden werden Handelskompanien gegründet, deren Schiffe den Fernen Osten und Südamerika anlaufen. Ein dauerhaftes Geschäft wird daraus aber nicht.

Schlesien ist Kriegsbeute, Ostfriesland rechtmäßiges Erbe. Eine dritte Provinz wird vom Preußenkönig »im Frieden erobert«. Sie erstreckt sich über das gesamte Staatsgebiet und hat in den 1780er-Jahren mindestens eine Viertel Million Einwohner, denn so viele Menschen lassen sich unter der Regierung Friedrichs II. auf neu geschaffenen Bauernstellen nieder. Im »Antimachiavell« hatte Friedrich betont: »Es gibt nur eine Meinung darüber, dass die Stärke eines Staates nicht in der Ausdehnung seiner Grenzen, sondern in der Zahl seiner Bewohner ruht.«

Zum Symbol für die innere Kolonisation wird das Oderbruch. Es galt lange Zeit als unmöglich, dieses Sumpfgebiet
östlich von Berlin trockenzulegen. Dann finden Leonhard Euler, seines Zeichens Mathematiker und ordentliches Mitglied
der Berliner Akademie, und ein niederländischer Wasserbau-
ingenieur Mitte der 1740er-Jahre eine Lösung für das Problem.
Sie besteht im Bau des knapp neunzehn Kilometer langen
Oderkanals, der das Gefälle des Stromes verstärkt und den
Grundwasserspiegel senkt. Auf dem durch Deiche geschützten
Areal entstehen fünfzehn neue Dörfer, in denen sich bis 1761
knapp 2000 Familien ansiedeln. Unter ihnen sind Bauern aus
der Pfalz und aus Württemberg, Nagelschmiede aus Gotha,
Spitzenklöppler aus dem Erzgebirge und Glaubensflüchtlinge
aus Böhmen. Um ihnen bei der Existenzgründung zu helfen,
erhalten sie Steuererleichterungen und werden während der
ersten Jahre ihres neuen Lebens von der Wehrpflicht ausgenommen. Für den Staat rentiert sich die Investition in das
Oderbruch erst spät. Die Kosten für den Hochwasserschutz
und die Beseitigung von Überschwemmungsschäden übersteí-
gen zu Friedrichs Lebzeiten die Einnahmen aus dem Gebiet.

Als Friedrich seine Herrschaft antrat, hatten Kur-, Alt- und
Neumark ebenso wie Pommern noch immer weniger Einwohner als vor dem Dreißigjährigen Krieg. Friedrich setzt die
intensiven Bemühungen seiner Vorgänger, diese Landstriche
zu bevölkern, energisch fort. Auf trockengelegtem Land an
Oder, Warthe und Netze, auf städtischen Äckern in Pommern
und auf adeligem Grund und Boden in der Prignitz siedelt er
eingewanderte und einheimische Bauern an. Zahlreiche Neupreußen lassen sich außerdem in den Städten nieder, wo die
Förderung der Manufakturen Beschäftigung für Handwerker
und Arbeiter schafft. In Magdeburg bilden Pfälzer und Franzosen Kolonien mit eigener Gerichtsbarkeit.

Ansiedlungswillige gibt es genug. Überbevölkerung in Süddeutschland, Hungersnöte und Inflation in Böhmen und Sach-

sen sowie innere Wirren in Polen führen den neu gegründeten Dörfern zahlreiche Siedler zu. Angehörige christlicher Sekten und Glaubensgemeinschaften wie Wiedertäufer, Sozinianer, Herrnhuter, Hussiten und Mennoniten lassen sich von der Religionsfreiheit locken. Allein in Pommern entstehen 55 neue Dörfer. Die Namen all der neuen Ansiedlungen ehren leitende Beamte und die Herrscherfamilie: Das Dorf Aschersleben in Pommern ist nach dem Präsidenten der Stettiner Kriegs- und Domänenkammer benannt, der Justizminister wird in Cocceji-Neudorf verewigt, Amalienhof trägt den Namen von Friedrichs jüngster Schwester. Der König kommentiert die Erfolge im Netze- und Warthebruch, wo achthundert Familien eine neue Heimat fanden, in der »Geschichte des Siebenjährigen Krieges«: »So entstand eine neue kleine Provinz durch den Sieg des Fleißes über Unwissenheit und Trägheit.«

Herrscher über Juden und Hugenotten

Die preußische Toleranzpolitik, die der Große Kurfürst begonnen hatte und Friedrich fortführt, verfolgt stets das Interesse des Staates. Die Hohenzollern wollen ihre Bevölkerung vermehren und dulden deshalb eine Vielzahl von mehr oder weniger willkommenen Glaubensgemeinschaften. »Alle Ausländer, die ein Gewerbe verstanden, wurden in Potsdam aufgenommen, angesiedelt und belohnt«, schreibt Friedrich über die Niederlassungspolitik seines Vaters. Eine Gleichstellung aller ihrer Untertanen liegt den Hohenzollernherrschern aber fern. Nur wer zum Adelsstand auch noch die richtige, die protestantische Konfession mitbringt, kann in Spitzenämter aufsteigen, während Katholiken ausgeschlossen bleiben. Besonders klar tritt die Ungleichbehandlung der verschiedenen Religionsgemeinschaften in Friedrichs Politik gegenüber hugenottischen und jüdischen Neupreußen hervor.

Das Edikt von Potsdam, mit dem der Große Kurfürst 1685 auf die Verfolgung der französischen Protestanten durch Ludwig XIV. reagierte, hatte die Grundlage für die Ansiedlung der Hugenotten in Preußen geschaffen. Die Anhänger der Lehre Johannes Calvins stärkten in Brandenburg-Preußen das reformierte Bekenntnis, dem außer dem Herrscherhaus nur drei Prozent der preußischen Bevölkerung angehörten. Das Edikt sprach den *réfugiés*, wie die Glaubensflüchtlinge genannt wurden, eine kirchliche Selbstverwaltung sowie eigene Schulen und Gerichte zu. Sie bekamen dieselben Rechte wie die eingesessenen Bewohner und durften den Zünften beitreten. Ihnen wurden vorläufige Steuerfreiheit und Hilfe bei der Existenzgründung zugesichert. Das Edikt war demnach weniger auf die Duldung Andersgläubiger gerichtet als auf die Anwerbung einer möglichst großen Zahl von Glaubensgenossen des Fürsten.

Die *réfugiés* brachten die Errungenschaften und die Lebensart ihres weit entwickelten Heimatlandes mit. Unter ihnen waren gut ausgebildete Beamte und Juristen, andere arbeiteten als Strumpfwirker oder Tapetenmacher. Solche lukrativen Handwerke, die in den Ländern der Hohenzollern so gut wie unbekannt waren, stärkten die preußische Wirtschaft. Hugenottische Kaufleute waren erfahren im Handel mit Luxuswaren, Wein oder Büchern und machten die dünne Berliner Mittelschicht mit ihrem Savoir-vivre und entsprechenden neuen Konsummöglichkeiten bekannt. Die Errichtung von Manufakturen wurde im Edikt von Potsdam ausdrücklich als eines der Ziele der Ansiedlung aufgeführt. Als sich Friedrich ein halbes Jahrhundert später an den Ausbau der Seidenindustrie macht, tragen viele der von ihm geförderten Unternehmer französische Namen. Er nutzt das bewährte hugenottische Know-how und hebt es von einem handwerklichen auf ein industrielles Niveau. Und schließlich gibt es Bankiers, deren Geschäfte sich auf grenzübergreifende Kontakte stützen.

Die 20 000 *réfugiés* in Preußen leben unter Friedrich II. noch immer in Kolonien mit eigenen Kirchen und eigenem Recht. In Berlin, wo sich die meisten Hugenotten angesiedelt hatten, haben sie einen Bevölkerungsanteil von etwa zehn Prozent. Ihre Gemeinschaft ist offen, besonders Frauen heiraten ein. Nichtfranzosen bewerben sich um Aufnahme in die Kolonie, die der klaren Rechtsverhältnisse wegen Vorteile verspricht. Parallel dazu nimmt der Gebrauch der französischen Sprache ab und beschränkt sich seit der Mitte des 18. Jahrhunderts auf den gottesdienstlichen Bereich.

Der größte Anhänger der französischen Kultur im ganzen Land ist bekanntlich der König selbst. Gleich nach seiner Thronbesteigung bestätigt er die Rechte und Privilegien der *réfugiés*. Seine Kontakte zu gebildeten Hugenotten sind vielfältig. Sein Erzieher Duhan de Jandun ist einer von vielen französischen Einwanderern, die in diesen Jahrzehnten die Kinder des preußischen Adels unterrichten. Jordan ist seit der Kronprinzenzeit ein enger Freund Friedrichs und sein Sekretär. Er ist zudem, wie eine ganz Reihe von Hugenotten, ordentliches Mitglied der Akademie. Andere sind Offiziere, Generale, leitende Beamte. Sie alle gehören einer privilegierten Gruppe an, die das volle Vertrauen und die Sympathie des Königs genießt und die ihrerseits ihrem Aufnahmeland in Dankbarkeit verbunden ist.

Nicht weniger loyal, doch in vielerlei Hinsicht benachteiligt sind die Juden. Der bekannteste jüdische Untertan Friedrichs II. ist Moses Mendelssohn. Der Philosoph hat ein Bild des Königs in seiner guten Stube hängen und schätzt sich »glücklich in einem Staate zu leben, in welchem einer der weisesten Regenten, die je Menschen beherrscht haben, Künste und Wissenschaften blühend und vernünftige Freiheit zu denken so allgemein gemacht hat, daß sich seine Wirkung bis auf den geringsten Einwohner seiner Staaten erstreckt«. Dabei ist die Rechtsstellung der Juden mit derjenigen der Hugenotten nicht zu vergleichen. Während jeder Flüchtling aus Frankreich willkommen ist, soll die Zahl der Untertanen jüdischen Glaubens begrenzt bleiben. 1573 waren die Juden nach dem Justizmord an dem Hoffaktor Lippold aus Brandenburg vertrieben worden. Der Große Kurfürst ließ sie 1671 wieder zu, beschränkte das entsprechende Edikt aber auf fünfzig aus Wien ausgewiesene Familien. Sie alle waren wohlhabend und in der Lage, das vom Kurfürsten verlangte Schutzgeld zu zahlen. Seitdem leisten die Juden Abgaben bei Eheschließungen, Geburten und Todesfällen. Sie dürfen sich nur in bestimmten Stadtvierteln niederlassen und unterliegen scharfen Berufsbeschränkungen. Sie haben das Recht auf freie Religionsausübung, ihre Gemeinden verfügen über eine eigene Gerichtsbarkeit, soziale Einrichtungen und Schulen.

Friedrichs Haltung gegenüber den Juden ist deutlich von Vorurteilen und Geringschätzung bestimmt. Seinen Nachfolger warnt er in seinem Politischen Testament: »Die Juden sind von all diesen Sekten die gefährlichsten, weil sie den Handel der Christen schädigen und weil sie für den Staat unbrauchbar sind. Wir haben dieses Volk nötig, um bestimmten Handel in Polen zu treiben, aber man muss verhindern, dass ihre Zahl wächst ... [S]ie sollen nur Kleinhändler sein.« Doch hält er sie zumindest für würdig, geduldet zu werden. Im polemischen »Phihihu« tritt ein portugiesischer Jude, der seinen Glauben vor der christlichen Obrigkeit verbergen muss, als Zeuge gegen die Intoleranz auf.

Diese Kritik an der christlichen Unduldsamkeit hindert den Philosophenkönig nicht daran, wie Voltaire die Juden für die Anhänger einer besonders abergläubischen und barbarischen Religion zu halten. Von seinem religiösen Vater übernimmt er zudem das Vorurteil, dass Juden den Christen stets schaden würden. Und er übernimmt die christliche Strategie der Ausgrenzung, die den Juden seit dem Mittelalter die Mitgliedschaft in Zünften und Gilden unmöglich macht. Friedrichs

Generalprivileg von 1750 bestätigt, dass sie »kein bürgerlich Handwerck« treiben dürfen. Sie sind auf Nischen wie das Linsenschleifen oder Brillenmachen beschränkt. Ebenso ist es ihnen verboten, mit bestimmten Waren zu handeln, damit sie den christlichen Kaufleuten keine Konkurrenz machen. Der großen Mehrheit bleiben Trödel- und Hausierhandel, Wechselgeschäfte und Geldverleih. Das Generalprivileg soll in erster Linie die Zahl der Juden in Preußen begrenzen. Dazu führt es verschiedene Kategorien ein: Einige wenige »Generalprivilegierte« genießen eine relativ gute Rechtsstellung. Sogenannte ordentliche Schutzjuden hingegen dürfen ihr Wohnrecht nur auf ein Kind vererben, vorausgesetzt, der Nachkomme kann den Besitz von 1000 Talern nachweisen. Die Familien außerordentlicher Schutzjuden stehen noch schlechter da. Ihre Söhne und Töchter müssen nach dem Tod der Eltern das Land verlassen. Da sie keine eigenen Haushalte gründen dürfen, arbeiten viele Juden als Hausangestellte und Gemeindebedienstete. Berufs- und Niederlassungsbeschränkungen haben die Entstehung einer breiten jüdischen Unterschicht zur Folge, deren Vertreter sich mühsam vom Kleinhandel und von Almosen ernähren. Nicht wenige landen in der Kriminalität. Friedrich reagiert und verbietet den Juden, sich die Bärte abzuschneiden. Er meint, dass Missetäter so leichter ausfindig zu machen seien.

Den Beschränkungen zum Trotz wächst die Zahl seiner jüdischen Untertanen – längst nicht alles, was ein absoluter Herrscher anordnet, wird auch genauso umgesetzt. In Berlin beträgt ihr Anteil an der Bevölkerung zweieinhalb Prozent, ihre Zahl erhöht sich von knapp 2000 in der Mitte der 1740er-Jahre auf etwa 3600 vierzig Jahre später. Weitere bedeutende Gemeinden gibt es in Halberstadt, Breslau und Königsberg. Um 1745 leben etwa 14 000 Juden in Preußen, was einem halben Prozent der Bevölkerung entspricht. Obwohl Friedrich behauptet, sie seien für den Staat unbrauchbar, bringen sie ihm gutes Geld. Die preußischen Juden zahlen pauschal 25 000 Taler Schutzgeld, für das die Wohlhabenden haftbar gemacht werden. Diese Praxis wird auch bei Bankrotten und Strafzahlungen gepflegt – kann ein Jude nicht zahlen, hält man sich an die anderen. Außer dem Schutzgeld leisten die Juden diverse Abgaben wie Rekrutengelder, die den Wehrdienst ersetzen, oder Steuern für den Handel mit Luxuswaren und die Unterhaltung von Ladengeschäften. Für das Recht der ordentlichen Schutzjuden, einem zweiten Kind Wohnrecht zu vererben, zahlt die Judenschaft 1763 einmalig 70 000 Taler.

Friedrichs antisemitische Haltung und die offensichtliche Benachteiligung der Juden im aufgeklärten preußischen Staat werfen einen Schatten auf den sich so tolerant gerierenden Philosophenkönig. Ihrer schlechten gesellschaftlichen Stellung zum Trotz prägen in der zweiten Hälfte des 18. Jahrhunderts viele gebildete Juden das geistige und künstlerische Leben der preußischen Gesellschaft. Friedrich dagegen interessiert sich vor allem für die kleine Gruppe der reichen Juden. Unter ihnen gibt es Textilunternehmer, die er für sein großes Seidenprojekt einspannt. Einige wohlhabende Händler nötigt er geradezu, in das Manufakturwesen einzusteigen.

Eine Handvoll jüdischer Bankiers und Münzunternehmer schließlich spielt eine Schlüsselrolle bei der Finanzierung des großen Krieges, den er für die Behauptung seiner Stellung führen wird. Fiskalisch betrachtet ist Preußen ein Musterstaat, der dem König einen ansehnlichen Kriegsschatz zur Verfügung stellt. Doch die bevorstehende Auseinandersetzung, in der es Friedrich und sein Heer mit den Armeen dreier Großmächte zu tun bekommen, wird das Ersparte im Handumdrehen verschlingen.

V

Um Sein oder Nichtsein der preußischen Großmacht

Die nächste Invasion

Am 29. August 1756 wagen die Leipziger kaum ihren Augen zu trauen. Durch ihre Straßen ziehen die blau berockten Soldaten des verhassten Nachbarn. Ohne Vorwarnung oder Kriegserklärung haben die Preußen die Grenze überschritten und Sachsen besetzt. Nach dem Einmarsch in Schlesien sechzehn Jahre zuvor ist dies die zweite folgenschwere Aggression König Friedrichs II. Wie kommt es zu diesem Überfall? Und wie kommt es dazu, dass Preußen erneut einen Konflikt auslöst, an dem beinahe alle europäischen Mächte beteiligt sein werden?

Maria Theresia hat den Verlust Schlesiens nie akzeptiert und den Frieden mit ihrem Gegenspieler Friedrich stets nur als vorläufige Regelung betrachtet. Neben der Königin von Ungarn und Böhmen und der Erzherzogin von Österreich steht der Diplomat Wenzel Anton Graf Kaunitz. Er betreibt seit Jahren eine strikt antipreußische Politik, zuerst als Botschafter in Frankreich, dann als österreichischer Außenminister. Für ihn steht fest, wie er in einer Denkschrift 1749 äußerte, »daß weilen der König von Preussen vor der ärgsten und gefährlichsten Feind zu halten, und der Verlust von Schlesien unverschmerzlich falle, also auch die beständige und größte Sorgfalt dahin gerichtet werden müste, den ernannten König zu schwächen und Schlesien wieder herbey zu bringen«. Kaunitz betrachtet die österreichischen und die böhmischen Länder als das Herz der Monarchie und betreibt ihre administrative Vereinigung. Schlesien war bis 1740 ein böhmisches Land und muss auch wegen seines großen strategischen Werts im nördlichen Mitteleuropa unbedingt zurückgewonnen werden. Über Jahre schmiedet Kaunitz an einer großen antipreußischen Allianz. Er weiß, dass er den legitimen Kurfürsten von Brandenburg und König in Preußen nicht einfach aus der Welt schaffen oder ins Exil schicken kann. Aber er kann ihn »auf seinen ursprünglichen Zustand einer kleinen, sehr zweitrangigen Macht« zurückdrängen.

Noch während des Österreichischen Erbfolgekrieges schließt Wien 1746 ein Bündnis mit Russland, das ausdrücklich auf die Wiedergewinnung Schlesiens gerichtet ist. Sankt Petersburg sieht das östliche Mitteleuropa als sein Interessengebiet an und empfindet den Aufstieg Preußens als Herausforderung. Der Zarenhof vereinbart mit Kaunitz, dass Russland nach dem Sieg über das Haus Brandenburg Teile Polens erhalten würde, das wiederum mit Ostpreußen entschädigt werden könne. Eine drastische Verminderung der preußischen Macht ist das Ziel der russischen Politik. Allerdings ist Zarin Elisabeth Petrowna bei schlechter Gesundheit und ihre Nachfolge umstritten. Die Hofintrigen schwächen Russland als politische Kraft.

Die Übereinkunft mit der östlichen Großmacht ist nur eine von zwei Säulen der antipreußischen Allianz. Der schwierigere Teil des diplomatischen Mammutprojekts ist eine Verständigung zwischen Österreich und Frankreich. Da die Habsburger und die französischen Könige seit drei Jahrhunderten miteinander im Streit liegen, erscheint es unvorstellbar, dass aus den Rivalen Verbündete werden. Ludwig XV., der seit 1740 mit

Friedrich verbündet ist, kann es nur recht sein, wenn das relativ schwache Preußen Schlesien besitzt und ein Gegengewicht zum alten Konkurrenten Österreich bildet. Hinzu kommt, dass Frankreich dem schwer einzuschätzenden Russland, mit dem sich Österreich verbündet hat, misstraut. Dennoch kommt schließlich ein Defensivbündnis zwischen Wien und Paris zustande, was der österreichische Staatskanzler keinem anderen als dem Preußenkönig selbst zu verdanken hat.

Dieser vereinbart 1756 mit Großbritannien-Hannover in der Konvention von Westminster, das Reich von fremden Truppen freizuhalten, was auf ein Verteidigungsbündnis gegen Frankreich und Russland hinausläuft. Durch die Übereinkunft mit dem Erzfeind fühlt sich Frankreich von seinem alten preußischen Verbündeten verprellt und einigt sich mit der Hofburg. Den König mag auch die Erinnerung an die vorangegangenen Bündnisbrüche Friedrichs angetrieben haben. Doch der Schritt schadet dem Ansehen Ludwigs XV. in seiner Heimat sehr.

Aber auch, wenn es Österreich gelungen ist, eine große Allianz mit Frankreich und Russland zu schmieden, bringen die Koalitionäre weder dieselben Erwartungen noch das gleiche Engagement mit: Um Frankreichs Vorbehalte gegenüber Russland nicht zu schüren, beschwört Maria Theresia ihre Partner in Sankt Petersburg, die Abmachung über die geplante Annexion Ostpreußens geheim zu halten.

Wie kam es zu dem folgenschweren preußisch-britischen Vertrag, der Maria Theresia und Kaunitz ans Ziel ihrer Träume bringt? Seit Jahrzehnten waren die Beziehungen zwischen den Welfen und den Hohenzollern belastet, in Deutschland sind Kurhannover und Brandenburg-Preußen Konkurrenten. Während Preußen sich an Frankreich hält, ist Großbritannien-Hannover Bundesgenosse Österreichs. Der große britisch-französische Gegensatz, der seinen Ursprung in den

Kolonien hat, lässt den englischen König um sein deutsches Stammland bangen. Um das Kurfürstentum Hannover gegen Frankreich zu sichern, strebt er einen Vertrag mit Russland an, dessen Truppen gegen die Zahlung von Hilfsgeldern Hannover beschützen sollen. Diese Aussicht erschreckt Friedrich. Die Einbeziehung Russlands in die mitteleuropäischen Angelegenheiten und dessen Stärkung durch britische Subsidien will er nicht dulden. Schließlich weiß er, dass Österreich für seinen Revanchekrieg auf das Zarenreich angewiesen ist, das Friedrich für barbarisch hält und fürchtet »wie ein Kind den schwarzen Mann«.

Um sich Russland vom Leib zu halten, bietet der Preußenkönig seinem Onkel Georg an, den Schutz Hannovers zu übernehmen. Er geht davon aus, dass Russland durch die britisch-preußische Vereinbarung abgeschreckt wird, gemeinsam mit Österreich gegen ihn vorzugehen. Doch er verschätzt sich. Statt Russland einzuschüchtern, treibt er Frankreich ins Lager seiner Feinde in Wien. Es ist nicht das einzige Mal, dass ein diplomatischer Schachzug eines Kabinettspolitikers ganz andere Folgen hat als beabsichtigt. Im Zeitalter der Geheimdiplomatie und der Hofintrigen lassen sich Fehleinschätzungen in Bezug auf die Pläne der übrigen Akteure kaum vermeiden.

Wie schon 1740 erweist sich die Konkurrenz zwischen Frankreich und Großbritannien als feste Größe der europäischen Politik. Aus französischer Sicht ist sie längst wichtiger als die Gegnerschaft zu den Habsburgern, die seit der Etablierung bourbonischer Könige im ehemals habsburgischen Spanien viel von ihrer alten Bedrohlichkeit eingebüßt haben. Und aus englischer Sicht haben Kolonialinteressen ohnehin Vorrang vor den Belangen des Kontinents. Zentraler Streitpunkt zwischen Versailles und London ist Nordamerika. Von den britischen Besitzungen an der Ostküste drängen Siedler in Richtung Nordwesten zu den großen Seen. Sie stoßen dort auf die Bewohner der gleichfalls expandierenden französischen Kolonie Kanada. Beide Länder verlegten Truppen nach Nordamerika, seit 1754 kommt es zu Kampfhandlungen. Weitere koloniale Reibungspunkte sind Indien, die Karibik und Westafrika.

Die Konvention von Westminster, die Preußen und Großbritannien im Januar 1756 abschlossen, soll nach dem Willen Londons den sich anbahnenden Kolonialkrieg vom Kontinent fernhalten. Vier Monate später erklären Frankreich und Großbritannien einander offiziell den Krieg, der sich zunächst auf Übersee beschränkt und auf Englisch als French and Indian War – Franzosen- und Indianerkrieg – bezeichnet wird. Der Kampf Großbritanniens und Frankreichs um den Besitz Nordamerikas verbindet sich mit dem Ringen zwischen Preußen und Österreich um die Vorherrschaft in Mitteleuropa. Das Bindeglied zwischen den Konflikten ist Hannover, das durch Personalunion mit der britischen Krone vereinigt ist. Frankreich, das auf dem Meer seinem Rivalen unterlegen ist und seine Kolonien nicht verteidigen kann, will sich des Kurfürstentums als Faustpfand bemächtigen, und Großbritannien will genau das verhindern.

Friedrich bekommt trotz aller Geheimhaltung Wind von der österreichisch-französischen Annäherung. Seine Feinde in Wien schicken sich an, die Umzingelung Preußens zu organisieren. Er beschließt, ihnen zuvorzukommen, und bringt damit, ähnlich wie durch die Besetzung Schlesiens 1740, die angespannten internationalen Beziehungen erst in Bewegung. Das Dreieck Sankt Petersburg – Wien – Versailles festigt sich erst infolge der neuerlichen preußischen Gewalttat, das Defensivbündnis zwischen der Hofburg und Versailles wandelt sich in ein offensives. Dabei behält Österreich klar die Hauptrolle im Kampf gegen Preußen. Maria Theresia wird dabei von der Zarin Elisabeth und der Marquise de Pompadour, der Mätresse Ludwigs XV., unterstützt – ausgerechnet der

als Frauenhasser verschriene Friedrich bekommt es mit drei
weiblichen Widersachern zu tun, die er einmal »die drei Erz-
huren Europas« nennt. Ergänzt wird die Allianz durch das
Reich, das den neuerlichen Friedensbruch ahndet, sowie durch
Schweden, das den Zugriff Preußens auf seine Besitzungen in
Pommern fürchtet.

Das Land Sachsen liegt in einer äußerst wertvollen strategischen Position für den preußischen Oberbefehlshaber und
hat auch sonst viel zu bieten. Es bildet mit Brandenburg und
Schlesien einen gut zu verteidigenden Länderblock; es hält die
Kampfhandlungen von den eigenen Ländern fern; es ernährt
die Soldaten während des Winters; es ist über die Elbe gut
an die preußischen Länder angebunden; es stellt für spätere
Verhandlungen eine wertvolle Tauschmasse dar; es ist wohlhabend und bietet sich zur Ausplünderung an. In den folgenden Jahren werden die Bewohner des Kurfürstentums einen
Großteil der preußischen Kriegskosten aufbringen.

Verfolgt der Eindringling noch andere Ziele als das, seinen
Feinden zuvorzukommen und sich in eine vorteilhafte Ausgangsposition zu bringen? Plant er, Sachsen zu annektieren?
Im Politischen Testament von 1752 hatte Friedrich seinem
Nachfolger auseinandergesetzt, dass weitere Eroberungen
für Preußen nicht ratsam seien und man sich vor den Re-
vanchegelüsten Österreichs hüten müsse. Die Nachbarn sei-
en zu missgünstig und ein Unternehmen wie die Besetzung
Schlesiens nur schwer zu wiederholen. Große politische Pläne
würden stets durch Zufälle gefährdet, und ein Staatsmann
tue gut daran, lieber zu reagieren als sich festzulegen. Nach
solchen Mahnungen zur Vorsicht widmet sich Friedrichs Botschaft »politischen Träumereien«, an deren erster Stelle der
Erwerb Sachsens steht. Friedrich beschreibt, wie die Einver-
leibung des Nachbarlandes die Verteidigung der Kernprovinzen erleichtern würde. Bis in die Einzelheiten schildert er
die mögliche Besetzung Sachsens und die Ausschaltung von

dessen Armee. Eine Auseinandersetzung mit Österreich, in der Sachsen auf der Seite der Feinde Preußens stünde, wäre ein geeigneter Anlass, um das Land der Wettiner in die Hand zu bekommen. Immerhin hatte er schon nach dem Ersten Schlesischen Krieg festgestellt, dass der Drang zur Vergrößerung die treibende Kraft des politischen Handelns sei. Seine Grenzen findet dieser Expansionsdrang an den machtpolitischen Gegebenheiten.

Wenn Friedrich nun tatsächlich Sachsen besetzt, liegt die Vermutung nahe, dass er die Annexion des reichen Nachbarn im Auge hat. Oder ist dieser Plan doch nur eine »Träumerei« und der Einmarsch eine rein vorbeugende Aktion? Es lässt sich leicht vorstellen, dass er den Präventivgedanken, den er zweifellos hegte, mit dem Eroberungsplan, den er schon früher durchgespielt hatte, verbindet. In so mancher Hinsicht ist das Unternehmen gegen Sachsen nach seinem Geschmack: Er bestimmt das Geschehen, setzt seine Stärken ein und dreht endlich wieder ein großes Rad. Dass Sachsen der gegnerischen Allianz – offiziell zumindest – gar nicht angehört, macht den Überfall zu einem eklatanten Rechtsbruch. Das aber ist Friedrich egal. Für ihn ist Außenpolitik immer Machtpolitik, zu deren Instrumentarium auch Präventivkriege gehören.

Der Sieg über die Sachsen wird nicht so schnell errungen wie erhofft. Trotz des überfallartigen Einmarsches gelingt es den Preußen nicht, das sächsische Heer sofort zu überwältigen. Die Führung in Dresden hat den Angriff Friedrichs vorausgeahnt und der Armee rechtzeitig den Befehl gegeben, sich zwischen Pirna und der Festung Königstein in einer unangreifbaren Stellung zu versammeln. Die Sachsen warten darauf, dass die in Böhmen stehende österreichische Streitmacht ihnen zu Hilfe kommt. Friedrich lässt das Lager einschließen und wartet zunächst zwei Wochen ab, in denen die Sachsen kostbare Vorräte verbrauchen. Dann lässt er knapp die Hälfte seiner 65 000 Mann nach Böhmen vorrücken. Bei Lobositz an der Elbe stößt er am 1. Oktober 1756 auf das österreichische Korps unter dem Feldmarschall Browne. Es kommt zu einer heftigen Schlacht, die vom Morgen bis in den Nachmittag hinein andauert. Nach zwei gescheiterten Kavallerieangriffen und schweren Verlusten gelingt es der preußischen Infanterie ein weiteres Mal, die Österreicher vom Schlachtfeld zu vertreiben.

Wie jede Schlacht bringt auch die von Lobositz den Soldaten Tod, Verstümmelung und Todesangst. Ein preußischer Infanterist, Franz Reiß mit Namen, schreibt an seine Frau: »Mit den ersten Kanonenschüssen wurde unser [Kamerad] Krumpholtz mit der Kanonenkugel durch den Kopf und den halben Kopf hinweg geschossen, welcher dichte neben mir stand, und [der Soldat] Boden, das Gehirn und Hirnschale von Krumpholtzen in das Gesicht und das Gewehr von der Schulter in tausend Stücken entzwei [abbekam], aber doch Gottlob unbeschädigt geblieben. ... Da wir nun auf die Wahlstätte kamen, so lag nicht einer, sondern 3 bis 4 aufeinander, einige todt, welchen der Kopf hinweg, einigen beide Beine kurz, die Arme vom Leibe, Summa, daß ganz erstaunend anzusehen war. Nun, liebes Kind, denke einmal nach, wie uns zu Muthe muß gewesen sein, des Morgens nüchtern zur Schlachtbank hingeführt [zu werden] und nicht das Geringste davon gewußt [zu haben].« Der Gemeine Barthel Linck dankt Gott und seiner Frau: »Dein im letzten Briefe übersandtes Sprüchlein: ›Jesu hilf siegen, Jesu hilf kriegen, Jesu hilf schlagen die Feinde fortjagen‹, hat mich unter während Schlacht kräftig gestärkt.« In der tödlichen Gefahr, die der Krieg über sie bringt, stützen sich die Soldaten des religionskritischen *roi philosophe* auf ihr Gottvertrauen.

Warum kämpfen die Soldaten? Viele gehorchen aus Angst vor Strafe und aus Gewöhnung an den Drill. Sie haben eine fatalistische Haltung und stützen sich auf ihren Glauben.

Dass viele unter Zwang kämpfen, bestätigen schon die zahlreichen Deserteure, die das Weite suchen, sobald der Druck nachlässt. Es gibt aber auch Hinweise darauf, dass manch einer dem Krieg einen Sinn abgewinnt. Henri de Catt hält in seinem Tagebuch folgende Episode fest:»Der König sagte zu einem alten anhaltischen Soldaten: ›Ihr habt euch tapfer gehalten.‹ ›Wie hätten wir es anders machen sollen, Majestät, wir kämpfen für unsere Religion, für unseren König, für unser Vaterland.‹ Der König weinte und wiederholte mir unter Tränen diese Antwort.« Der anhaltinische Soldat ist von der »preußischen Sache« überzeugt. Die aber ist für ihn zuerst die Religion, und gerade die ist Friedrichs Sache nicht. Die Geschichte zeigt aber auch, dass der oft siegreiche und in erster Reihe kämpfende König manche Männer, die durch Zwang in seine Hand gegeben sind, für sich gewinnt.

Die Schlacht bei Lobositz zeigt, dass die Österreicher schwerer zu besiegen sind als fünfzehn Jahre zuvor. Ihre Infanterie legt mehr Widerstandskraft an den Tag. Die Artillerie, die weiter und wirkungsvoller schießt als die preußische, fügt den Truppen Friedrichs hohe Verluste zu. Die Regimenter Maria Theresias sind gut geführt und verbergen sich so geschickt, dass Friedrich zunächst meint, es nur mit der Nachhut zu tun zu haben. Als die Österreicher die Schlacht abbrechen, ist ihre Hauptmacht intakt, während die Preußen vom Kampf und den vorangegangenen Märschen erschöpft sind. Browne hat keinen Grund, seinen Plan, den eingeschlossenen Sachsen zu Hilfe zu kommen, aufzugeben. Bald nach der Schlacht dringt er wieder entlang der Elbe vor. Die ausgehungerten sächsischen Soldaten verlassen unterdessen ihre sichere Stellung. Sie hoffen, sich mit den Österreichern vereinigen zu können, kommen aber nicht weit und müssen sich am 14. Oktober ergeben.

Was auf die Kapitulation folgt, vertieft die Gräben zwischen Sachsen und Preußen noch weiter. In Gegenwart des

Königs werden die besiegten Soldaten gezwungen, diesem die Treue zu schwören. Wer den Eid nicht deutlich nachspricht, bekommt die Fäuste der Preußen zu spüren. »Der König selbst hat sich so weit vergessen, einen jungen Edelmann … eigenhändig mit dem Stocke zu schlagen und ihm dabei zu sagen: er habe weder Ehrgeiz, noch Ehre im Leibe, da er nicht in den Preußischen Dienst treten wolle«, berichtet eine sächsische Quelle. Statt sie in die bestehenden Regimenter einzureihen, lässt der König aus den 18 500 Sachsen zehn neue Regimenter bilden. Die Folge wird sein, dass Tausende der neuen »preußischen« Soldaten im Frühjahr das Weite suchen und zu den Österreichern überlaufen.

Die Hauptstadt Dresden, in der Friedrich sein Winterquartier bezieht, bietet allerlei Annehmlichkeiten. Der Preußenkönig wohnt im luxuriösen Palais des leitenden Ministers Graf Brühl, der sich mit dem sächsischen Kurfürsten und polnischen König August III. nach Warschau abgesetzt hat. Wie in Friedenszeiten verkürzt er sich die Winterabende mit Flötenkonzerten. Er besucht die feierlichen, musikalisch gestalteten katholischen Gottesdienste, die seit dem Übertritt der Wettiner zum Katholizismus in der Hofkirche abgehalten werden.

Der erste Feldzug bringt Preußen das Land Sachsen ein. Einen weitergehenden Vorstoß in die habsburgischen Länder unterlässt Friedrich jedoch. So mancher unter seinen Generalen versteht nicht, warum ihr Oberbefehlshaber den Österreichern Zeit lässt, ihre Kräfte zu sammeln und die Verbündeten zu mobilisieren. Angesichts der Aktivitäten seiner Gegner hat Friedrich selbst das Gefühl, »dass eine Meute aus Königen und Fürsten auf mich Jagd machen will wie auf einen Hirsch und dazu noch Freunde einlädt«, wie er an Wilhelmine schreibt. Doch hat er vor, die Rolle des Jägers so lange wie möglich zu behalten.

Im Frühjahr 1757 lässt er vier preußische Korps von Sachsen und Schlesien her in Böhmen einrücken. Die über 100000 Soldaten sollen sich im Herzen des Landes vereinigen. Welches Ziel er damit genau verfolgt, ist nicht ganz klar. Vielleicht will er den Österreichern einen schweren Schlag versetzen und ihnen so die Lust am Krieg nehmen, ehe die französische Armee ihre Vorbereitungen abschließen und gegen die Preußen vorrücken kann. Schon Jahre früher hatte er in den »Generalprinzipien vom Krieg« festgestellt, dass »unsere Kriege kurz und vives [lebhaft] sein müssen ..., weil ein langer Krieg ... unsere Ressourcen aber erschöpfen würde«. Die österreichischen Truppen in Böhmen jedenfalls sind ähnlich stark wie die preußischen, so dass ein heftiges, »lebhaftes« Aufeinandertreffen zu erwarten ist.

Friedrichs Operation überrascht den Gegner, die Preußen dringen tief in das Land ein und schaffen es, strategisch wichtige Flussläufe zu überqueren. Die Österreicher weichen zurück und stellen sich am 6. Mai bei Prag zum Kampf. Mit über 120000 Kombattanten – beide Seiten sind etwa gleich stark – ist es die bisher größte Schlacht, an der Friedrich beteiligt ist. Sie bestätigt die Lehren von Lobositz; die Zeiten, in denen sich die Truppen Maria Theresias vom bloßen Anblick der unerschütterlich vorrückenden, das Gewehr über der Schulter tragenden preußischen Infanteristen in die Flucht schlagen ließen, sind endgültig vorbei. Sie sind unter Ausnutzung des Geländes so aufgestellt, dass ein Angriff hohe Verluste bringen muss. Der königliche Feldherr treibt die Soldaten dennoch zum Angriff. Das österreichische Abwehrfeuer ist so heftig, dass zwei von Friedrichs Regimentern das Weite suchen – das gab es noch nie. Vier preußische Generale und der alte Marschall Schwerin, der Friedrich auf seinem ersten Feldzug zur Seite gestanden hatte, sterben den Schlachtentod.

Die Auflösungserscheinungen auf dem linken preußischen Flügel führen dazu, dass eine katastrophale Niederlage droht.

Dann findet die in der Mitte aufgestellte Infanterie eine Lücke in den österreichischen Linien, die so Gefahr laufen, von den Preußen aufgerollt zu werden. Den Österreichern bleibt nichts anderes übrig, als sich in das befestigte Prag zurückzuziehen. Die Kavallerie deckt das Zurückweichen mit todesmutigen Attacken, so dass die preußische Seite den Erfolg nicht zu einem großen Sieg ausbauen kann. Dabei sind die Österreicher schwer geschlagen. Sie verlieren 14 000 Soldaten, von denen 5000 in Gefangenschaft geraten. Auch Feldmarschall Browne kommt ums Leben. Doch ein weiteres Mal sind die Verluste der siegreichen Preußen noch höher als die des geschlagenen Gegners. Friedrich wird später gegenüber de Catt zu dem Gemetzel bemerken, dass es »niemals eine berühmtere und blutigere Schlacht gegeben hat als die, die ich bei Prag geliefert habe«.

Die wenigen Berichte über das Gebaren des Preußenkönigs an diesem Tag geben einen Eindruck von dem heftigen emotionalen Auf und Ab, das er während einer Schlacht durchlebt. Ein Husarenoffizier erzählt, wie der König unter Beschuss geriet: »Er hielt das Fernrohr ans Auge und machte sich über unsere Besorgnis lustig. ... Die Kanonenkugeln rissen um ihn herum den Boden auf, so dass sein Pferd sich in ständiger Bewegung befand, doch er schien sich darüber zu amüsieren.« Ein Offizier der Garde sieht ihn nach der Schlacht »in einem jammervollen Zustand« beim Zusammentreffen mit seinem Bruder Heinrich: »Da begann er zum Prinzen seine schmerzlichsten Klagen: ›Wir haben außerordentlich verloren; der Feldmarschall Schwerin ist tot!‹ Dann zählte er die Anderen auf. Fast erstickte der Schmerz seine Rede ...« Zwischen spöttischem Übermut und tränenreicher Trauer liegen, wenn überhaupt, nur wenige Stunden.

Am Tag nach der Schlacht schreibt Friedrich an den Marschall Keith: »Nach den Verlusten, die wir hatten, bleibt uns als einziger Trost, die Leute, die in Prag sind, gefangen zu neh-

men … Und dann, glaube ich, wird der Krieg zu Ende sein.«
In der Stadt halten sich 46000 Soldaten und, wie Friedrich
schätzt, 70000 Zivilisten auf. Er lässt die Stadt beschießen
und hofft, dass einige der Depots zum Raub der Flammen
werden. Doch so leicht lässt sich die gut verproviantierte
Stadt nicht aushungern. Im Osten Böhmens wird derweil eine
österreichische Armee aufgestellt, die den Eingeschlossenen
zu Hilfe kommen soll. Friedrich zieht ihr entgegen und bietet
bei Kolin die Schlacht an.

Die erste Niederlage der preußischen Armee nach acht Siegen in Folge geht wesentlich auf das Konto des Oberbefehlshabers. Der chronisch ungeduldige Friedrich will eine schnelle
Entscheidung und unterschätzt die Stärke und die günstigen
Stellungen der Österreicher. Die entschlossen kämpfenden
53000 Mann des Feldmarschalls Leopold Joseph Maria Graf
von Daun wehren sämtliche Angriffe der Preußen ab, die zwei
Drittel ihrer Infanterie verlieren, bis sie sich endlich zurückziehen. Der König ist über die mangelnde Bereitschaft seiner
Soldaten, sich in aussichtsloser Lage totschießen zu lassen,
höchst ungehalten und ruft ihnen nach: »Ihr Racker, wollt
Ihr ewig leben?« Infolge der Niederlage wird die Belagerung
von Prag abgebrochen. Sein Plan, das Heer der Habsburger
von Böhmen und Mähren aus kaltzustellen, ehe deren Verbündete in den Konflikt eingreifen, scheitert bei Kolin. Von
nun an kann er nur noch reagieren und von einem Brandherd
zum nächsten eilen. Dann erreicht ihn auch noch die Nachricht vom Tod seiner Mutter, der ihn sehr trifft. Friedrichs
Nimbus der Unbesiegbarkeit ist dahin. In diesem Moment
ist er nicht mehr der strahlende Herrscher, der Provinzen im
Handstreich einnimmt, sondern ein verletzbarer, trauernder
und offensichtlich recht einsamer Mann, mit 45 Jahren auch
nicht mehr jung.

Zwei Siege für die Geschichtsbücher

Nach dem Scheitern des Feldzugs in Böhmen beschließt der erstmals geschlagene Feldherr, sich zunächst abwartend zu verhalten. Er teilt sein Heer in zwei Korps auf, von denen er das eine selbst führt und das andere seinem Bruder und designierten Nachfolger August Wilhelm unterstellt. Dem gelingt es nicht, den nachstoßenden Daun daran zu hindern, in die Lausitz vorzudringen und die wichtigen Magazine von Zittau in Brand zu schießen. Friedrich macht seinen Bruder für den Rückschlag persönlich verantwortlich und reagiert mit gewohnter Schärfe: »Sie werden immer ein kläglicher Heerführer bleiben. Kommandieren Sie einen Harem, wohlan; aber solange ich lebe, vertraue ich Ihnen keine zehn Mann mehr an.« Sämtliche Generale halten zu August Wilhelm und sehen keinerlei Schuld bei ihm, aber der König ist unerbittlich. Der gedemütigte Prinz verlässt die Armee. Der Frau seines Bruders Heinrich klagt er: »Unser großer Mann ist so eingenommen von sich, fragt niemanden um Rat, überstürzt in seiner Unbesonnenheit alles, und bei seiner Launenhaftigkeit glaubt er den wahrheitsgemäßen Berichten nicht.« Ein Jahr später stirbt er als gebrochener Mann. Sein Sohn Friedrich Wilhelm wird erster Anwärter auf den preußischen Thron.

Nach dem Abgang August Wilhelms will der König dessen Korps dem Prinzen Heinrich geben, der wie auch der jüngste Bruder Ferdinand als General dient. Aber Heinrich lehnt ab, weil auch er das Verhalten Friedrichs missbilligt und ihm die »furchtbare und grausame Entehrung« des Bruders vorwirft. Bald darauf übernimmt er ein anderes Kommando und steigt zu einem brillanten Heerführer auf. Während sein Bruder von Schlacht zu Schlacht eilt, hält ihm dieser Meister der Defensive den Rücken frei. Er ist intelligent und bedächtig, die Impulsivität Friedrichs ist ihm fremd. Ihn erschreckt die aggressive Kriegführung des Königs, auch weil er sich um die ihm anvertrauten Soldaten sorgt, deren Leben er nicht in Schlachten zu vergeuden sucht. Heinrich hasst Friedrich: »Hätte es doch Gott gefallen, dass unsere verstorbene Mutter am 24. Januar 1712 eine Fehlgeburt gehabt hätte.« Oder: »Nach dem Krieg muss ich damit rechnen, dass ich von der Person verfolgt werde, denn sie ist zu eitel, zu neidisch und boshaft, um sich nicht für die Verdienste zu rächen, die ich ihr erwiesen habe.« Dennoch dient er »der Person« als Feldherr und Diplomat. Wenn preußische Pflichterfüllung heißt, für das große Ganze von den eigenen Neigungen abzusehen, ist Heinrich ein größerer Preuße als Friedrich.

Unterdessen tritt Friedrich den von Westen herankommenden Franzosen entgegen, die jetzt aktiv in die Kampfhandlungen eingreifen. Sie werden von der Reichsarmee unterstützt, die Friedrich mit dem Einmarsch in Sachsen auf den Plan gerufen hat. Die Invasion war ein neuerlicher Bruch des Reichsfriedens, auf den nun die Exekution gegen Preußen folgt. Die Männer der Reichsarmee kommen aus 231 Klein- und Kleinststaaten. Die Protestanten unter ihnen hegen allerdings stärkere Sympathien für Friedrich als für Maria Theresia und ihren kaiserlichen Gemahl, auf deren Seite sie kämpfen. Nach wochenlangem Lavieren entlang der Saale treffen 20000 Preußen am 5. November 1757 bei Roßbach auf mehr als doppelt so viele Feinde. Drei von vier Soldaten im Heer der Verbündeten sind Franzosen, die übrigen gehören zum Reichskontingent.

Es gelingt Friedrich, der zunächst von den herannahenden gegnerischen Kolonnen überrascht wird, diese noch auf dem Marsch angreifen zu lassen. Seine Kavallerie unter Friedrich Wilhelm von Seydlitz bringt das Kunststück fertig, zwei erfolgreiche Attacken an einem Tag zu reiten. Franzosen und Deutsche fliehen in Scharen vor Friedrichs Armee, die einen aus Panik, die anderen mangels Kampfgeist. Am Ende steht ein triumphaler Sieg der Preußen, die weniger als fünfhundert

Mann verlieren, während die Franzosen und die Reichsarmee ein Viertel ihrer Stärke einbüßen. Friedrich ist erleichtert, und das nicht nur wegen der stark verbesserten Situation: »Gegenwärtig kann ich in Frieden in mein Grab hinabsteigen, da der Ruf und die Ehre meiner Nation gerettet ist. Wir mögen scheitern, doch wir werden nicht ehrlos sein«, schreibt er an Wilhelmine. Immer noch geht es ihm um Ruhm und Ansehen, wenn auch nicht mehr so sehr wie in seinen ersten Kriegen.

Im fernen London, wo man den unglücklich agierenden Verbündeten schon fallen lassen wollte, bewirkt der Sieg bei Roßbach einen Wandel zugunsten Preußens. Anders als der hannoversche König geben die führenden Politiker dem Kriegsschauplatz in Übersee den Vorrang. Am Geschehen auf dem Kontinent haben sie wenig Interesse, erst recht nach der Niederlage, die das deutsch-britische Heer im Juli gegen die Franzosen bei Hastenbeck erlitten hatte. Jetzt beweist Roßbach den Wert der Allianz mit Preußen, Hilfsgelder ergießen sich in die Berliner Kassen. Die englische Öffentlichkeit erhebt den Preußenkönig zum Idol, zahlreiche Pubs werden nach ihm benannt. Außer Geld schickt Großbritannien Truppen, die gemeinsam mit hannoverischen, braunschweigischen und hessischen Kontingenten kämpfen. Zusammen sind sie schließlich über 100 000 Mann stark. Unter dem Kommando des Herzogs Ferdinand von Braunschweig verteidigen sie in den folgenden Jahren die Heimat des britischen Königs und halten die Franzosen von den preußischen Kernprovinzen fern. Nach Roßbach wird es Friedrich nicht wieder mit ihnen zu tun bekommen.

Ähnlich beeindruckt wie die Briten sind die deutschen Zeitgenossen vom Sieg bei Roßbach. In seiner bald nach Friedrichs Tod erscheinenden Geschichte des Siebenjährigen Krieges wird ein Kriegsteilnehmer über die Folgen der Schlacht bemerken: »Alle Deutsche Völkerschaften groß und klein, ohne Rücksicht auf Partey, Reichsacht, und eignes Interesse, waren mit diesem Siege gegen die Franzosen zufrieden, den man als einen National-Triumphe ansahe.« Antifranzösische Ressentiments sind konfessionsübergreifend verbreitet und gehen auf den Dreißigjährigen Krieg und die Zeit Ludwigs XIV. zurück. Das Minderwertigkeitsgefühl gegenüber dem politisch und kulturell überlegenen Frankreich ist stark. Friedrich klettert eine große Stufe den Sockel hinauf, den er einst als Nationalheld zieren wird. Das nicht ganz unwichtige Detail, dass bei Roßbach auf beiden Seiten Deutsche standen, erklärt sich die Öffentlichkeit damit, dass hier französische List am Werk gewesen sei. Der Friedensbruch durch Preußen wird dagegen gerne ignoriert. Eine populäre Anekdote zu der Schlacht belegt die franzosenfeindlichen Spitzen der zeitgenössischen Wahrnehmung: »Ein Preußischer Reuter, im Begriff einen Französischen gefangen zu nehmen, erblickt in dem Augenblick, da er Hand anlegen will, einen Oesterreichischen Cürassier hinter sich mit dem Schwerdt über seinen Kopf. ›Bruder Deutscher‹, ruft ihm der Preuße zu, ›laß mir den Franzosen.‹ ›Nimm ihn‹, antwortet der Oesterreicher, und eilt davon.« Damals kommt niemand auf die Idee, einen Österreicher nicht für einen Deutschen zu halten.

Für die preußischen Prediger ist die nationale Begeisterung nebensächlich. Lieber erklären sie den Sieg zu einem Triumph des wahren Glaubens. Sie werfen der österreichisch-französisch-russisch-schwedischen Koalition vor, gegen die protestantische Konfession zu kämpfen, obwohl neben den katholischen Hauptmächten und dem orthodoxen Russland auch das lutherische Schweden gegen Preußen steht. Friedrich wird von ihnen mit dem Schwedenkönig Gustav Adolf verglichen, der 125 Jahre zuvor unweit von Roßbach im Kampf gegen den katholischen Kaiser gefallen war. Die preußische Propaganda kürt den König zum Verteidiger Deutschlands gegen die katholischen Franzosen und gegen die Übermacht des katholischen Österreichs. Und ganz falsch ist das nicht:

Friedrich hat tatsächlich starke Vorbehalte gegen den Katholizismus und den Machtanspruch Österreichs. Doch ein deutsches Vaterland und der Schutz des Protestantismus sind ihm einerlei. Ihn kümmern nur die Interessen Preußens, und Religionsfreiheit ist ihm wichtiger als die Vorherrschaft einer bestimmten Konfession.

Gleich nach dem Erfolg bei Roßbach wenden sich die Regimenter Friedrichs nach Osten, wo alles gegen die Preußen läuft. Österreichische Truppen haben derweil Breslau und die Festung Schweidnitz erobert, Herzog August Wilhelm von Bevern, der ein Schwager Friedrichs ist und das preußische Korps in der Lausitz und in Schlesien kommandierte, ist in Gefangenschaft geraten. Im Oktober hatten österreichische Reiter kurzzeitig Berlin besetzt. Friedrich sammelt die Reste des bevernschen Korps und macht den Männern Mut. Im Lager bei Parchwitz wärmt er sich mit ihnen am Lagerfeuer und erinnert sie an vergangene Siege. Er ruft die höheren Offiziere zusammen und schwört sie auf die kommende Schlacht ein: »Ich kenne die Schwierigkeiten dieses Unternehmens, doch in der Situation, in der ich mich befinde, geht es um Sieg oder Tod! Wenn wir unterliegen, ist alles verloren! Denken Sie, meine Herren, dass wir uns bei dieser Gelegenheit um unsere Ehre, für den Erhalt unserer Heime und für unsere Frauen und Kinder schlagen werden! Jene unter Ihnen, die wie ich denken, können versichert sein, dass ich mich, falls sie getötet werden, um ihre Kinder und Frauen kümmern werde. Diejenigen aber, die lieber ihren Abschied erhalten, werden ihn sofort erhalten, müssen aber auf jede Wohltat von meiner Seite verzichten.« Die ungewöhnliche Entscheidung Friedrichs, sich in dieser Form an seine Truppenführer zu wenden, hat den gewünschten Effekt. Keiner von ihnen denkt an Abschied, alle ziehen mit Feuereifer in den Kampf.

Das Gelände der Schlacht bei Leuthen ist Friedrich von

Manövern her vertraut. Er kann deutlich präzisere Befehle geben, als es ihm sonst möglich ist. Er begleitet persönlich die Entfaltung seiner Einheiten, spricht auch rangniedere Soldaten direkt an und weist sie ein. Der 5. Dezember 1757 ist klar und kalt, die Linien und Kolonnen zeichnen sich deutlich gegen den schneebedeckten Boden ab. Es gelingt Friedrich, seinen komplizierten Angriffsplan präzise umzusetzen. Er konzentriert seine Kräfte auf dem rechten Flügel, um die linke österreichische Flanke zu überwältigen. Als der schwächere linke preußische Flügel in Gefahr gerät, retten, wie so oft, die preußischen Truppenführer vor Ort die Situation. Die Österreicher unter Prinz Karl von Lothringen verlieren ein Drittel ihrer über 60 000 Mann starken Armee, die am Anfang dieses Tages beinahe doppelt so stark wie die preußische war. Bis lange nach Einbruch der Dunkelheit bleibt der König im Sattel, um eine Brücke einzunehmen, die dem geschlagenen Gegner zur Flucht dienen könnte. Derweil erwärmen sich seine durchgefrorenen Soldaten an dem Choral »Nun danket alle Gott«, den sie anstimmen, als sie durch die schneehelle Nacht marschieren.

Große österreichische Kontingente müssen Schlesien in Richtung Böhmen verlassen. Die 17 000 Mann, die Breslau gehalten hatten, gehen in Gefangenschaft, doch behaupten die Österreicher die Festung Schweidnitz, so dass die Vertreibung der Truppen Maria Theresias aus Schlesien nicht vollständig gelingt. Am Jahresende beziehen die Preußen endlich ihr Winterquartier an der schlesisch-sächsischen Grenze. Sie werden von einer Seuche heimgesucht, die sie mehr Menschenleben kostet als die Kugeln ihrer Gegner.

Am Ende dieses Kriegsjahres hat Friedrich vier große Schlachten geschlagen, während es im Ersten und Zweiten Schlesischen Krieg zusammen nur fünf gewesen sind. »Das nenne ich eine Kampagne, die gleich dreien gilt«, sagt der erschöpfte Heerführer. Sein ursprünglicher Plan, die Österrei-

cher in einer Blitzaktion zu besiegen, ist trotz aller Mühen fehl-
geschlagen. Stattdessen musste er von Böhmen nach Thüringen eilen, dann von dort nach Schlesien, um die zahlenmäßig
überlegenen feindlichen Heere nacheinander abzuschlagen.
Gewonnen hat er mit seinen legendären Siegen bei Roßbach
und Leuthen nicht mehr als eine Atempause. Bald werden
seine Gegner erneut von mehreren Seiten auf ihn eindrängen
und ihn zu weiteren Abwehroperationen zwingen.

Der Abwehrkampf

Im Winter 1757/58 hegt der Preußenkönig Friedenshoff-
nungen. Er meint, dass Franzosen und Österreicher nach den
schweren Niederlagen, die sie erlitten haben, die Lust am
Krieg verloren hätten. Zugleich will er die gelichteten Reihen
seiner Armee wieder auffüllen, »da das Argument der Gewalt das einzige ist, was sich gegen diese Hunde von Königen und Kaisern anwenden lässt«. Dieses Argument hat aber
noch lange nicht seine volle Überzeugungskraft entwickelt.
In Frankreich machen sich zwar Zweifel an der Notwendigkeit dieses Krieges breit, doch am Ende sagt die Marquise
de Pompadour dem Kanzler Kaunitz ihre weitere Unterstützung zu, um den »Attila des Nordens« doch noch zu »pul-
verisieren«. In Wien ist die Entschlossenheit, den preußischen
Emporkömmling zu unterwerfen, sowieso ungebrochen. Die
Reichstruppen hinzugerechnet, kann allein Maria Theresia
ebenso viele Soldaten ins Feld schicken wie Friedrich, vom
Potenzial der übrigen Verbündeten ganz zu schweigen. Die
Königin und Erzherzogin geht davon aus, dass ihr Gegner
irgendwann aus Erschöpfung wird aufgeben müssen: Preußen hat dreieinhalb Millionen Einwohner, die Verbündeten
zusammen 80 Millionen.
Im anbrechenden Kriegsjahr 1758 geht Friedrich erneut

in die Offensive, um dem Gegner das Gesetz des Handelns zu diktieren. Er will von Oberschlesien aus in Mähren eindringen, die Festung Olmütz belagern und die Österreicher dort binden. Diese Aktion soll die Soldaten Maria Theresias von den Russen fernhalten. Die Truppen der Zarin Elisabeth Petrowna hatten im Januar Ostpreußen besetzt. Sie operieren von Stützpunkten im Westen Polens aus, mit ihrem Vordringen bis zur Oder ist fest zu rechnen. Die preußischen Truppen gelangen glücklich vor die Stadt Olmütz und beginnen Mitte Mai die Belagerung. Die Österreicher unter Graf Daun – Prinz Karl von Lothringen hat nach Leuthen seinen Posten verloren – kommen heran und manövrieren geschickt, ohne sich zur Schlacht zu stellen. Nach der Erfahrung von Leuthen agiert der ohnehin sehr vorsichtige Daun noch defensiver. Er setzt darauf, dass das kleine Preußen vor den Verbündeten erschöpft sein wird. Seine Soldaten erbeuten eine für die Preußen lebenswichtige Versorgungslieferung, was die Fortsetzung der Belagerung aussichtslos macht. Friedrich führt seine Truppen ohne größere Verluste zurück nach Schlesien.

Inzwischen haben die Russen die Oder erreicht und beschießen die Festung Küstrin. Mit 11000 Mann begibt sich der König an den Ort des Geschehens und verstärkt das Korps unter Generalleutnant von Dohna. Er überschreitet die Oder zwanzig Kilometer nördlich von Küstrin und führt seine Truppen geschickt um die russische Stellung bei Zorndorf herum. Am 26. August entbrennt dort eine chaotische Schlacht. Der Qualm, der von den brennenden Dörfern der Umgebung her über das Schlachtfeld zieht, der aufgewirbelte Staub und der Pulverdampf beschränken den Kämpfenden die Sicht. Wie bei Kolin plant Friedrich einen massierten Stoß gegen den rechten Flügel des Gegners, und wieder scheitert der Plan. Wie so oft werden Befehle missverstanden oder ungenügend ausgeführt, und wie so oft ist es dem Feldherrn unmöglich, korrigierend in das Geschehen einzugreifen.

Von Seydlitz, der Held von Roßbach, wendet eine Niederlage ab. Er verweigert zunächst den Befehl, dem schwankenden linken Flügel zu Hilfe zu kommen, um dann umso wirkungsvoller zu agieren. Es entbrennen ungewöhnlich brutale Kämpfe, auch weil die preußischen Soldaten irrtümlich meinen, dass sie keine Gefangenen machen dürfen. Zahlreiche Russen wiederum wenden sich zur Flucht, können aber das Flüsschen Mietzel nicht überwinden. In ihrer Verzweiflung machen sie sich über die Schnapsvorräte ihres Trosses her, um dann umso ungestümer ins Gefecht zurückzukehren.

Das Ergebnis dieser blutigen Schlacht ist ein Unentschieden mit Vorteilen für die preußische Seite. An den folgenden Tagen liegen sich beide Heere noch immer gegenüber und nehmen auch wieder die Schlachtordnung ein. Es scheint, als würde es zu einem neuerlichen Gemetzel kommen, bis der russische Befehlshaber, Graf Fermor, nach fast einer Woche den Befehl zum Rückzug gibt. Die russische Seite hat von 44 000 Mann fast die Hälfte verloren, 6600 sind nicht mehr am Leben, die übrigen verwundet oder in Gefangenschaft. Von 36 500 Preußen sind 3700 tot, 7400 verwundet und 1900 vermisst oder gefangen. Für diesen hohen Preis hat Friedrich nicht viel mehr gewonnen als eine massive Schwächung des Feindes, der nach wie vor die Oderlinie bedroht. Da inzwischen die Österreicher und die Reichstruppen mit 100 000 Mann nach Sachsen eingerückt sind, bleibt ihm nichts anderes übrig, als mit dem Großteil der Oderarmee unverzüglich an den neuen Brennpunkt zu eilen.

Das Muster des Vorjahrs setzt sich fort. Während die Preußen von mehreren Seiten bedrängt werden, eilt ihr König von einem Kriegsschauplatz zum nächsten, um die Vereinigung der verbündeten Heere zu verhindern. Von wenigen Ausnahmen abgesehen, sucht er stets die Schlacht, und wenn sich der Gegner stellt, wählt Friedrich immer die Rolle des Angreifers. Er führt einen Defensivkrieg mit offensiven Mitteln. Dabei hasst er es, Verantwortung abzugeben. Wenn schon irgendjemand Fehler machen muss, dann wenigstens er selbst. Das Schicksal August Wilhelms zeigt, dass er das Versagen anderer nicht verzeiht.

Das Hin und Her hat durchaus Vorteile: Dieselben Männer, die schon bei Zorndorf gegen die Russen gekämpft hatten, stehen nur Tage später den Österreichern gegenüber. So fällt die numerische Unterlegenheit Preußens weniger ins Gewicht. Außerdem erleichtert die sogenannte innere Linie, das kompakte Netz an Verkehrswegen und Depots, an dem entlang sich Friedrichs Heer der heranrückenden Feinde erwehrt, den Verteidigern die Versorgung. Diesem Vorteil entspricht der Nachteil der Verbündeten. Die russischen Soldaten mussten sich zu Beginn des Krieges erst in ihrem großen, wenig erschlossenen Land sammeln, haben dann Jahr für Jahr von ihren polnischen Quartieren einen langen Anmarschweg bis zum Kriegsschauplatz und entsprechend lange Versorgungslinien. Sie greifen erst im Hochsommer in die Kriegshandlungen ein. Doch auch die Österreicher müssen sich, sobald sie in Sachsen oder Schlesien stehen, über das Gebirge hinweg versorgen, während sich die Preußen auf ihre Städte und Wasserstraßen stützen können. Die logistischen Grenzen der Kriegführung schränken die Angreifer stärker ein als den Verteidiger. Deshalb will Friedrich verhindern, dass sich seine Gegner in den wohlhabenden, verkehrsgünstigen Ländern Sachsen und Schlesien festsetzen.

In Sachsen versuchen Friedrich und sein altbekannter Rivale Daun, einander auszumanövrieren. Der Preußenkönig will dieses Mal keine Schlacht, sondern dem Gegner den Nachschub abschneiden. Die Heere marschieren wochenlang nebeneinanderher, belauern sich und warten darauf, dass die Gegenseite einen Fehler macht. Am frühen Morgen des 14. Oktober 1758 überfallen die Österreicher das preußische Lager bei Hochkirch, Friedrich verliert ein Drittel seiner Soldaten. Für dieses militärische Desaster muss er selbst die Verantwortung übernehmen. Der königliche Feldherr hatte das Heer durch die Abspaltung kleinerer Einheiten zu sehr geschwächt, das Lager unzweckmäßig anlegen lassen und den Unternehmungsgeist seines Gegenübers unterschätzt. Feldmarschall James Keith, das hochgeschätzte Mitglied seiner Tafelrunde, wird getötet, ebenso ein Bruder seiner Frau. Friedrich wird ein Pferd unter dem Leib weggeschossen. Zum Glück für die Preußen nutzt Daun seinen Vorteil nicht entschlossen aus, sondern wendet sich gegen Dresden, während andere Verbände der Verbündeten Neisse, Leipzig und Torgau belagern. Friedrich treibt seine Männer erst nach Neisse und erreicht, dass sich das österreichische Belagerungskorps von der Festung und aus Schlesien zurückzieht. Dann verjagt er Daun von den Mauern Dresdens, und auch Leipzig und Torgau kann er halten. Die Lage ist im Dezember die gleiche wie zu Jahresbeginn. Sachsen, Schlesien und die Zentralprovinzen bleiben in preußischer Hand. Hochkirch hat dem Ruf des königlichen Feldherrn geschadet, trotzdem erscheint es immer noch möglich, dass Preußen in dieser kräftezehrenden Auseinandersetzung am Ende die Oberhand behält.

Sechs Tage nach dem Debakel erschüttert ihn die Nachricht vom Tod seiner Schwester Wilhelmine. Fünf Jahre zuvor hatte er sie in Bayreuth besucht, auf dem Programm stand auch ein Opernbesuch. Wilhelmine hatte das Stück komponiert und inszeniert, noch dazu war sie die Bauherrin und Gestalterin des herausragenden markgräflichen Theaters. In seinem letzten Brief beschwor er die Todkranke, an ihre Genesung zu glauben. »Bedenken Sie, dass Ihr Tod mich zu dem unglücklichsten Geschöpf machen würde, welches über die Erde kriecht ...« Als er von ihrem Tod erfährt, kann er für Minuten vor Schluchzen kein Wort herausbringen. Es ist nicht das einzige Mal, dass der große König weint: »Wenn ich Kummer habe, wenn ich gute Freunde verloren habe, schließe ich mich ein und weine mich aus«, erklärt er de Catt. Es ist eine Zeit, in der viel gelacht, geweint und geküsst wird. Kurz darauf gibt der vom Schlachtenglück und seiner geliebten Schwester Verlassene den Befehl, das Schloss des ihm verhassten sächsischen Ministers Graf Brühl in Pförten in der Lausitz niederzubrennen. Offensichtlich lässt der mächtige Mann dem Zorn, in den seine Trauer und Frustration umschlagen, freien Lauf.

Länderskizze: Russland

Das Russland, mit dem es Friedrich II. zu tun hat, entstand in der Zeit der Regentschaft Peters des Großen zwischen 1682 und 1725. Innerhalb weniger Jahrzehnte unterzog der Zar sein Land, das geographisch, politisch und zivilisatorisch an der Peripherie Europas lag, einer Revolution von oben und gestaltete es nach westlichen Vorbildern radikal um. Er importierte militärisches Know-how, erwarb im Ausland persönlich Kenntnisse über Nautik und Schiffbau und schuf aus dem Nichts eine Kriegsflotte. Zur Finanzierung des neuartigen Militärapparats erhob eine zentralistische Bürokratie drastisch angehobene Steuern. Gleichermaßen Instrument und Symbol der Reformen wurde die vierzehnstufige Rangtabelle: Begabte Nichtadelige können ebenso wie dienstpflichtige Adelige im zivilen und militärischen Staatsdienst aufsteigen. Wie Frankreich und Preußen ist Russland eine absolutistische Monarchie, zugleich bleibt die traditionell-russische Despotie erhalten. Der große Zar und seine Nachfolger gelten als die Eigentümer des Landes und seiner Bewohner, ihrer Macht sind keine rechtlichen Grenzen gesetzt.

Die epochalen Reformen Peters hatten nicht immer

den gewünschten Erfolg und stießen oft auf Widerstand. Es gab Aufstände gegen die Aushebungen für die Armee, den Flottenbau und die Errichtung der neuen Hauptstadt, Sankt Petersburg. Die Masse der Bauern sind Leibeigene; die arme Landbevölkerung wird durch die hohen Steuern zusätzlich belastet. Die Bemühungen, auch der breiten Bevölkerung eine Schulbildung zukommen zu lassen, blieben im Ansatz stecken. Organisatorische Mängel und Korruption sind weiterhin chronische Probleme des Reichs.

Im Nordischen Krieg, der nach über zwei Jahrzehnten 1721 endete, besiegte Russland Schweden unter dem legendären Karl XII. und wurde die neue Vormacht im Ostseeraum. Mit Sankt Petersburg gründete der Zar eine neue Hauptstadt, die dem Westen zugewandt war. In den neu eroberten autonomen Provinzen im Baltikum lebten auch deutsche Bürger und Adelige. Peter arrangierte Eheschließungen zwischen der Zarenfamilie und deutschen Fürstenhäusern. Russland reihte sich in das Konzert der europäischen Mächte ein, zugleich machte es Eroberungen im Mittleren und Fernen Osten.

Auf den Tod Peters 1725 folgten Jahre der Vormundschaft und Günstlingsherrschaft. Mit einem Putsch installierte die Garde 1741 Peters Tochter Elisabeth auf dem Zarenthron. Peter hatte festgelegt, dass der Zar seinen Nachfolger nach Gutdünken bestimmen kann. Damit ebnete er Frauen den Weg auf den Thron. Bis zum Ende des 18. Jahrhunderts wird Russland fast ausschließlich von Zarinnen regiert. Katharina die Große kommt 1762 nach dem kurzen, für Preußen gleichwohl folgenreichen Zwischenspiel ihres Mannes Peter III. an die Macht. Die geborene Prinzessin Sophie von Anhalt-Zerbst – ihr Vater bekleidete den Posten eines preußischen Generals – ist von den Ideen der Aufklärung beeinflusst. Zu ihren Briefpartnern gehören Voltaire, d'Alembert und Diderot. Sie lässt eine Versammlung wählen, die Reformvorschläge erarbeitet. Hunderte neue Elementarschulen werden gegründet. An der Wolga siedelt sie Zehntausende Deutsche an. Die adelsfreundliche Politik des Zarenhofs geht auf Kosten der Leibeigenen. Die Zarin erlaubt den adeligen Grundbesitzern, ihre Bauern nach Sibirien zu deportieren. Das Beschwerderecht der Leibeigenen wird abgeschafft. Katharinas Ehemann Peter III. hob in seiner kurzen Amtszeit die Dienstpflicht der Edelleute auf und gestattete ihnen, ins Ausland zu reisen.

Die erst Teilung Polens verschiebt die russische Westgrenze 1772 an die Düna. Wenige Jahre später siegen das Heer und die Flotte Katharinas über die Streitkräfte des osmanischen Sultans. Das Zarenreich gewinnt große Gebiete am Schwarzen Meer sowie freie Schifffahrt auf demselben. 1783 bringt es die Krim-Halbinsel in seinen Besitz. Jede Eroberung macht den Vielvölkerstaat um einige Ethnien reicher. Mitte des 18. Jahrhunderts hat Russland etwa 28 Millionen Einwohner, an der Wende zum 19. Jahrhundert schon über 38 Millionen. Zu ihnen zählen neben den Russen Ukrainer, Weißrussen, Polen, Juden, Litauer, Letten, Esten, Finnen, Deutsche, Tataren und eine große Zahl größerer und kleinerer Völkerschaften, die finnougrische, mongolische, türkische und kaukasische Sprachen sprechen. Verkehrs- und Amtssprache ist das Russische. Auch auf diesem Gebiet hatte Peter der Große den Grundstein gelegt. Auf ihn gehen ein vereinfachtes Alphabet, der Aufschwung des Buchdrucks und die Übersetzung zahlreicher Werke aus dem Deutschen,

Niederländischen, Französischen und Englischen zurück, die Tausende neue Wörter in die russische Sprache brachten.

Der Philosoph im Feld

Kurz nach der Schlacht bei Hochkirch zeigt Friedrich seinem Vorleser Henri de Catt Opiumkugeln, die er in einer Dose stets bei sich trägt: Sie würden ausreichen, um jene finsteren Gestade zu erreichen, von denen es keine Wiederkehr gibt. Henri de Catt hatte der König im Jahr vor dem Ausbruch des Siebenjährigen Krieges kennengelernt, als er inkognito von Wesel aus in die Niederlande gereist war. Ihm gefiel der aus der Schweiz stammende Student der Geschichte und des Staatsrechts, der gebildet ist und sagt, was er denkt. Er bot ihm an, in seine Dienste zu treten. Im März 1758 traf de Catt im preußischen Hauptquartier in Breslau ein und wurde Friedrichs Vorleser. Dieses Amt, das vor ihm neben anderen Jordan bekleidet hatte, verpflichtet seine Inhaber, dem König für Gespräche inoffizieller Art zur Verfügung zu stehen. Der Vorleser erledigt die Privatkorrespondenz, liest dem König vor oder lässt sich von ihm vorlesen, redet mit ihm über Literatur, Gott und die Welt. Will sich Friedrich den Kummer von der Seele reden, ruft er de Catt. Das Tagebuch, das der Privatsekretär führt, bewahrt wertvolle Informationen über die Geistesverfassung des königlichen Heerführers und Philosophen während des großen Krieges.

»Wenn man leidet, wird man zum Philosophen«, sagt Friedrich zu de Catt. Regelmäßig beklagt er die Schlechtigkeit der Menschen und die Eitelkeit dieser Welt. In den französischen Übersetzungen der antiken Klassiker sucht er Trost.

Bei Lukrez findet er den Gedanken, dass die Seele mit dem Körper vergehe. »Für mich selbst fürchte ich nichts, mein Entschluss«, damit meint er die Sterblichkeit der Seele, »steht fest. Wenn ich sterben muss, mir soll es recht sein!« Er behauptet nicht nur, die Angst vor dem Tod überwunden zu haben, sondern sagt auch wiederholt, dass er an Selbstmord denke. »Ich hätte große Lust, mich aufzuhängen. Haben Sie nie diese Lust verspürt?«, fragt er seinen Vorleser halb neugierig, halb provokativ. Die Einwände des gläubigen Christen hört Friedrich wie stets aufmerksam an, wenn er das Christentum auch für eine »plump erfundene Fabel« hält. Zum Abschied bittet er de Catt, ihm doch am nächsten Tag einen Strick mitzubringen.

Friedrich lässt sein Opium in der Dose und die Finger vom Strick. Er mag sich gelegentlich nach dem Tod sehnen, doch fragt er sich auch, was dann aus den Seinen würde. Als Fürst nimmt er seine Pflichten gegenüber Familie und Staat ernst. Dennoch sind seine Selbstmordgedanken zweifellos nicht nur dahergeredet. Sie haben auch den Zweck, ihm die Last der Verantwortung zu erleichtern. Der Gedanke, dass er im Falle eines Scheiterns das Joch seines Amtes mitsamt seinem Leben abwerfen kann, beruhigt ihn. Wenn er seinem Vorleser das Opium zeigt, demonstriert er sich selbst und seinem Vertrauten die Freiheit, die ihm auch in größter Not noch bleibt. De Catt nimmt seinem Herrn die souveräne und abschätzige Haltung gegenüber Gott und Tod übrigens nicht ab: »Man kann beobachten, dass er in schweren Zeiten zur Frömmigkeit neigt, doch nur auf Umwegen und fast furchtsam; er möchte nicht, dass man das durchschaut.«

Dieser Philosoph ist ein Feldherr, der nach Sieg und Ruhm strebt. Auch das hält ihn am Leben. Oder anders gesagt: Nur ein König, der seine Pflicht tut, kann auch Ruhm ernten. De Catt hält Friedrich vor Augen, welch ungeheuren Eindruck er auf seine Mitwelt mache: »Wenn alles zu Ende ist, wird es nicht einen Menschen geben, der nicht König von Preußen sein möchte.« – »Ein schöner Ruhm, Städte eingeäschert, Dörfer verbrannt und Einwohner unglücklich gemacht zu haben! Sprechen wir nicht darüber. Mir sträuben sich die Haare«, entgegnet Friedrich. Das ist die selbstkritische Seite dieses Herrschers, der sich der »Glückseligkeit« der Menschen verpflichtet fühlt. Es überkommt ihn aber auch oft genug Stolz auf seine militärischen Leistungen: »Einen Krieg wie diesen hat man noch nie gesehen. Es ist wahr, dass seit der Schlacht bei Höchstädt«, 1704 im Spanischen Erbfolgekrieg, »keiner so blutige Schlachten geliefert hat wie ich.« Oder: »Ich glaube, die Leute werden sagen, dass mein Rückzug vorzüglich war.«

Der mal stoische, mal stolze Feldherr hat seine Eigenarten, die de Catt bald sehr gut kennt: »Wenn er in Schwierigkeiten ist, widerspricht er allem, was man sagt, und benimmt sich ganz wunderlich bei den einfachsten Dingen von der Welt.« Der britische Gesandte Mitchell beschreibt Friedrich im Herbst 1758 als reizbar und barsch im Ton gegen jedermann, sein stechender Blick ist gefürchtet. Es ist die Zeit nach dem Desaster von Hochkirch, in der Wilhelmine stirbt und er das Schloss des Grafen Brühl brandschatzen lässt. Die Selbstbeherrschung eines Philosophen spricht nicht daraus, und auch ein Politiker mit kühlem Kopf hätte so etwas nicht nötig. Doch während er Maria Theresia achtet, empfindet er für den Grafen Brühl regelrechten Hass. Für ihn, den Selbstherrscher, sind alle mächtigen Minister Speichellecker, die sich die Gunst ihrer Herren erschleichen.

Plagt den Kriegsherrn das Gewissen? Nimmt er sich das Leid zu Herzen, das der Krieg über die Menschen bringt? Ja und nein. 1756, zu einem frühen Zeitpunkt des Krieges, als das ganze Ausmaß seiner Gräuel noch nicht abzusehen war, erlaubte er sich in einem Brief an den Marquis d'Argens über die eingeschlossenen sächsischen Soldaten zu spotten:

»Sie scherzen über das Aushungern der Sachsen; doch der-
gleichen Leute muss man auf irgendeine Art fassen, und um
einen Lukull zu zähmen, gibt es kein besseres Mittel als Ent-
haltsamkeit.« Andererseits beklagt er gegenüber de Catt, dass
auch Zivilisten unter der Belagerung Dresdens 1760 leiden
müssen: »Was für Verheerungen wird es geben, wenn die
Leute in Dresden sich nicht ergeben! Wieviel Elend bringen
wir über Sachsen! Eins ist sicher, mein Lieber, etwas Schreck-
licheres als dieses Leben kann es nicht geben.« Dieser König
ist zu beidem fähig: zur Klage über die Schrecken des Krieges
wie zu Witzen auf Kosten der Opfer.

Sich selbst macht Friedrich ebenfalls zum Gegenstand seiner Scherze. An Voltaire schreibt er: »Für die Anteilnahme
an den Abenteuern des Don Quichotte des Nordens bin ich
dem Einsiedler von Les Délices zu großem Dank verpflichtet.
Dieser Don Quichotte führt das Leben eines Wanderkomö-
dianten, spielt bald auf diesem Theater, bald auf jenem, wird
manchmal ausgepfiffen, erntet manchmal Applaus.«

Der Briefwechsel mit seinem ehemaligen Höfling hatte sich
nach der Frankfurter Affäre auf ein Minimum reduziert. Erst
während des Siebenjährigen Krieges wird er wieder lebhafter.
Auch dem Schriftsteller schildert er seine Selbstmordgedanken,
die eine ebenso persönliche wie philosophische Angelegenheit
sind. Er bringt Voltaire dazu, erneut einen vertraulichen Ton
anzuschlagen. Der Dichter findet seinerseits zurück zu den
Lobpreisungen Friedrichs und seiner selbst: »Sie wissen, seit
20 Jahren sind alle Facetten Ihres Ruhms meine Passion. Ihre
großen Taten haben mir Recht gegeben.« Oder: »Seit Langem
beteuere ich, dass Sie der außergewöhnlichste Mensch sind,
der je gelebt hat. Europa am Halse zu haben und solche Verse
zu verfassen …, das ist gewiss einzigartig.« Voltaire wirft seinem alten und neuen Briefpartner aber auch in klaren Worten
die Frankfurter Ereignisse vor. Er stellt fest: »Ich konnte nicht
ohne Sie leben, aber auch nicht mit Ihnen.« Friedrich sei der-

jenige, »der mich verhext hat, den ich geliebt habe und über den ich mich unablässig ärgere«.

Trotz des erneuten Gedankenaustauschs bleibt Voltaire eine bevorzugte Zielscheibe von Friedrichs Spöttereien: »Voltaire ist wie ein Vogel oder ein Papagei, den man in seinen Käfig sperren muss, wenn man seiner müde wird; aber man muss sich sehr vorsehen, was man sagt, damit er nicht die letzten Worte wiederholt«, sagt Friedrich zu de Catt und rechtfertigt so das Vorgehen gegen seinen ehemaligen Höfling. Oder der Kriegsherr prophezeit wiederholt in abschätzigem Ton, dass der vehemente Antiklerikale Voltaire in seiner Todesstunde um den Segen der Kirche bitten werde.

Voltaire wiederum bekennt dem Duc d'Argental: »Ich mag Luc [Friedrich] nicht, wozu ich einigen Grund habe; niemals verzeihe ich ihm weder sein infames Verhalten gegenüber meiner Nichte noch seine Kühnheit, mir zweimal im Monat schmeichelhafte Dinge zu schreiben, ohne je sein Unrecht wieder gut gemacht zu haben. Ich ersehne eine tiefe Erniedrigung, die Bestrafung des Sünders; ich bin mir aber nicht sicher, ob ich seine ewige Verdammnis ersehne.« Andersherum ließe sich fragen, warum dann Voltaire dem König zweimal im Monat schmeichelhafte Dinge schreibt.

Der Ton zwischen den beiden, die so viel Schlechtes aneinander finden und doch nicht voneinander lassen, wird unterdessen selbstironisch und sarkastisch. Voltaire nennt sich den »alten Schweizer Schwätzer«, Friedrich sich einen »müden, gejagten, zerkratzten, zerbissenen, hinkenden und erschöpften Löwen«. Mit einem gewissen Vergnügen schildern sich die älteren Herren gegenseitig ihre Gebrechen. »Ich war nicht krank, wie Ihnen zugetragen wurde: meine Leiden bestehen nur aus Hämorrhoidenkrämpfen und Nierenkoliken«, schreibt Friedrich in die Schweiz. Die Begeisterung der frühen Jahre kehrt nicht wieder, doch die beiden wissen, wie ein altes Ehepaar, was sie aneinander haben und was nicht.

Drei Jahre am Abgrund

Für das Jahr 1759 plant Friedrich keine Offensivaktionen, sondern wartet ab. Nach monatelangem Geplänkel in Böhmen und Sachsen rückt von Posen her eine starke russische Armee heran. Das ihr entgegengesandte Korps wird bei Kay in der Neumark geschlagen, der König nimmt die Sache daraufhin persönlich in die Hand. Dann gelingt es den feindlichen Verbündeten auch noch, das russische Heer um ein österreichisches Korps zu verstärken. Die Gegner führen gemeinsam 64 000 Mann ins Feld, Friedrich hat 16 000 weniger. Wie ein Jahr zuvor überquert er die Oder, um die feindlichen Truppen zu umgehen, die sich bei Kunersdorf verschanzt haben. Doch der König operiert in einer ihm unbekannten Gegend und schätzt, wieder einmal voller Ungeduld, die Geländeverhältnisse falsch ein, seine Fußsoldaten können nur auf einem schmalen Streifen attackieren. Dennoch ist der preußische Angriff zunächst erfolgreich, die Gegner weichen aus ihren gut befestigten Stellungen. Vielleicht würden sie ohne weiteres Blutvergießen das Schlachtfeld räumen. Friedrich übergeht aber den dringenden Wunsch seiner Untergebenen, die Schlacht zu beenden, und befiehlt, den Angriff fortzusetzen, obwohl seine Soldaten an diesem glühend heißen 12. August längst erschöpft sind. Unkoordinierte Aktionen und heftiges Abwehrfeuer bringen die Attacke an einem Hohlweg, den der königliche Heerführer übersehen hatte, ins Stocken. Nach großen Verlusten wenden sich die Preußen zur Flucht. Der König greift selbst nach einer Truppenfahne und geht voran, kann die Männer aber nicht aufhalten. Trotz der Erfahrungen von Zorndorf hat Friedrich die Widerstandskraft der russischen Soldaten ein weiteres Mal unterschätzt. Außerdem ist das preußische Heer durch die Verluste der vergangenen Jahre geschwächt: Viele der gut ausgebildeten Soldaten, mit denen Friedrich in den Krieg gezogen war, sind nicht mehr am

Leben, in Gefangenschaft oder kriegsversehrt. Kunersdorf ist die schwerste Niederlage des preußischen Heeres in diesem Krieg.

Friedrich ist auf dem Tiefpunkt. »Mein Rock ist von Kugeln durchlöchert, zwei Pferde wurden mir erschossen. Mein Unglück ist, dass ich noch lebe ... Es ist ein grausamer Rückschlag, ich werde ihn nicht überleben. Die Folgen der Schlacht werden schlimmer sein als die Schlacht selbst. Ich habe keine Hilfsmittel mehr und offen gestanden glaube ich, dass alles verloren ist. Den Verlust meines Vaterlandes werde ich nicht überleben. Adieu für immer«, schreibt er am Abend nach der Schlacht an den Minister Finckenstein. Er gibt den Befehl über die Hauptarmee an General von Finck ab und ordnet an, dem Heer den Eid auf seinen Neffen Friedrich Wilhelm abzunehmen. Der inzwischen 47-jährige König ist nur einen Schritt vom Selbstmord entfernt.

Nach wenigen Tagen findet der geschlagene Feldherr seine Fassung wieder. Am 16. August schreibt er Prinz Heinrich, dass er, der König, solange er lebe, für den Staat einstehe, wie es seine Pflicht sei. Er übernimmt erneut den Oberbefehl, rafft mit Mühe 33 000 Mann zusammen und bezieht zwischen Berlin und Frankfurt Stellung. Dort erwartet er den Feind für die entscheidende Schlacht. »Jetzt ist der Augenblick gekommen, wo es zu siegen oder zu sterben gilt!« Weit über 100 000 feindliche Soldaten stehen in mehreren Abteilungen vor der unbefestigten Hauptstadt. Doch statt sich zu vereinigen und ihn anzugreifen, um nach siegreicher Schlacht Berlin einzunehmen und den Frieden zu diktieren, zögern die Verbündeten. Am 1. September 1759 schreibt der König an Prinz Heinrich: »Ich verkünde Ihnen das Mirakel des Hauses Brandenburg. In der Zeit, da der Feind nach dem Übergang über die Oder durch den Entschluss zu einer zweiten Schlacht den Krieg beenden konnte, ist er – von Müllrose nach Lieberose marschiert!« Die, in Friedrichs Worten, »göttliche Eselei meiner Feinde« verhindert die Niederlage. Preußen profitiert von der Uneinigkeit seiner Gegner. Dauns Plan, bei dessen Umsetzung das russische Heer eine weitere Schlacht austragen müsste, weist der Kommandeur Graf Saltykow scharf zurück: Nach den teuer erkauften Siegen bei Kay und Kunersdorf würden sich die Russen nicht noch einmal zur Schlachtbank führen lassen, während die Österreicher sich schonten. Nie wieder werden die Verbündeten dem Sieg so nah sein.

Währenddessen zieht Prinz Heinrich blitzartig mit einer in Schlesien zurückgebliebenen Abteilung über Görlitz an die Elbe und stört die Versorgung der Österreicher. Ganz ohne Schlacht behauptet er den Großteil Sachsens, wenn auch Dresden an die Verbündeten fällt. Die Russen wiederum versuchen in Schlesien einzudringen. Friedrichs Korps eilt ihnen nach und blockt sie ab, bis sie sich nach Polen in ihre Winterquartiere zurückziehen. Dann stößt der König – wegen eines schweren Gichtanfalls muss er sich tragen lassen – zu seinem Bruder an die Elbe. Er übernimmt den Oberbefehl von Heinrich und schickt mehrere Abteilungen los, die ein weiteres Mal den Nachschub der Österreicher unterbrechen und die Gegner zum Rückzug aus Sachsen bewegen sollen. Der größte Truppenteil, der unter dem Kommando General Fincks steht, operiert entgegen Heinrichs Rat gefährlich nahe dem österreichischen Haupttheer. Er wird bei Maxen eingeschlossen und muss kapitulieren. Die preußische Armee verliert 15 000 Mann und mit ihnen zehn Prozent des gesamten Offizierskorps.

Mit diesem schweren Rückschlag endet das Jahr 1759. Zwar hat das »Mirakel des Hauses Brandenburg« das taumelnde Preußen im Spiel gehalten, und auch die Besetzung Schlesiens konnte verhindert werden. Aber das wichtige Dresden ist in den Händen der Feinde, die Zehntausende Toten und Gefangenen sind kaum noch zu ersetzen. Im folgenden Jahr stehen gerade noch 100 000 Preußen den 230 000 alliierten Soldaten

gegenüber. Viele Offiziere sind noch Kinder, denn Friedrich
besteht darauf, dass sein Heer von Adeligen geführt wird.
De Catt notiert:»Wie viel Jugend unter den Offizieren! Sie
spielen eines Tages Pferd unter den Fenstern des Königs wie
die kleinen Knaben. ›Kommen Sie her, mein Lieber, sehen Sie
sich diese Offiziere an! Und die muss ich in mein Heer ein-
stellen.‹«

An Offensivaktionen kann Friedrich nicht einmal mehr
denken. Das Kriegsjahr beginnt mit dem Verlust eines weiteren Detachements bei Landeshut. Der Generalleutnant de
la Motte Fouqué, zwanzig Jahre zuvor ein Angehöriger des
Rheinsberger Hofs, geht nach erbittertem Kampf mit 8000
Mann in Gefangenschaft. Friedrich bleibt in Sachsen und
belagert Dresden. Er lässt die Stadt beschießen, eine Feuers-
brunst richtet großen Schaden an. Derweil fällt auf dem östlichen Kriegsschauplatz die wichtige Festung Glatz.»Alles
läuft für uns nur auf die Frage hinaus, ob wir vier Wochen
früher oder später zugrunde gehen«, kommentiert Friedrich
die missliche Lage. Sein Kontrahent Daun, der ihm bei Dresden die Schlacht verweigert hat, macht sich nach Schlesien
auf, um sich mit den dort operierenden österreichischen Abteilungen zu vereinigen. Auch das starke russische Heer bewegt sich in diese Richtung. Trotz der Gewaltmärsche der
Preußen ist Dauns Heer schneller, Friedrich steht kurz davor,
an der Katzbach von weit überlegenen Kräften eingekesselt
zu werden.

Nach den Niederlagen von Hochkirch, Kay, Kunersdorf,
Maxen, Landeshut und Glatz beweisen die Preußen, dass sie
das Siegen nicht verlernt haben. Friedrichs Truppen entziehen
sich am 15. August 1760 bei Liegnitz der drohenden Umklam-
merung, sein Ruf und das Vertrauen seiner Soldaten sind zurückgewonnen. Es ist bezeichnend für den Druck, unter dem
er steht, dass diese taktisch brillante Aktion lediglich eine
Niederlage verhindert, wenn auch eine, die wohl entschei-

dend gewesen wäre. Im Oktober rücken die Verbündeten in Berlin ein. Der österreichische General Esterházy schützt das Berliner Schloss und nimmt sich lediglich zwei Flöten sowie ein Porträt des Widersachers. Die Soldaten, allen voran die sächsischen, plündern und verwüsten das Schloss Charlottenburg. Die Pulvermühlen um die Stadt sowie die Spandauer Gewehrfabrik werden beschädigt. Beim Herannahen des Königs verlassen Österreicher und Russen nach drei Tagen Besatzung die Stadt.

Im November bekommt Friedrich doch noch das große Treffen, das er in diesen Monaten mehr als sonst herbeisehnt. Wie in jeder seiner bisherigen Schlachten sucht er sein Heil auch bei Torgau im Angriff. Er schickt seine Soldaten einen Berg hinauf, mitten ins österreichische Kanonenfeuer. Zwei Drittel seiner besten Grenadiere werden in Minuten abgeschlachtet. »Mein Gott, warum opfert der Preußenkönig sinnlos so viele Krieger?«, entfährt es Daun. Friedrichs Angriffe scheitern blutig, aber der Reitergeneral Ziethen, der den rechten Flügel kommandiert, rettet mit einem letzten Angriff den Tag.

Nach der Schlacht steht der König, so eine Anekdote, bei einigen Soldaten am Lagerfeuer. Als er seinen Rock aufknöpft und eine Kugel aus seinen Kleidern fällt, rufen die Männer: »Du bist noch der alte Fritze! Du teilst jede Gefahr mit uns! Für Dich sterben wir gerne! Es lebe der König! Es lebe der König!« Seine Soldaten halten – noch oder wieder – zu ihm, doch offenbar fällt es ihm schwer einzusehen, dass die Treffen, die er beharrlich sucht, den Lauf der Dinge kaum beeinflussen. Er wirkt wie ein Spieler, der fest daran glaubt, dass ihm nach vielen Niederlagen das große Los sicher ist.

Von Mai bis August 1761 marschiert Friedrich durch Schlesien, um den Österreichern und Russen den Weg zu versperren und ihre Vereinigung zu verhindern. Er schafft es nicht und bezieht das befestigte Lager von Bunzelwitz. Etwa drei Wo-

chen lang liegen 55 000 Preußen mehr als doppelt so vielen
Österreichern und Russen gegenüber, doch die Verbündeten
können sich, wieder einmal, nicht auf ein gemeinsames Vorgehen einigen. Mitte September zieht das Gros des russischen
Heeres wegen Versorgungsschwierigkeiten ab, und es scheint,
als seien die Preußen glimpflich durch diese Kampagne gekommen. Dann nehmen die Österreicher völlig überraschend
die Festung und Versorgungsbasis Schweidnitz ein. Erstmals
überwintern sie auf schlesischem Boden.

Im Dezember schließlich kapituliert der Hafen Kolberg in
Pommern, was Russland die Versorgung seiner Truppen erheblich erleichtert und deren Quartiere näher an den Kriegsschauplatz zu verlegen erlaubt. In der britischen Führung sind
die Freunde Preußens – Georg II. war bereits im Jahr zuvor
verstorben – abgetreten, der neue König Georg III. ist mehr
Engländer als Hannoveraner. Für Großbritannien ist der Kontinent ohnehin nur ein Nebenschauplatz, dessen Bedeutung
sich nach der vollständigen Eroberung Nordamerikas im
Jahr 1760 erledigt hat. Der Finanzfluss aus London, der bis
dahin das preußische Heer und die Armee des Herzogs von
Braunschweig am Leben erhielt, versiegt. Die Disziplin lässt
nach. Die Hoffnungen des Preußenkönigs hängen am Ende
des Jahres 1761 an den Türken und Tataren, die sich zur Er-
öffnung einer zweiten Front gegen Österreich und Russland
bereit erklären.

Ein glückliches Ende

Zu Beginn des siebten Kriegsjahres stehen die preußischen
Aktien schlecht. Der entmutigte König gibt am 6. Januar 1762
die Order, Verhandlungen mit der Gegenpartei einzuleiten.
Ehe es dazu kommt, ändert eine glückliche Wendung alles:
Keine zwei Wochen nach dem Eingeständnis, verhandeln zu

müssen, erfährt der Kriegsherr vom Tod der Zarin Elisabeth. Der neue Zar Peter III. ist ein Verehrer Friedrichs und befiehlt seinen Generalen die Einstellung der Kampfhandlungen. Der Angebetete kommt dem Zaren entgegen, indem er ihm den Schwarzen-Adler-Orden verleiht und zum preußischen General ehrenhalber ernennt. Im Mai schließt Preußen mit Russland und Schweden Frieden, im Juni kommt ein Bündnis zwischen Berlin und Sankt Petersburg zustande. Die ehemaligen Feinde stärken Friedrichs Armee in Schlesien, wo er es endlich nur noch mit einem Gegner zu tun hat. Dieser voraussichtlich letzte Feldzug wird über den Besitz der Festung Schweidnitz und damit über die Ausgangsposition in den absehbaren Friedensverhandlungen mit Wien entscheiden.

Noch ehe sich die Kampfhandlungen entwickeln, kommt Ende Juli aus Sankt Petersburg die Nachricht von der überraschenden Absetzung des Zaren durch seine Gemahlin Katharina, später genannt die Große. Die russischen Verstärkungen müssen stillhalten. Dennoch gelingt es den Preußen, bei Burkersdorf in die österreichische Gebirgsstellung einzudringen und so den Weg frei zu machen. Die schwierige Belagerung der Festung Schweidnitz endet dank eines Glückstreffers in ein Pulvermagazin zugunsten der preußischen Angreifer. Die nächste Schlacht bei Freiberg wird die letzte dieses siebenjährigen Krieges sein. Prinz Heinrich führt das Kommando und das ganz auf seine Art: Die Verluste des Reichsheers bei Freiberg sind fünfmal höher als die preußischen. Österreich, erschöpft und von seinen mächtigsten Verbündeten ebenso verlassen wie Preußen, ist zum Friedensschluss bereit.

Die Verhandlungen finden im sächsischen Jagdschloss Hubertusburg statt. Zu Anfang des Jahres 1761 war es von den Preußen geplündert worden, um die Verwüstung von Schloss Charlottenburg zu rächen. Deshalb gibt es jetzt keine Sitzgelegenheiten, Stühle müssen aus einer Gastwirtschaft herbeigeschafft werden. Ohne große Umschweife einigen sich die Parteien. Das Resultat von sieben Jahren Krieg: Alles bleibt, wie es war. Preußen gibt Sachsen frei und erhält dafür die westlichen Territorien am Rhein und in Westfalen zurück. Schlesien bleibt preußisch, ebenso die Grafschaft Glatz. Preußen, das Voltaire einmal das »Königreich der Grenzstriche« nennt, hat sich als kleinste europäische Großmacht behauptet und ist als bedeutender Akteur auf der europäischen Bühne endgültig akzeptiert. Bei der Teilung Polens wird sich zeigen, dass es kriegerische Eroberungen nicht mehr nötig hat. Die Festigung der preußischen Stellung verhärtet den preußisch-österreichischen Gegensatz und prägt die deutsche Geschichte für weitere hundert Jahre.

Im zeitgleich geschlossenen Frieden von Paris einigen sich Frankreich und Großbritannien in Bezug auf ihre kolonialen Interessen. Die Franzosen werden aus Nordamerika und Indien vollständig verdrängt, behalten aber einige »Zuckerinseln« in der Karibik und ihre Besitzungen in Westafrika. William Pitt, der als britischer Premierminister sein Land in den Krieg geführt hatte, sagt später, dass Amerika in Deutschland gewonnen worden sei. Für ihn ist es offensichtlich, dass die Bindung französischer Kräfte auf dem Kontinent den Triumph Großbritanniens zur See erst ermöglichte. In seinem Durchbruch zur Weltmacht liegt die globale Dimension dieses Krieges, der viel mehr war als die Behauptung Schlesiens.

Der Krieg hat weite Teile Mitteleuropas schwer getroffen. Sachsen, Schlesien, die Marken, Böhmen, Mähren, Westfalen, das Rheinland, Mecklenburg, Pommern, Ostpreußen, Polen und Norddeutschland sind in Mitleidenschaft gezogen. Sieben Jahre lang hinterließen Heeresdurchzüge, Einquartierungen, Konfiskationen, Belagerungen, Plünderungen, Übergriffe und Brandschatzungen in den betroffenen Gebieten ihre Spuren. Besonders die sogenannten Freidivisionen wie etwa die russischen Kosaken, die aus Freiwilligen bestehen und nicht über das reguläre Versorgungswesen verpflegt werden, vergriffen sich an der Bevölkerung. Seuchen, Rekrutierungen, Geburtenrückgang, Flucht und Zerstörungen führten dazu, dass die Einwohnerzahl in der Neumark, eine der am stärksten betroffenen Provinzen, von 213 000 auf 156 000 zurückging. Nach Schätzungen kamen infolge des Krieges 400 000 preußische Zivilisten und Soldaten ums Leben, was über zehn Prozent der Bevölkerung entspricht. Tausende Heimkehrer finden ihren Hof nicht mehr vor oder haben ihr Vieh verloren. Doch zwei Jahre später sind die Kriegsschäden vielerorts schon wieder weitgehend ausgeglichen. Trotz der Verwüstungen und der gravierenden Verluste ist dieser Krieg keine humanitäre Katastrophe wie der Dreißigjährige. Die Zähmung der Kriegsgöttin zeigt Wirkung. Der Wiederaufbau des versehrten Landes wird das erste große Projekt des Königs in Friedenszeiten sein.

Die Verluste der preußischen Armee betragen nach Friedrichs eigenen Angaben 180 000 Mann, von denen 106 000 tot sind oder verwundet wurden. Die Übrigen sind in Gefangenschaft geraten oder fahnenflüchtig. Da es keine Dienstverschonung für jüngere Söhne gibt, haben manche Familien sämtliche männlichen Nachkommen verloren. Einen besonders hohen Tribut an König und Vaterland muss das pommersche Junkergeschlecht der Bellings zahlen: Von den 23 männlichen Angehörigen der Familie, die in den Siebenjährigen Krieg ziehen, fallen zwanzig.

Ein Wunder?

Der Sieger dieses Krieges ist Friedrich II., König in Preußen, nicht, weil er triumphiert, sondern weil es schafft, unbesiegt zu bleiben. Fünf Jahre lang verteidigt er sich gegen seine Gegner, die ihn von mehreren Seiten bedrängen, ohne ihn niederwerfen zu können. Nach einer ganzen Serie von Niederlagen und ständigen hohen Verlusten ist sein Land noch immer in der Lage, sich zu wehren. Warum konnte das an Ressourcen viel ärmere Preußen von den haushoch überlegenen Großmächten Österreich, Russland und Frankreich nicht geschlagen werden? Warum führten seine Gegner nicht einen großen, koordinierten Schlag? Wie konnte es sein, dass das kleine Land sich in sieben Kriegsjahren nicht vollkommen verausgabte? War nicht bloß das Zögern der Feinde nach Kunersdorf, sondern vielmehr der Ausgang dieses Krieges ein »Mirakel des Hauses Brandenburg«?

Ein Grund für die Selbstbehauptung des Hohenzollernstaates war – wie schon in den Kriegen zuvor – die Qualität der preußischen Truppen. Friedrich selbst fand in den »Generalprinzipien vom Kriege« von 1748 dafür folgende Worte: »Unsere Trouppen seynd so trefflich und so agil, daß sie sich in einer Zeit von nichts en Bataille formiren, und man kann fast niemahlen von einen Feinde überfallen werden, weil ihre Bewegung sehr schnell und geschwinde ist. Wollet ihr euch des Schießegewehrs bedienen, welche Truppen machen ein so starkes Feuer wie das unsrige? Die Feinde sagen, daß man vor den Rachen der Hölle stünde, wenn man gegen über unserer Infanterie stehen müsse. … In einem Lande, wo der Militair-Stand der vornehmste ist, wo der beste Adel in der Armee dient, wo die Officiers Leuthe von Naissance, und selbst die Landes-Einwohner, nämlich die Söhne deren Bürger und deren Bauern, Soldaten seynd, da kann man sich versichert haben, daß bey dermaßen eingerichteten Trouppen ein point d'honneur seyn müsse. Auch ist solches würklich groß unter ihnen, denn Ich habe selbst gesehen, daß Officiers lieber auf der Stelle bleiben als zurück weichen wollen; zu geschweigen, daß selbst gemeine Soldaten diejenigen nicht unter sich leiden wollen, welche einige Schwachheit blicken lassen …«

Die gut ausgebildeten, durch das Vorbild des Königs motivierten preußischen Füsiliere, Grenadiere, Dragoner und Husaren werden von einem hochbegabten Feldherrn geführt, der einen unorthodoxen Stil pflegt. Friedrich hält nicht viel von der dominierenden Lehre in der Kriegskunst, dass man die eigenen Kräfte zu schonen habe, indem man den Gegner ausmanövriere und von seinen Nachschubwegen abschneide. Doch selbst wenn er wollte, fehlt ihm zum Manövrieren die Zeit. In der Sorge, die österreichischen und russischen Heere könnten sich vereinigen, bevorzugt er eine schnelle Entscheidung in der Schlacht. Stellt sich der Gegner, so greift er stets an. Er zögert nicht, seine aufwendig gedrillten Soldaten zu opfern, während andere Feldherrn lieber das wertvolle Heer schonen, um sich nicht für dessen Verlust verantworten zu müssen.

Entscheidungsschlachten, die darauf abzielen, die Armee des Feindes kampfunfähig zu machen, sind bei der damaligen Militärdoktrin und Taktik höchst selten. Friedrichs Vorgehen zwingt seine Gegner, sich zurückzuziehen, und verhindert, dass sie sich vereinigen. Außerdem schafft er es, die feindlichen Truppen von den logistisch günstigen Regionen Sachsen und Schlesien fernzuhalten. Zudem hat das offensive Auftreten der preußischen Truppen einen psychologischen Effekt: Es demonstriert, dass die Kampfkraft des Heeres ungebrochen und eine Erschöpfung der preußischen Ressourcen, auf die man in Wien spekuliert, nicht in Sicht ist. So betrachtet ist der Ausgang der Schlacht weniger wichtig als die Tatsache, dass Friedrich sich ihr stellt. Auch hilft ihm die geostrategische Lage. Auf der »inneren Linie« kann er seine Kräfte wieder und wieder zum Einsatz bringen, während seine überlegenen Gegner unter langen Nachschubwegen leiden und deshalb nicht die gleiche Aktivität entfalten können. Die Preußen schlagen sechzehn große Schlachten, die Russen vier.

Und schließlich profitiert Preußen von den Versäumnissen der gegnerischen Koalition. Im dritten Kriegsjahr rief Friedrich aus: »Welch ungeheuren Fehlern verdanken wir unsere Rettung!« Das naheliegende Kalkül, die preußischen Kräfte

in eine bestimmte Richtung zu lenken, um dann an einer entblößten Stelle zuzuschlagen, setzten die Verbündeten niemals
um, obwohl sich ihnen ausreichend Gelegenheit dazu bot.
Friedrich analysiert in den »Überlegungen zur Taktik«: »Ihre
große Zahl ist ihnen zum Verhängnis geworden. Sie haben
sich einer auf den anderen verlassen, der Führer der Reichstruppen auf den österreichischen General, der auf den russischen, der Russe auf den Schweden und dieser endlich auf
den Franzosen. Daher die Lässigkeit in ihren Bewegungen
und die Langsamkeit bei der Ausführung ihrer Pläne.« Statt
gleichzeitig zu agieren, habe der eine die Aktionen des anderen abgewartet, auch aus der Sorge heraus, dass der Bündnispartner die eigenen Kräfte auf Kosten der anderen schone.
Die mangelnde Koordination der militärischen Operationen
war nicht zuletzt Ausdruck der divergierenden Interessen der
Verbündeten: Maria Theresia wollte Schlesien zurück, die
Zarin Elisabeth wollte Friedrich Ostpreußen abjagen. Wären
die mächtigen Frauen erfolgreich gewesen, hätte beides eine
drastische Verringerung des preußischen Machtbereichs bedeutet. Frankreich dagegen wollte in erster Linie Hannover
einnehmen, um Großbritannien unter Druck zu setzen. An
einer Schwächung Preußens lag dem Bourbonenkönig und
seinen Ministern wenig.

Zudem weisen die Verwaltungsstrukturen der Alliierten
Schwachpunkte auf. Frankreich zum Beispiel krankt an einer ineffizienten, auf Ämterkauf und -vererbung basierenden
Bürokratie. Die privatisierte Rüstungswirtschaft ist unzuverlässig und teuer, die sie kontrollierenden Beamten korrupt.
Die Staatsverschuldung zwingt den Staat, Kredite aufzunehmen, für die Zinsen in Höhe von bis zu dreißig Prozent fällig
werden.

Nach einer französischen Berechnung von 1763 kosten
Frankreich 140000 Soldaten durchschnittlich 106 Millionen
Livre im Jahr, während Preußen für 180000 Mann lediglich

52 Millionen Livre aufbringen muss. Die Effektivität des Heeres Ludwigs XV. wird durch eine ausufernde Militärverwaltung eingeschränkt, außerdem führt die ausschließliche Rekrutierung Freiwilliger bald zu einem erheblichen Mangel an kampfstarken Reserven. An der Spitze des Heers stehen Befehlshaber, die ungern Risiken eingehen, um ihre Stellung bei Hof und den damit verbundenen politischen Einfluss nicht zu gefährden. Auch Österreich und Russland plagen Führungsprobleme. Maria Theresia kann zwar Befehle geben, bleibt aber auf die Zusammenarbeit mit Staatsrat und Hofkriegsrat angewiesen, Gleiches gilt für ihren Oberbefehlshaber und Staatsminister Daun. Da Österreich ebenso wie Frankreich hoch verschuldet ist, wurde während des Krieges sogar eine Truppenverringerung notwendig. In Russland waren die Verhältnisse noch komplizierter. Die Krankheit der Zarin schwächte die Führungskraft. Rivalisierende Hofparteien stritten um die Nachfolge und nahmen Einfluss auf die Kriegführung, so dass der Oberbefehl nicht weniger als fünf Mal wechselte. Durch die mangelhafte Heeresverwaltung und -versorgung verzögerten sich die Operationen.

Demgegenüber haben die preußischen Truppen einen Anführer, der Oberbefehlshaber und Regierungschef in einer Person ist. Er kann eine ganze Serie von Niederlagen produzieren, ohne entlassen zu werden. Für seine Gegenspieler auf dem Kriegsschauplatz wäre das unvorstellbar, wie zum Beispiel die Absetzung Prinz Karls von Lothringen nach der Schlacht bei Leuthen deutlich macht. Die Verwaltung des preußischen Staates ist ganz auf den Herrscher zugeschnitten. Sie kann unter Kriegsbedingungen deutlich schneller reagieren als die wenig effizienten Bürokratien seiner Gegner. Seit Jahrzehnten ist das preußische Gemeinwesen auf die Zwecke des Militärs abgestimmt. Die Wehrausgaben verschlingen im Frieden mindestens drei Viertel des Budgets, in den anderen

Staaten betragen sie höchstens die Hälfte. Die auf Rüstung
ausgerichtete Staatswirtschaft mobilisiert die vorhandenen
Ressourcen auf wirksamere Weise als in den anderen Staaten,
die Steuerbehörden schöpfen einen Großteil des Sozialpro-
dukts konsequent ab. Das preußische Steueraufkommen ist
im Verhältnis zur Wirtschaftskraft deutlich höher als das in
Österreich, Frankreich und Russland.

Selten in der Geschichte hat eine einzelne Person so großen Einfluss auf die Kriegführung eines Landes gehabt wie
Friedrich der Große. Der absolute Herrscher Preußens steht
einem Staat vor, der mehr als jeder andere seiner Zeit dem königlichen Willen gehorcht. Diese einmalige Stellung im Staat
ermöglicht es ihm erst, seine Talente in wirksamer Weise ein-
zusetzen. Ohne den vom Soldatenkönig geschaffenen Militärstaat wäre Friedrich der Große ein Fürst wie viele andere.
Seine Persönlichkeit entfaltet ihre Größe erst dank dem Instrument, das ihm in die Hände gegeben ist. Seine Fähigkeiten als Heerführer setzt er mit wechselndem, angesichts der
Schwächen seiner Gegner aber ausreichendem Erfolg auf dem
Schlachtfeld ein. Als Regierungschef bestimmt er die Außenpolitik und leitet die Bürokratie.

All diese Faktoren verringerten den Abstand zwischen
der großen Allianz und dem kleinen Preußen. Aber es bleibt
dabei: Im Kriegsjahr 1760 war die Zahl der russischen und
österreichischen Soldaten mehr als doppelt so groß wie die
der preußischen. Ein etwas anderer Verlauf der Schlacht bei
Liegnitz hätte Friedrich mit seinem Heer in Gefangenschaft
gebracht und Preußen das Ende. Und was wäre gewesen,
wenn die Zarin Elisabeth ein Jahr länger gelebt hätte? Mehr
als einmal hing das Schicksal Preußens und seines Königs am
seidenen Faden. All diese Zufälle und hauchdünnen Entscheidungen verdeutlichen: Die Angriffe von 1740 und 1756 waren angesichts der unübersehbaren Folgen und der Stärke der
Gegner geradezu tollkühn; der siegreiche Ausgang der von

Friedrich begonnenen Kriege behält trotz aller Vorteile Preußens etwas Wunderbares. Das Wunderbare ist bezeichnend: Kein anderer Souverän des 18. Jahrhunderts hätte sich eine so unerhört riskante Politik erlauben können, wie Friedrich der Große sie betrieb.

Im zweiten Kriegsjahr, nach Prag und Kolin, schrieb Friedrich ein Gedicht »Über den Zufall«. Er reflektierte an Beispielen aus der Geschichte, wie sehr auch die begabtesten und verdienstvollsten Persönlichkeiten von den Launen des Schicksals abhängen. Mehr als alles andere sei der Ausgang einer Schlacht davon bestimmt. Er erinnerte sich an seine erste Schlacht bei Mollwitz und daran, wie planlos er agiert habe. Nur dank eines Überläufers habe er erfahren, wo der Feind stand. Ein Feldherr ernte zwar den Ruhm, doch entscheide die Tapferkeit der anonymen Massen auf dem Schlachtfeld über das Kriegsglück. Das klingt bescheiden und mindert den Eindruck von Ruhmsucht, die sich an anderen Stellen immer wieder zeigt. Der Philosoph Friedrich verordnet dem Feldherrn Friedrich Bescheidenheit. Mit der Macht des Zufalls rechtfertigt Friedrich aber auch das Risiko, das er wie kaum ein anderer Machtpolitiker eingeht.

Der schmutzige Krieg an der Finanzfront

Der Erfolg des Feldherrn Friedrich wäre ohne den Beitrag des Finanzministers Friedrich unmöglich gewesen, und wie der Militär schreckt auch der Finanzpolitiker vor fragwürdigen Methoden nicht zurück. Das Ergebnis gibt ihm recht. Obwohl der Siebenjährige Krieg Preußen mindestens 140 Millionen Taler kostet, liegt zum Ende des Krieges mehr Geld in den Kassen als bei dessen Ausbruch. Zum Vergleich: Österreich wird durch den Krieg ein Schuldenberg von 155 Millionen Talern aufgebürdet. Wie kommt es in Preußen zu diesem finanzpolitischen Wunder? Die Antwort ist profan: durch Plünderung und Inflation. Nicht Preußen allein finanziert die preußischen Siege, sondern halb Europa wird zur Kasse gebeten. Bald nach Kriegsbeginn war klar, dass der preußische Fiskus auf delikate Maßnahmen angewiesen sein würde, wenn er das sakrosankte Haushaltsgleichgewicht bewahren wollte. Weder gelang es Friedrich, einen »kurzen und lebhaften« Krieg zu führen, noch reichten die regulären finanziellen Ressourcen für einen langen Abnutzungskrieg. Der Kriegsschatz von 13,5 Millionen Talern war im April 1758 aufgebraucht, die Steuereinnahmen, die vor dem Krieg bei rund 10,7 Millionen Talern im Jahr gelegen hatten, gingen um vierzig Prozent zurück. Das nährte die Gier nach fremdem Besitz.

Sieben Jahre lang zahlte Sachsen für den preußischen Krieg, etwa 48 Millionen Taler presste die Besatzungsmacht aus dem Land heraus. Friedrich soll das Land mit einem Mehlsack verglichen haben, aus dem immer noch etwas herauskomme, wenn man auf ihn einschlage. Die viel ärmeren Bewohner Mecklenburgs, das auf Seiten des Reichs stand und ab Ende 1757 von preußischen Truppen kontrolliert wurde, mussten ebenfalls mehrere Millionen Taler beisteuern. Doch das reichte bei Weitem nicht aus, um die Kriegsmaschinerie am Laufen zu halten. Also opferte der König den gerade erst reformierten preußischen Taler, indem er den Edelmetallanteil der Münzen ein weiteres Mal senkte.

Die Verminderung des Silbergehaltes begann bereits 1756. Mit den jüdischen Bankiers und Münzpächtern Veitel Heine Ephraim und Daniel Itzig schloss der König im Jahr darauf einen Vertrag, wonach die »Münzjuden« 19¾-Taler aus einer Mark Silber, die 233,85 Gramm entsprach, prägen durften. Zuvor waren vierzehn Taler aus einer Mark geschlagen worden. Benutzt wurden zunächst die sächsischen und polnischen Prägestempel, die den Besatzern in die Hände gefallen waren. Die preußischen Münzstätten wurden zwei Jahre später einbezogen. Statt knapp zwanzig ergab eine Mark jetzt dreißig Taler, das zurückgehaltene Silber ersetzte man durch Kupfer. Polnische Scheidemünzen wurden ebenfalls massenhaft geprägt, selbstverständlich mit einem noch geringeren Edelmetallgehalt als ohnehin üblich. Die Differenz zwischen dem Nennwert des guten alten und des schlechten neuen Geldes, den sogenannten Schlagschatz, teilten die Münzpächter und ihr Auftraggeber untereinander auf.

Die Inflationsopfer innerhalb und außerhalb Preußens machen sich ihren Reim auf die Mogelmünzen:

Von außen Silber,
von innen schlimm,
Außen Friedrich,
innen Ephraim!

Die Geldvermehrungsmaschine der Münzpächter wird von den jüdischen Hausierern gefüttert, die im In- und Ausland alte Münzen zu einem möglichst günstigen Kurs gegen neue tauschen. Der Export der entwerteten Münzen zieht gutes Geld aus den neutralen Ländern und den Feindstaaten ab und ersetzt es durch minderwertige Zahlungsmittel, so dass mehr Silber nach Preußen hineinfließt als hinaus. Auf diese Weise werden Gegner und Neutrale an den preußischen Kriegskosten beteiligt, von den Pommern, Märkern und Schlesiern zu schweigen.

Eine moralisch weniger bedenkliche Einnahmequelle sind die britischen Hilfsgelder, die sich auf 27,6 Millionen Taler alten Werts belaufen. Auch diese Summe wird aufgebläht. Die Hilfe der Münzunternehmer ist dazu nicht nötig, da die königliche Münze bei der Verarbeitung des englischen Silbers nicht auf die jüdischen Handelsnetzwerke angewiesen ist, die ihre Prägestätten sonst mit dem für die Inflationspolitik notwendigen Edelmetall versorgen.

Die Gewinne aus dieser Maßnahme fließen in die königliche Dispositionskasse, die Friedrich im dritten Kriegsjahr zusätzlich zu den bestehenden Fiskaleinrichtungen ins Leben ruft. Die Ministerialbürokratie erfährt nichts von der neuen Institution. Der Grund: Die Inflation, die mindestens ein Fünftel der Kriegskosten deckt, nutzt dem Fiskus nur dann, wenn die schlechten Münzen für den Wert der alten, gehaltvolleren angenommen werden. Das erfordert absolute Geheimhaltung, weshalb der König in seiner Eigenschaft als oberster Finanzminister nicht einmal seine leitenden Beamten einweiht. Der Preußenkönig managt die Kriegsfinanzierung mit derselben Entschlossenheit und Skrupellosigkeit, die er als Schlachtenlenker an den Tag legt. Auch deshalb wird Preußen nicht niedergerungen.

VI

Alter und Abschied

Der Alte Fritz kehrt heim

Am 5. März 1763 verkündet ein Herold den Bewohnern der preußischen Hauptstadt den Friedensschluss zu Hubertusburg. »Vier- bis fünftausend Menschen folgten ihm«, schreibt der Marquis d'Argens dem König, »und das Jauchzen und das Freudengeschrei dieser Menge schien mir rührender als die harmonische Musik. Gewiss, Ihr Volk liebt Sie zärtlich, und Sie verdienen es: Das muss ein doppeltes Vergnügen für Eure Majestät sein.«

Dreieinhalb Wochen später kehrt der siegreiche – oder besser unbesiegte – König Friedrich in seine Hauptstadt zurück. Von Schlesien, das er sofort nach dem Friedensschluss inspiziert hatte, führt ihn sein Weg nach Berlin über das blutgetränkte Schlachtfeld von Kunersdorf, dem Ort seiner größten Niederlage. Dann geht es in eine Stadt, die sich tagelang für einen triumphalen Einzug des Siegers gerüstet hatte. Vor dem Frankfurter Tor empfängt zwischen acht und neun Uhr abends der Magistrat den König und bietet ihm zur Einfahrt in die Stadt eine prächtige Kutsche an. Friedrich lehnt ab und lässt sich in seinem gewöhnlichen Reisewagen auf Nebenstraßen unbemerkt zum Schloss kutschieren, wo ihn seine Familie

und der Hofstaat erwarten. Gegenüber seiner Frau lässt er
seinen berühmten Charme spielen. Das Erste, was die Königin
zu hören bekommt, ist der lakonische Kommentar: »Madame
sind korpulenter geworden.« Am nächsten Morgen nimmt er
die Huldigungen der Kaufmannschaft, der Schützengilde, der
französischen Kolonie und weiterer Abordnungen entgegen.
Dann besteigt er doch noch den Prunkwagen und zeigt sich
der jubelnden Bevölkerung.

Die Berliner bekommen einen 51-jährigen König zu sehen,
an dem die Strapazen des Krieges ihre Spuren hinterlassen
haben. Friedrich, der sich während des Krieges schon einmal
»reif für den Schindanger« fühlte, beschreibt sich selbst so:
»Auf der rechten Seite meines Kopfes sind die Haare ergraut;
die Zähne werden locker und fallen mir aus; mein Gesicht
verrunzelt wie ein Faltenrock, mein Rücken ist krumm wie
ein Geigenbogen, und meine Geistesverfassung ist trist und
niedergeschlagen wie die eines Trappistenmönches.« Den
»Alten Fritz« plagen immer wieder Gichtanfälle und Verdau-
ungsprobleme, das Flötenspiel wird er Ende der 1770er-Jahre
aufgeben müssen, weil ihm dann die Schneidezähne fehlen
werden. Doch wird er bis ins hohe Alter an guten Tagen aufs
Pferd steigen.

Schon während des Krieges träumte der Philosoph vom
Rückzug ins Privatleben: »Ein paar gute Freunde möchte ich
haben; kein Militär«, offenbarte er de Catt, »denn ich will
keinen Ehrgeiz; auch in einer Stadt soll es nicht sein, denn
dort würde ich immer der König sein und man würde mir
mit zuviel Respekt begegnen. Und ich will, daß sich jeder frei
fühlen soll und daß man ganz als Freunde zusammen lebt.«
Am Ende wird der für die Jahre nach dem Krieg ersehnte Rückzug ein Weg in die Einsamkeit von Sanssouci. »Ich
arbeite, promeniere und sehe niemand.« Die etwa hundert
Hofbediensteten, die sich um sein Wohl kümmern, oder sein
Kammerherr, der Marchese Lucchesini, zählen nicht. Graf

Lehndorff ist der Überzeugung, dass der König sich langweile, weil er nur selten jemanden fände, der ihm genügen könne. Die meisten Männer, deren Gesellschaft er einst so geschätzt hatte, sind nicht mehr am Leben oder in der Ferne. Zur Einsamkeit des Alters kommt die Einsamkeit der Macht. Sein Misstrauen gegenüber den Konkurrenten rund um sein Land überträgt der König auch auf seine Umgebung. Schon die berühmte Tafelrunde war weniger eine Versammlung von Freunden, die sich auf Augenhöhe begegneten, als eine höfische Veranstaltung. Sie bereitete dem König zwar ein besonderes Vergnügen, diente zugleich aber auch der Festigung seines Rufes als Philosoph und geistreicher Gastgeber.

Ein derartig ungeselliger Lebensstil ist für einen Fürsten ungewöhnlich und demonstriert die Erhabenheit des Philosophenkönigs. Doch lebt dieser Eremit keineswegs in ständiger Zurückgezogenheit. Er isst in kleiner Runde, empfängt Besuch und lässt bei Gelegenheit seine altbekannte Konversationskunst aufblitzen. Der Fürst von Ligne begegnet ihm 1780: »Da bezauberte mich seine alles umspannende Unterhaltung täglich fünf Stunden lang vollends. Kunst, Krieg, Medizin, Literatur, Religion, Philosophie, Moral, Geschichte und Gesetzgebung kamen abwechselnd zur Sprache: die schönen Zeiten des Augustus und Ludwigs XIV., der Freimut und die Tapferkeit Heinrichs IV., Anekdoten über geistreiche Leute früherer Zeiten, Voltaires Verirrungen, Maupertuis' Herrschsucht, die eingebildeten Krankheiten von d'Argens, der bisweilen vierundzwanzig Stunden im Bett blieb, wenn der König ihm zum Scherz gesagt hatte, er sähe schlecht aus – kurz so vielerlei, dass ich es vergessen habe … Unerschöpflich mannigfaltig und anziehend floss die Rede von seinen Lippen …, auf denen eine unaussprechliche Anmut lag. Und wenn ich nicht irre, merkte man gerade deswegen nicht, dass er – wie die homerischen Helden – etwas geschwätzig, wenn auch erhaben war.«

Nicht jeder Gesprächspartner hat so viel Glück wie der
Fürst von Ligne, denn beim Dinieren im kleinen Kreis neigt
der König zu endlosen Monologen. Und wenn er wieder einmal von einem üblen Streich erzählt, den er als Kronprinz
dem Neuruppiner Feldprediger gespielt hatte, sieht er es
gerne, wenn die Gäste und selbst die Bedienten laut lachen.
Eine weitere Schwäche ist seine berüchtigte Spottlust, deren
bevorzugtes Opfer nach wie vor der Marquis d'Argens ist.
Die Kleidung des alternden Königs ist ungepflegt, sein blauer
Offiziersrock stets mit Schnupftabakflecken bedeckt. Seine
geliebten Windhunde beschmutzen das Mobiliar und überall
in seinem Wohn- und Arbeitszimmer liegen Bücher herum. In
der Mitte des Zimmers steht auf einem Sessel ein Bild Kaiser
Josephs II., da man diesen, so Friedrich, nicht aus den Augen
lassen dürfe.

Obwohl ihm die zeremoniellen Pflichten zunehmend lästig
werden, kommt Friedrich regelmäßig im Winter nach Berlin.
Ein Höhepunkt des Hoflebens ist seine Geburtstagsfeier, die
seit 1766 im Palais des Prinzen Heinrich Unter den Linden,
dem heutigen Hauptgebäude der Humboldt-Universität, statt-
findet. Vor der Mittagstafel nimmt der König Huldigungen
und Glückwünsche entgegen. Am Abend findet eine Opern-
aufführung statt, mit einem Ball klingt der Geburtstag aus.

1784 beschäftigt der Berliner Hof fünf leitende Beamte,
sieben Stallmeister mit 127 Kutschern und Reitknechten,
36 Musiker, 38 Opernkünstler, 24 Ballett- und Theaterange-
hörige, neun Gärtner, 25 Köche, acht Kellerbedienstete, drei
Bäcker und Konditoren, vier Silberdiener, zehn Kastellane sowie Unterpersonal. Wie der junge ist auch der alte Friedrich
kein König ohne Hof. Aber er schätzt das Berliner Hofleben
nicht und hält sich lieber fern. Er kränkelt häufig, ist übel-
launig und verbreitet eine verkrampfte Atmosphäre, so dass
ihn kaum jemand vermisst, wenn er wieder in Potsdam ist.

Auch in Schloss Bellevue residiert ein Prinz: Ferdinand, der jüngste Bruder des Königs. Prinzessin Amalie wohnt in einem Palais an der Wilhelmstraße. Die jüngste der sechs Schwestern Friedrichs ist unverheiratet und als Äbtissin des Damenstifts Quedlinburg standesgemäß versorgt. Ulrike ist Königin von Schweden, aber ohne politischen Einfluss. Philippine Charlotte und Sophie Dorothea sind mit norddeutschen, protestantischen Fürsten verheiratet, Friederike Luise ist Markgräfin von Ansbach. König Friedrich hat insgesamt 24 Neffen und Nichten, die das Erwachsenenalter erreichen. »Ich bin im Begriff, der Onkel von ganz Deutschland zu werden«, kommentiert er den Kinderreichtum seiner Geschwister. Ihre Ehen festigen die Bindungen an andere protestantische Herrscherfamilien und die Nebenlinien der Hohenzollern, von ehrgeizigen Heiratsprojekten sieht Friedrich ebenso ab wie sein Vater.

Als Friedrich im Palais Unter den Linden seinen 54. Geburtstag feiert, hat er seine Pläne für eine neue königliche Residenz in Berlin längst aufgegeben. Schon während der Bauarbeiten an Schloss Sanssouci hatte er das Vorhaben seinem Bruder Heinrich gewidmet. Und auch der Platz vor dem Palais wird anders gestaltet als ursprünglich geplant. Statt eines Ballhauses, das dem höfischen Ballspiel gedient hätte, entsteht die katholische Hedwigskirche. Der König steuerte das Grundstück und Finanzierungshilfen bei. Es ist nicht der einzige Kirchenbau, den der *roi philosophe* veranlasste. Die Kirchen auf dem Gendarmenmarkt lässt er beträchtlich ausbauen, den Dom neben dem Schloss neu errichten. Das architektonische Zitat des Pantheons in Rom, das die Hedwigskirche charakterisiert, ist seine Idee. Der Toleranzgedanke findet nicht nur in der Existenz der Kirche Ausdruck – kein anderer protestantischer Herrscher erlaubt eine katholische Kirche im Herzen seiner Hauptstadt –, sondern auch in ihrer Gestaltung: Der Kuppelbau nimmt die Form des Pantheons auf, das allen Göttern geweiht war, und steht für den aufklärerischen Gedanken, dass alle Religionen denselben humanen Kern haben. Vollendet wird das Ensemble um das Forum Fridericianum durch die Königliche Bibliothek. Um den Platz versammeln sich nun symbolisch mit dem Palais die monarchische Herrschaft, mit dem Opernhaus die Kunst, mit der Kirche die Religion und mit der Bibliothek sowie dem Akademiegebäude die Wissenschaft.

Während in Berlin Palais, Kirche und Bibliothek heranwachsen, lässt Friedrich in Potsdam einen neuen, monumentalen Schauplatz höfischen Lebens bauen. In traditioneller barocker Manier präsentiert das Neue Palais Preußens Gloria und dient nebenbei als Gästehaus. Das Projekt geht noch auf die Vorkriegsjahre zurück. Gegenüber von Sanssouci plante der Amateurarchitekt ein großes Schloss, das Sanssouci zu einem Nebengebäude degradiert hätte. Dann, gleich nach Kriegsende, lässt er es etwa eineinhalb Kilometer westlich in sumpfigem Gelände ausführen. Der Bauherr nennt die Anlage eine »Prahlerei«. Der monumentale Bau, der mit zweihundert überlebensgroßen Statuen geschmückt ist, zeigt aller Welt, wie robust die preußischen Finanzen auch nach sieben Kriegsjahren noch sind.

Eine Episode aus der Bauzeit des Neuen Palais veranschaulicht, dass der Wille des absoluten Herrschers längst nicht immer Wirklichkeit wird. Wie stets nimmt der königliche Bauherr Einfluss auf Planung und Ausführung. Der Architekt Heinrich Ludwig Manger plädiert für ein hohes Sockelgeschoss, um das Eindringen von Wasser zu verhindern. Friedrich lehnt trotz der technischen Notwendigkeit ab. Manger lässt das Sockelgeschoss schließlich heimlich höher bauen, dann aber Erde anschütten, damit der König nichts bemerkt. Seine List gelingt. Dabei misstraut der oberste Dienstherr seinen Leuten durchaus: Während einer Rechnungsprüfung ordnet Friedrich an, die Baumeister Carl von Gontard und Manger vorsorglich festzusetzen. Die wiederum halten in technischer ebenso wie in ästhetischer Hinsicht wenig von den Eingriffen des Königs. Das vernichtende Urteil Mangers von 1790 offenbart, dass sich der Bauherr auch in Details einmischte: »[H]ätte [der Architekt] Büring die Widerhaken, die kreuzförmigen Vorlagen, und die Figuren vor den Pilastern weglassen dürfen, hätte er an einigen Orten Säulen am Mittelportale anbringen, und sowohl die unteren als die oberen elliptischen Fenster mit den Engelsköpfen, desgleichen die Kuppeln verändern können; so würde kein so sonderbarer Steinklumpen entstanden seyn, auf dessen Balustrade gleichsam Jahrmarkt mit Puppen gehalten wird.«

Fürsorge und Wiederaufbau

Friedrich II. von Preußen widmet sich mit ungebrochenem Eifer dem Regieren. Sein Land, das sieben Jahre Krieg zu erleiden hatte, erfordert die volle Anspannung seiner Arbeitskraft. Der Krieg hinterließ Tausende dienstunfähiger Soldaten. Aus Alters- und Gesundheitsgründen Ausgemusterte erhalten Posten als Ratsdiener, Brückenwächter oder Polizeidiener. Ehemalige Offiziere ernennt der König zu Postmeistern, Salzinspektoren oder Steuerräten. In den Volksschulen unterrichten frühere Unteroffiziere, die selbst gerade eben lesen und schreiben können. Wer Handwerker ist, kann sich unter privilegierten Umständen als Gewerbetreibender niederlassen. Anderen werden neu gewonnene Bauernstellen in den Meliorationsgebieten an Oder, Warthe und Netze übertragen. Diese Maßnahmen sichern den inneren Frieden. Während und nach dem Dreißigjährigen Krieg hatten Banden von bettelnden und raubenden Veteranen kaum weniger Schaden angerichtet als ihre aktiven Kameraden.

In seinem Politischen Testament von 1768, das wesentlich

umfangreichere Ausführungen zu militärischen Themen beinhaltet als das Vorgängerdokument, widmet der König den Invaliden einen eigenen Abschnitt: »Ein Soldat, der für das Gemeinwohl seine Glieder, seine Gesundheit, seine Kraft und sein Leben opfert, hat, wenn er altersschwach und verstümmelt an seinen Gliedern ist, den Anspruch auf die Wohltaten derer, für die er alles riskiert hat.« Friedrich bedauert, dass das Invalidenhaus, das er 1748 vor dem Berliner Königstor gegründet hatte, nur sechshundert Plätze zur Verfügung hat. Neben den wenigen Glücklichen, die dort Unterkunft finden, erhalten auch Bedürftige, die sich aufs Land zurückziehen, einen Taler im Monat. Das Geld kommt aus der Invalidenkasse. In diese fließen zwei Prozent der Militärgehälter, diverse Strafgelder sowie Domäneneinkünfte. Ausgeschlossen von den Wohltaten sind Angehörige derjenigen Regimenter, die »schlecht gedient« haben.

Das Invalidenhaus ist militärisch organisiert, auf jedem der drei Stockwerke ist jeweils eine Kompanie mit Kommandanten untergebracht. Vier ledige und ein verheirateter Invalide wohnen zusammen in einer »Kameradschaft«, wobei der Verheiratete den Übrigen als Unteroffizier vorangestellt ist. Dieses Modell wird auch in den zur selben Zeit erbauten ersten Kasernen übernommen, die erst ab dem 19. Jahrhundert ausschließlich von ledigen Soldaten bewohnt werden. Die staatliche Fürsorge, die den Invaliden zuteil wird, steht laut Friedrich auch anderen zu: »Im übrigen veranlassen Menschlichkeit, Mitleid, Dankbarkeit und alle Menschenpflichten den Herrscher, seine Großmut und Freigebigkeit auf alle Untertanen auszudehnen, die sie durch ihre früheren Dienste und ihr jetziges Elend verdienen.«

Viele Mittellose und Waisen, deren Zahl während des Krieges angestiegen war, werden in Arbeitshäusern untergebracht. Sie müssen dort spinnen, um den Hunger der Textilindustrie nach Garn zu befriedigen. Fürsorge und Zwang fallen hier zusammen. Auch Straftäter werden in diese Einrichtungen eingewiesen. »Die Arbeits- und Spinnstuben sind zugleich Schlaf- und Speisezimmer, woraus Krankheiten, insbesondere Brustleiden entspringen. ... Auch das Ungeziefer nimmt leicht Überhand.« Die Sterblichkeitsrate liegt bei zehn Prozent pro Jahr. Landfremde Arme weisen die Behörden ab. Die Einrichtungen sollen die öffentliche Ordnung schützen und die Zahl der Obdachlosen und Bettler verringern. In Berlin erhalten 1785 acht Prozent der Bevölkerung Armenhilfe.

Die vom Krieg heimgesuchten Provinzen brauchen Unterstützung für den Wiederaufbau. Allein die Provinz Pommern erhält im Sommer 1763 1,2 Millionen Taler für das »Retablissement«. Mehr als die Hälfte des Geldes wird für Vieh ausgegeben, das als Ersatz für im Krieg verloren gegangene Tiere verteilt wird. Es gibt Lebensmittelhilfen und kostenloses Saatgut. Abgebrannte Bauern erhalten 50 Taler sowie Bauholz für die Wiederherstellung ihrer Höfe. An Voltaire schreibt Friedrich stolz: »Wenn Sie die Gesamtzahl der Verwüstungen interessiert, so sei Ihnen gesagt, dass ich in Schlesien 8000 Häuser wiederaufgebaut habe, in Pommern und in der Neumark 6500, macht nach Newton und d'Alembert 14 500.« Friedrich schätzt, dass er für die Beseitigung der Kriegsschäden 20 Millionen Taler ausgibt, wobei die Wiederherstellung der Vorkriegsverhältnisse und die Ansiedlung neuer Untertanen fließend ineinander übergehen.

Während die Häuser wiederaufgebaut werden, sollen ihre Bewohner, soweit möglich, in ihrem Stand verweilen. Der König wünscht, dass auf dem Dorf und im Gutshaus alles beim Alten bleibt. Schon 1752 hatte er den Erwerb von bäuerlichem Land durch Adelige und den Kauf von Gütern durch Bauern für unerwünscht erklärt. Doch das Bauernland vor landhungrigen Junkern zu schützen gelingt dem König nur zum Teil. Am besten trifft es diejenigen Hüfner und Kossäten, die auf den königlichen Domänen leben. Im Jahr 1777 überschreibt ihnen ein Dekret ihr Land erblich und eigentümlich. Das fordere schon »Recht und Billigkeit« und steigere zudem den Fleiß der Untertanen. Die Frondienste der Domänenbauern werden begrenzt.

Ein Reisender lobt 1785 die Lebensverhältnisse auf dem Land: »Die preußischen Untertanen haben wahrlich keine Ursache, sich über ihre Abgaben zu beschweren. Der preußische Bauer weiß, was er gibt. Er hat es nicht nötig, mit einem Ochsen und einem Pferde zu pflügen und im Leinwandkittel und barfuß zu gehen: die dürrsten Gegenden der Mark haben kaum so armselige Bauern als die fettesten Gegenden Sachsens.«

Zu den verhältnismäßig günstigen Bedingungen in den preußischen Dörfern trägt auch die staatliche Propagierung des Kartoffelanbaus bei. Der König stellt in wiederholten Kampagnen Saatgut und Beratung zur Verfügung, um die südamerikanische Ackerfrucht in Preußen heimisch zu machen. Das neue Grundnahrungsmittel, das sich zunächst nur langsam durchsetzt, verringert die Abhängigkeit vom Getreide und lindert die Folgen von Ernteausfällen.

Friedrich stützt seine Macht auf die Junker, deren Lebensgrundlage und Lebensstil er unbedingt erhalten will. Im Politischen Testament von 1768 schreibt er: »Ich habe [den Adel] immer mit Auszeichnung und Hochachtung behandelt, weil dieser Stand Offiziere an die Armee und Personen für alle großen Staatsämter abgibt. Ich habe sie in ihrem Landbesitz unterstützt und den Bürgerlichen Hindernisse in den Weg gelegt, um ihnen den Ankauf von Rittergütern zu erschweren. Hier sind meine Gründe: wenn die Bürgerlichen das Land besitzen, öffnen sie sich den Weg zu allen Ämtern. Die meisten denken niedrig und sind schlechte Offiziere; man kann sie zu nichts brauchen.« Einem Bürgerlichen, der sein

Gut nach 32 Jahren verkauft und ein anderes kaufen will, be-
scheidet er: »Er soll sein Geld hübsch im Handel stecken und
mit Commerce-Sachen sich abgeben.« Doch es nützt nichts.
Der König kann nicht verhindern, dass immer mehr Güter in
die Hände Bürgerlicher übergehen. Der Wohlstand der Kaufleute und Unternehmer wächst. Sie haben das Kapital, um
die oftmals verschuldeten Betriebe aufzukaufen. Das Prestige
des adeligen Lebensstils macht die Investition in ein Landgut
noch attraktiver. Aber trotz Landerwerb und Besitzsteigerung
wird den wohlhabenden Bürgern das Ansehen des Offiziers-
standes noch lange verwehrt bleiben.

Finanzpolitische Rosskur und Regieverwaltung

Das Retablissement kostet Geld, wenn auch lange nicht so
viel wie der Krieg selbst. Mit der Wiederkehr des Friedens
stört sich Friedrich an dem entwerteten Geld, das er für seine Kriegsfinanzierung in Umlauf gebracht hatte. Innerhalb
nur eines Jahres stellt der Preußenkönig den Münzfuß von
den inflationären 30 Talern auf eine Mark Silber wieder auf
den »Friedensfuß« von 14 Talern um. Er tilgt seine Anleihe-
schulden mit schlechtem Geld und nimmt zugleich Steuern in
hochwertiger Münze ein. Ihn interessieren, wie stets, zuerst
die Staatsfinanzen. Über die Folgen dieser Umstellung für die
Wirtschaft ist er sich nicht im Klaren. Die schnelle Aufwer-
tung verursacht einen rapiden Rückgang der Geldmenge, der
die Finanzmärkte austrocknet. In Amsterdam und Hamburg
brechen Banken zusammen, die Konjunktur wird schwer in
Mitleidenschaft gezogen. Erst in den 1770er-Jahren wird die
Krise überwunden sein. Friedrich, der sein eigener Finanzminister ist, bekommt das insbesondere über sinkende Staatseinnahmen zu spüren. Er wittert behördliche Inkompetenz
und setzt eine tiefgreifende Verwaltungsreform ins Werk. Im

Jahr 1766 schafft er die Administration générale des Accises et Péages, kurz Regie genannt. Die Regie basiert auf einem Vertrag, den der König mit einem Konsortium um den französischen Finanzexperten Marc Antoine de la Haye de Launay abschließt. Dieses Konsortium verwaltet von nun an die Akzise und die Zölle. Es bedient sich dazu neu geschaffener Provinzialdirektionen. Dafür erhalten de la Haye de Launay und seine Partner neben einer festen Summe fünf Prozent des Betrages, der über die Einnahmen des Geschäftsjahres 1765/66 hinausgeht. Diese Reform bedeutet demnach eine Privatisierung der Verwaltung mit integriertem Leistungsanreiz. Sie schafft ein System, das stark der in Frankreich üblichen Steuerpacht ähnelt.

Zur Kontrolle des neuen Instruments gründet Friedrich das Zoll- und Akzisedepartement, das aber nicht dem Generaldirektorium eingegliedert wird. Ein Großteil der Regieeinnahmen fließt direkt in die Dispositionskasse, die dem König unmittelbar untersteht und einmal die Kriegsfinanzierung vereinfacht hatte. Friedrich behält sie auch im Frieden bei, gewährt dem Generaldirektorium aber noch immer keinen Einblick. Regieverwaltung und Dispositionskasse bilden gemeinsam eine Paralleladministration. Anstelle einer konsequent zentralisierten Verwaltung entsteht ein zerfaserter Apparat, der nur vom Monarchen an seiner Spitze zusammengehalten wird und von ihm abhängig ist.

Der Regie gelingt eine beachtliche Steigerung der Einnahmen aus den indirekten Steuern. Aber auch die neuen, 1769/70 eingeführten Akzisetarife verschaffen der Staatskasse zusätzliche Einkünfte. Zwar gibt es Nachlässe bei Brot und Schweinefleisch, doch wird Branntwein um die Hälfte höher, das Grundnahrungsmittel Bier sogar doppelt so hoch besteuert. Für Luxuswaren hingegen bleibt der Akzisesatz unverändert. Geringverdiener werden stärker belastet als Wohlhabende, auch wenn Friedrich mit der Neujustierung ursprünglich eine Entlastung seiner ärmeren Untertanen im Sinn gehabt hatte. Die Steuererhöhung geht Hand in Hand mit der altbekannten Förderung des produzierenden Gewerbes. Die profitable, vom Großunternehmer Gotzkowski betriebene Berliner Porzellanmanufaktur geht 1763 in königlichen Besitz über und wird in Königliche Porzellan-Manufaktur, kurz KPM, umbenannt. Während des Siebenjährigen Krieges hatte Gotzkowski Experten der Meißener Manufaktur anwerben und mit ihrer Hilfe die Qualität des Berliner Porzellans beträchtlich steigern können. Friedrich will die noch junge Luxusindustrie weiter fördern und der etablierten sächsischen Konkurrenz den Rang ablaufen. Nach der Übernahme der Manufaktur investiert er beträchtliche Summen, die Zahl der Mitarbeiter steigt in den folgenden zwei Jahrzehnten von 146 auf fünfhundert. Der König ist zudem sein bester Kunde. Natürlich hat er genaue Vorstellungen, wie die Service und Figuren gestaltet sein sollen, die er für seine Schlösser und als Geschenke bestellt. Die KPM erhält Steuerfreiheit und kostenloses Brennholz aus den königlichen Forsten. Die Pächter der staatlichen Lotterie müssen zusammen mit den Lotterielosen Berliner Porzellan im Ausland absetzen, und die Einfuhr konkurrierender Erzeugnisse aus dem Ausland wird kurzerhand verboten. Doch ausländisches Porzellan ist auf dem preußischen Markt so begehrt, dass dessen Verbot gleich vier Mal wiederholt werden muss. Die staatliche Reglementierungswut stößt an ihre Grenzen, da die Nachfrage nach attraktiven und preiswerten Waren sich nicht einfach verbieten und der Schleichhandel sich nicht unterbinden lässt.

Schließlich kommt Friedrich auf die Idee, den Juden die Abnahme und den Export schwer verkäuflicher Produkte seiner Porzellanmanufaktur aufzuerlegen. Mit dem Erwerb eines Schutzbriefes und einer Konzession zum Hausbesitz muss ein Jude seit 1769 für dreihundert Taler Porzellan kaufen und im Ausland absetzen, was nur mit einem Verlust von fünfzig Prozent möglich ist. Die hohe Summe gefährdet die Existenz vieler jüdischer Haushalte, so dass die Vorschrift von den Behörden lax gehandhabt wird. Als der König nach zehn Jahren erfährt, dass seine Anordnung hintertrieben wurde, erneuert er sie und veranlasst ihre rückwirkende Durchsetzung. Dutzende Schutzbriefe werden daraufhin entzogen, die Neugründungen jüdischer Haushalte gehen dramatisch zurück, Juden häufen riesige Schulden bei der KPM an.

Neben der Verbrauchssteuer belastet auch die inflationäre Münzpolitik die kleinen Einkommen. Für Münzen mit hohem Nennwert gilt zwar wieder der alte Münzfuß, doch die Scheidemünzen bleiben weiter unter ihrem Nennwert. Sie enthalten bis zu einem Drittel weniger Silber, als sie laut Münzfuß müssten. Wenn es aber ans Steuerzahlen geht, werden die kleinen Münzen vom Fiskus nicht zum Nennwert angenommen. Da die Talerstücke um des Schlagschatzes willen in Scheidemünzen umgeschmolzen werden, bedeutet die preußische Münzpolitik nach dem Siebenjährigen Krieg einen Rückfall vor die Reform von 1750, als Friedrich einen verlässlichen Edelmetallwert des preußischen Geldes angestrebt hatte.

Genauso wenig hilfreich sind die Binnenzölle, die zum Teil noch ausgebaut werden. Allein in der Kurmark gibt es sechzig Zollbezirke. Statt freien Handel und Wandel zu gewähren, nimmt der Fiskus, was er kriegen kann. Chefökonom Friedrich denkt kaum über den Rand der Staatskasse hinaus. Dabei gerät seine kameralistische Philosophie langsam, aber sicher aus der Mode, doch werden die neuen, den Freihandel propagierenden Stimmen von Friedrich überhört.

Eine besonders unpopuläre fiskalische Maßnahme ist das 1781 eingeführte Kaffeemonopol. Nur staatlich gebrannter Kaffee in gestempelten Dosen darf noch gehandelt werden, und das zu dem horrenden Preis von einem Taler für das Pfund. Der König erklärt: »Es ist abscheulich, wie weit es mit der Consumation des Coffées geht, und reichen 600000 Taler, die dafür jährlich aus dem Lande gehen; das macht, ein jeder Bauer und gemeiner Mensch gewöhnt sich jetzt zum Coffée, weil solcher auf dem Lande so leicht zu haben ist. Übrigens sind S. Königl. Maj. HöchstSelbst in Dero Jugend mit Bier-Suppe erzogen worden, das ist viel gesunder als der Coffée ...« Diese »dem Vorteil des Staates höchst schädliche Delikatesse« schade den heimischen Bierbrauern. Was der König nicht ausspricht: Was den Bierbrauern schadet, schadet auch dem Fiskus, ist die Bierakzise doch eine bedeutende Einnahmequelle.

Das Kaffeemonopol steigert die Wut der Bevölkerung auf die Regiebeamten, die gerne auch in privaten Haushalten nach unverzollten Waren stöbern und Damen unter die weiten Röcke schauen. Da in vielen Schlüsselpositionen Franzosen sitzen, wird die Regie als Fremdherrschaft empfunden. Tatsächlich sind höchstens 350 der 2000 Stellen von Franzosen besetzt, die zudem unter der Aufsicht eines deutschen Ministers stehen. Und viele lassen offensichtlich mit sich handeln. Als der König den unteren Steuerbeamten die Bezüge um die Hälfte erhöht, steigen die Steuereinnahmen sogleich um ein Drittel. Man darf davon ausgehen, dass französische wie deutsche Regiefunktionäre nicht nur mit mehr Diensteifer ans Werk gingen, sondern auch weniger Empfänglichkeit für milde Gaben zeigten.

Am Kaffeemonopol jedoch beißen die Behörden sich die Zähne aus. Der Kaffeepreis ist einfach zu hoch und ein Anreiz zu Schmuggel und häuslichem Rösten. Die Einnahmen bleiben entsprechend gering, woran auch Hundertschaften von Kaffeeriechern nichts ändern können. Sie werden unter den Invaliden rekrutiert und streifen inkognito durch die Straßen, um illegale private Kaffeeröster aufzuspüren und Schmuggelware sicherzustellen. Sie sind schlecht besoldet und dementsprechend empfänglich für Bestechung. Die Regie empfiehlt dem König schließlich, den Kaffeepreis zu senken. Als das Pfund endlich für einen Dritteltaler zu haben ist, steigen die Einnahmen wieder.

Die rabiate, sowohl unsoziale wie wirtschaftsfeindliche Finanzpolitik Friedrichs nach dem großen Krieg hat den gewünschten Erfolg. Gemessen am Budget, dem wichtigsten wirtschafts- und finanzpolitischen Maßstab der Kameralisten, ist Preußen unter Friedrich dem Großen ein höchst erfolgreiches Staatswesen. Nicht einmal in den Kriegsjahren 1778/79 schreibt der Fiskus rote Zahlen, die 20 Millionen Taler für den Bayerischen Erbfolgekrieg werden mühelos aus dem Staatsschatz beglichen. Bis zum Ende der Regierungszeit Friedrichs wächst ein Schatz von 55 Millionen Talern heran. Frankreich ächzt zur selben Zeit unter einer Schuldenlast von 3 Milliarden Livres, was 792 Millionen Talern entspricht. Dabei hat die persönliche Sparsamkeit des Königs Grenzen: Er gibt mehr Geld für seine Schnupftabaksdosen aus als für die Gehälter seiner Minister. Das kann man Verschwendung nennen. Aber es ist eine Verschwendung, die er sich leisten kann.

Regie und Kaffeemonopol überleben, unpopulär wie sie sind, den König nur um wenige Monate, sein Schatz bleibt gerade einmal acht Jahre erhalten. Die 55 Millionen fallen aber nicht etwa der Inkompetenz von Friedrichs Nachfolger zum Opfer – Friedrich Wilhelm II. fügt ihnen zunächst noch einmal zehn Millionen Taler hinzu –, sondern den gewaltigen Kosten der Revolutionskriege. Sie bürden Preußen bis 1797 Schulden in Höhe von 36 Millionen Talern auf. Aus finanzpolitischer Sicht ist der friderizianische Staat schon ein Jahrzehnt nach dem Tod seines Namensgebers ein Auslaufmodell.

Der Müller, der König und die Justiz

Nach der Umgestaltung der Steueradministration geht Friedrich eine weitere Reform an. Auslöser ist ein gewöhnlicher Prozess, der durch eine Eingabe die Aufmerksamkeit des Königs auf sich zieht. Der Müller Arnold aus der Neumark verliert seine Mühle durch eine Zwangsversteigerung, nachdem er den fälligen Pachtzahlungen nicht nachgekommen war. Daraufhin klagt er bei der Küstriner Regierung, dem höchsten Gericht in der Provinz, gegen die Versteigerung. Er argumentiert, dass am Oberlauf des Mühlbaches neu angelegte Karpfenteiche ihm das Wasser abgegraben und das Geschäft ruiniert hätten. Pikanterweise gehören die Teiche dem Landrat des Kreises. Seine Klage wird abgewiesen, woraufhin er sich mit einer Bittschrift an den König wendet. Der sendet drei Gutachter aus, die Lage vor Ort zu beurteilen. Zwei sprechen sich für den Müller aus, doch die Küstriner Regierung lässt sich nicht beeindrucken und beharrt auf ihrer Einschätzung.

Friedrich mutmaßt, dass Gefälligkeiten unter adeligen Amtsträgern hinter dem Urteil stecken, und verweist den Fall an das Berliner Kammergericht, das höchste Gericht in Preußen. Die Berliner Juristen wissen, welchen Spruch der König erwartet. Aber es geht um nichts weniger als die Unabhängigkeit der Justiz. Der Codex Fridericianus, die 1749 auf Friedrichs Geheiß herausgegebene Prozessordnung, verbietet den Richtern, auf Einmischungen des Königs Rücksicht zu nehmen. Sie bleiben also hart und bestätigen die Auffassung der Küstriner Regierung. Daraufhin zitiert der König am 11. Dezember 1779 die drei Kammergerichtsräte sowie den Justizminister zu sich ins Berliner Schloss. Wie arme Sünder stehen sie vor dem Krankenbett des gichtgeplagten, schimpfenden Königs, der die Räte kurzerhand ins Gefängnis abführen lässt und den Minister seines Amtes enthebt. Friedrich macht das

Urteil rückgängig, gibt die Mühle dem Müller Arnold zurück und lässt die Karpfenteiche zerstören. Den Landrat, der diese angelegt hatte, setzt er ebenso ab wie den Küstriner Kammerpräsidenten. Als das Kammergericht keine Schuld an den eigenen Richtern feststellen kann, verurteilt der König sie persönlich zu einjähriger Festungshaft.

Nach Friedrichs Überzeugung schützt das Gesetz die Schwachen, und nur der König könne über seine Beachtung wachen. Sein Handeln im Fall des Müllers Arnold folgt diesen Grundsätzen und blendet die freiwillige Unterwerfung des Souveräns unter die Gesetze aus. Das ist mehr als ein kleiner Schönheitsfehler. Hinzu kommt, dass Friedrich in der Sache Unrecht hat. Sein Spruch wird nach seinem Tod wiederum für nichtig erklärt. Als Hauptargument gegen seine Entscheidung wird ins Feld geführt, dass eine zwischen den Teichen und der arnoldschen Mühle gelegene Sägemühle nicht über Wassermangel zu klagen hatte. Der Willkürakt des Königs bricht das Recht, das er zu bewahren meint. Und doch ist die Affäre der Entwicklung des preußischen Rechts zuträglich. Dem neuen Justizminister Johann Heinrich von Carmer erteilt er den Auftrag zu einer umfassenden Reform: »1) Daß die Justiz-Collegien auf einen bessern Fuß eingerichtet. Mit geschickten und ehrlichen Leuten besetzt, 2) daß die Prozeß-Ordnung von unnützen Formalitäten gereinigt, die Prozesse in einem Jahr zu Ende zu bringen möglich gemacht, und 3) die bisher noch zu sehr zerstreute und unbestimmte und zweydeutige Gesetze mit möglichster Precision und Deutlichkeit bestimmt und gesammelt werden sollen.«

Carmer und seine Mitarbeiter tragen die Rechtsvorschriften aus den verschiedenen Provinzen zusammen und schaffen ein einheitliches Gesetzbuch. Das Mammutwerk mit 19 000 zivil-, straf- und staatsrechtlichen Einzelvorschriften tritt 1796 als »Allgemeines Landrecht der Preußischen Staaten« in Kraft. Anders als vom König gewünscht, ist es nicht all-

gemeinverständlich. Es hat auch nur dann Geltung, wenn in
einer Provinz für einen bestimmten Sachverhalt keine Regelung existiert. Es bestätigt zudem die Stellung des Königs als
oberstem Richter, entgegen dem Willen der beteiligten Reformer, die einen zweiten Müller-Arnold-Fall hatten verhindern
wollen. Sowohl diese Affäre als auch die carmersche Reform
zeigen, dass sich absolutes Königtum und Rechtsstaatlichkeit
nicht vereinbaren lassen.

Der polnische Kuchen

Kaum ist der Krieg vorbei, denkt der König schon wieder ans
Aufrüsten. Er vergrößert sein Heer, füllt die Magazine und
kontrolliert seine Regimenter mit äußerster Strenge. Nach
wie vor fühlt er sich bedroht, ein Jahr nach dem Siebenjährigen Krieg schließt Friedrich ein Bündnis mit Katharina.
Er hält das Zarenreich für den »natürlichen Verbündeten«
Preußens, da gegen das dünn besiedelte Riesenland ohnehin
nichts auszurichten sei, es aber umgekehrt Preußen leicht
großen Schaden zufügen könne. Von Herzen kommt die neue
Freundschaft nicht, denn Friedrich fürchtet die wachsende
Macht des »barbarischen« Russland und urteilt abschätzig
über die Zarin. Das Defensivabkommen schützt Preußen vor
dem unverändert revanchistischen Österreich. Die russisch-
preußische Verbindung ist epochal, da von nun an kein preußischer Politiker Russland herausfordern wird.

Durch den Vertrag zwischen Zarin und Preußenkönig gerät
Polen zwischen zwei verbündete Militärmächte. Der Doppel-
staat Polen-Litauen ist eine Adelsrepublik mit einem gewähl-
ten König als Oberhaupt. Von den knapp zwölf Millionen
Einwohnern, die um 1770 in dem multikonfessionellen Vielvölkerstaat leben, gehört eine Million dem Adelsstand an. Die
Adeligen entsenden gewählte Vertreter in den Reichstag, den

Sejm, der seine Beschlüsse einstimmig treffen muss. Dieses
Prinzip wird seit dem späten 17. Jahrhundert von konkur-
rierenden polnischen Magnaten und ausländischen Mächten
missbraucht, um den Sejm handlungsunfähig zu machen, da
sich immer ein Abgeordneter findet, der gegen Bestechung
sein Veto einlegt. Zudem verfügt das Land weder über ein
großes stehendes Heer noch über einen entwickelten Ver-
waltungsapparat. Der zweitgrößte Flächenstaat Europas ist
schon seit Mitte des 17. Jahrhunderts nicht mehr in der Lage,
sich aus eigener Kraft zu verteidigen.

Von 1697 bis 1733 trug August der Starke sowohl den
sächsischen Kurhut als auch die polnische Krone. Er versuch-
te, Polen in eine absolutistische Erbmonarchie zu verwandeln
und sich die Zustimmung der Nachbarn zu erkaufen, indem
er ihnen Teile des polnischen Staatsgebietes anbot. Seine Pläne scheiterten kläglich am Widerstand des Adels und der russischen Übermacht. Im Nordischen Krieg, der von 1700 bis
1721 dauerte, geriet Polen unter den beherrschenden Einfluss
des aufstrebenden russischen Reichs. Seitdem stehen Soldaten
des Zaren im Land.

Nichts in Polen geschieht gegen den Willen Sankt Peters-
burgs. Nach dem Tod von König August III., dem unbe-
deutenden Sohn und Nachfolger Augusts des Starken, wird
1764 Stanisław Poniatowski vom Sejm zum König gewählt,
ein polnischer Adeliger und einer der vielen Liebhaber der
Zarin Katharina. Bestechungsgelder und russische Soldaten
stellen seine Wahl durch den Sejm sicher. Der hochgebildete
und politisch erfahrene Poniatowski versucht, im Bündnis
mit einer mächtigen Magnatenfraktion und in der Hoffnung
auf das Einverständnis der Zarin, die Handlungsfähigkeit des
polnischen Staates zu verbessern. Die Reformpläne scheitern
am Widerstand Katharinas und Friedrichs, die keine Mühe
haben, polnische Verbündete gegen Poniatowskis Vorhaben
zu mobilisieren. Die Bedrängung von orthodoxen und protes-

tantischen Gläubigen durch die katholische Mehrheit erleichtert die Einmischung der ausländischen »Schutzmächte«.

Die Reformen scheitern, die Anarchie dauert an. Als Zarin Katharina im sogenannten Ewigen Vertrag dem russischen Einfluss eine feste Form geben will, bricht ein Bürgerkrieg aus. Die antirussische, patriotische, teils aufklärerische, teils katholische Konföderation von Bar ergreift gegen die prorussische Partei die Waffen. Neben Russland mischen sich auch Frankreich und Österreich ein. Das Osmanische Reich nutzt die Gelegenheit zu einem Angriff auf Russland. Sankt Petersburg erhält für den Krieg gegen die Türken preußische Hilfsgelder. In dieser unübersichtlichen Situation stehen Russland und Preußen gegen Österreich und Frankreich, ohne dass eine der Mächte an einer direkten Auseinandersetzung Interesse hätte.

Im Jahr 1769, ein Jahr nach Beginn des polnischen Bürgerkrieges, veranlasst Friedrich in Sankt Petersburg eine erste Sondierung über die Aufteilung Polens. Schon der Soldatenkönig und Zar Peter der Große hatten sich über das geschwächte Land hinweg angenähert und auch eine Teilung in Betracht gezogen. In den Politischen Testamenten von 1752 und 1768 gehört Westpreußen zu den Gebieten, über deren möglichen Erwerb Friedrich im Kapitel »Träume und chimärische Projekte« nachdenkt. Grund zur Eile bestehe dabei nicht, da man diese Gebiete »wie eine Artischocke, Blatt für Blatt« erwerben könne. Eine solche Erweiterung hänge in erster Linie vom Verhältnis zu Russland ab. Er konstatiert die politische Lähmung Polens und prophezeit, »dass die mächtigen Nachbarn sich am Ende darüber verständigen, sich die Beute zu teilen. Vielleicht bleibt ein verkleinertes Königreich übrig, eingeklemmt zwischen … Russland, Preußen und Österreich.«

Russland verweigert sich zunächst dem Teilungsplan. Katharina genügt es, in Polen nach Belieben schalten und walten zu können. Außerdem hat sie sich im Ewigen Vertrag zur Wah-

rung des polnischen Besitzstandes verpflichtet. Dann bringen
die außerordentlichen Erfolge der russischen Truppen gegen
die Türken im Sommer 1770 das Gleichgewicht der Mächte
in Gefahr. Um Österreich und Preußen zu beruhigen, erkauft
sich die Zarin die Expansion in der Schwarzmeerregion mit
der Zustimmung zur Teilung Polens. Zuerst gibt es nur eine
Vereinbarung mit Friedrich, der seinen besten Mann, seinen
Bruder Prinz Heinrich, als Unterhändler nach Sankt Petersburg schickt. Maria Theresia hingegen zögert, den Frieden
auf Kosten eines unbeteiligten und ohnmächtigen Dritten zu
erhalten. »Wo blieben sonst Treue und Glauben, worauf doch
alles lieget«, fragt sie. Andererseits hatte sie Anfang 1770
mit der eigenmächtigen Besetzung der Grafschaft Zips, die
im 15. Jahrhundert von Ungarn an Polen verpfändet worden
war, für einen Präzedenzfall gesorgt. Am Ende stimmt sie zu,
um gegenüber Preußen und Russland nicht ins Hintertreffen
zu geraten.

Friedrich hingegen kennt solche Skrupel nicht. Zu Beginn
des Jahres 1772 äußert er sich in einem Brief an d'Alembert
abfällig über die Polen: »Ich bemitleide die Weltweisen, die
sich für dieses Volk verwenden, das in jeder Beziehung so ver-
ächtlich ist. Ihre einzige Entschuldigung ist ihre Unwissenheit.
Polen kennt weder Gesetz noch Freiheit; die Regierung ist zur
Willkür und Anarchie entartet; der Adel übt die grausamste
Tyrannei über seine Leibeigenen aus. Mit einem Worte, Polen
hat die schlechteste Regierung in Europa mit Ausnahme der
Türkei.« Weil sich Friedrich als Speerspitze der Zivilisation
sieht, fühlt er sich berechtigt, ein altehrwürdiges Land wie
Polen in dieser Form zu beschneiden. Die europäische Öffent-
lichkeit ist über die Übereinkunft empört, der Preußenkönig
verweist dagegen mit Stolz darauf, dass die Mächte sich ohne
Blutvergießen geeinigt hätten.

Durch den Teilungsvertrag vom August 1772 verliert Polen
ein Viertel seiner Fläche und ein Drittel seiner Bevölkerung.

Preußen erhält von den drei Teilungsmächten das kleinste Stück des polnischen Kuchens. Es umfasst hauptsächlich das Ermland und Westpreußen sowie einige kleinere Gebiete. Der Zugewinn besteht aus 21 Städten und 1300 Dörfern mit 356000 Menschen. Auch wenn Preußen der kleinste Teil zugesprochen wird, ist die neue Provinz von besonderem strategischem Wert, da sie das bisher isolierte Ostpreußen mit Pommern verbindet. Dass zwei Fünftel der Neubürger Deutsche sind, erleichtert die Eingliederung in das preußische Staatswesen. Da Friedrich nunmehr über den größten Teil des früheren Ordenslandes Preußen herrscht, titulieren ihn seine Beamten nicht mehr als König in Preußen, sondern von nun an als König von Preußen.

Das autonome Danzig, die wichtigste polnische Hafenstadt, bleibt polnisch und wird vom Rest des Landes abgeschnitten. Gegen sie führt Friedrich einen Handelskrieg, der die stolze Stadt verkümmern lässt. Auf der Weichsel, über die vier Fünftel des polnischen Außenhandels abgewickelt werden, erhebt er ruinöse Zollgebühren, die ihm mehr Geld einbringen, als die polnische Republik insgesamt einnimmt. Johanna Schopenhauer, die Mutter des Philosophen Arthur Schopenhauer, erzählt in ihren Lebenserinnerungen von den Schikanen, die sich die preußischen Beamten gegenüber den Danziger Bürgern herausnehmen. Sie wird Zeugin, wie der von den jahrelangen Schikanen aufgebrachte Mob einen preußischen Beamten lyncht, der sich in die Stadt schlich, um preußische Dekrete ans – immer noch im Ausland liegende – Rathaus zu heften. Dieser kalte Krieg gegen Danzig erleichtert die späteren Teilungen Polens, die nach Friedrichs Tod in den Jahren 1793 und 1795 erfolgen.

Der letzte Krieg des »Gegenkaisers«

Es ist das Grundproblem von Friedrichs Außenpolitik nach
dem großen Krieg: Die Konkurrenz zu Österreich treibt ihn in
ein Bündnis mit Russland, obwohl er dem russischen Partner
misstraut und dessen wachsende Macht fürchtet. Er ist deshalb ebenso daran interessiert, gemeinsam mit Österreich den
Expansionsdrang des Zarenreiches einzudämmen. 1769 und
1770 finden in Neisse und Mährisch-Neustadt Begegnungen
zwischen dem Preußenkönig und Joseph II. statt. Seit dem
Tod seines Vaters Franz Stephan im Jahr 1765 ist er der Mit-
regent seiner Mutter Maria Theresia und römisch-deutscher
Kaiser. Die ausführlichen Gespräche zwischen den gekrönten
Häuptern – am zweiten Treffen nimmt auch der Staatskanzler
Kaunitz teil – drehen sich um die Beendigung des russisch-
türkischen Krieges, der dem Zarenreich einen erheblichen
Machtzuwachs einzubringen verspricht. Eine Einigung über
ein gemeinsames Vorgehen erreichen Kaiser und König aber
nicht. Der Versuch einer Annäherung zwischen den deutschen
Konkurrenten verläuft im Sande.

Ein Erbfolgeproblem lässt den preußisch-österreichischen
Dauerzwist schließlich wieder akut werden. Der Tod des kinderlosen Kurfürsten Max III. Joseph von Bayern am Ende
des Jahres 1777 weckt das Interesse Kaiser Josephs II. an
dem Nachbarstaat. Die Angliederung des süddeutschen Landes könnte den Verlust Schlesiens ausgleichen. Bayern würde
die habsburgischen Territorien ideal ergänzen und Österreich gegenüber dem preußischen Gegenspieler wieder mehr
Gewicht im Reich verleihen. Also schlägt der Kaiser dem
rechtmäßigen Erben, dem Kurfürsten Karl Theodor von der
Pfalz, einen Tausch vor, auf den dieser bereitwillig eingeht.
Der Pfälzer erhält Vorderösterreich mit Freiburg sowie Teile der österreichischen Niederlande und überlässt dafür die
Oberpfalz und Niederbayern den Habsburgern. Keine drei

Wochen nach dem Ableben des letzten bayerischen Wittels-
bachers rücken österreichische Soldaten in die abgetretenen
Gebiete ein.

Einen solchen Schritt Österreichs will Friedrich nicht ohne
Weiteres akzeptieren. Monatelang wird über eine mögliche
Entschädigung für Preußen verhandelt, aber ohne Ergebnis.
Der Preußenkönig schreibt schließlich höchstpersönlich an
Joseph II. und wirft ihm despotische Selbstherrlichkeit vor.
Der Kaiser könne nicht im Stile eines türkischen Sultans über
die Reichslehen verfügen und damit Recht und Gewohnheit des Reiches verletzen. Wenig später verlangt Friedrich
ultimativ die Offenlegung des Tauschvertrages. Wien reagiert
hinhaltend, Preußen erklärt den Krieg. Am 5. Juli 1778 marschiert Friedrich, wieder einmal, an der Spitze seiner Truppen
von Schlesien aus in Böhmen ein.

Aber die Preußen kommen nicht weit. Unter dem Oberbefehl des Kaisers haben sich die Österreicher verschanzt. Die
Preußen leiden unter Nachschubproblemen und den Nadel-
stichen der leichten österreichischen Truppen. Ende August
fällt Schnee, dann bricht auch noch die Ruhr aus. Die Zahl
der Deserteure schnellt in die Höhe. Der inzwischen 66-jäh-
rige Preußenkönig ist angeschlagen und zeigt nichts mehr von
seiner alten Angriffslust. Die sehr großen Armeen – auf beiden Seiten stehen über 80 000 Mann – erschweren rigorose
Aktionen. Und weder hat Frankreich Ambitionen, sich für
Österreich zu schlagen, noch Russland für Preußen. Im Oktober zieht sich das preußische Heer nach Schlesien zurück.
Eine zweite Armee unter dem Prinzen Heinrich, die auf Prag
vorging, tritt ebenfalls den Rückmarsch an. Der Bayerische
Erbfolgekrieg, der wegen der schlechten Versorgungslage
als »Kartoffelkrieg« in Erinnerung bleibt, endet im Frühjahr 1779 mit dem Frieden von Teschen. Österreich darf von
den bayerischen Gebieten nur das kleine Innviertel behalten,
Bayern kommt unter die Herrschaft Karl Theodors. Preußen

erhält die internationale Anerkennung für die Erbfolge in Ansbach und Bayreuth, wo die regierenden Nebenlinien der Hohenzollern vor dem Erlöschen stehen. Friedrich erreicht auch ohne glänzende Siege sein Ziel, die Expansion Österreichs zu verhindern.

Wie schon in den Vierzigerjahren, als der Räuber Schlesiens sich zum Verteidiger der Krone Kaiser Karls VII. aufschwang, präsentiert er sich als Verteidiger des Reichs, diesmal allerdings nicht mit dem Kaiser, sondern gegen ihn. Sein Kontrahent Joseph nimmt sich den Preußenkönig zum Vorbild und agiert wie ein aggressiver Machtpolitiker; ihm ist offensichtlich die österreichische Expansionspolitik wichtiger als der Schutz der Reichsordnung. Auf sein ehrwürdiges Amt als Kaiser nimmt der Habsburger keine Rücksicht. Und so steht Friedrich seine Parteinahme für die Reichsordnung deutlich besser zu Gesicht als drei Jahrzehnte zuvor. Es lässt sich aber nicht verhehlen, dass er selbst in den vorangegangenen Jahren die Reichsinstitutionen an den Rand gedrängt hatte. Das Reich vermag die Machtstaaten Preußen und Österreich längst nicht mehr zu fassen. Die großen Monarchien lassen es zu, dass Russland Garantiemacht des Westfälischen Friedens von 1648 und damit Hüterin des Reiches wird. Dieser Schritt zeigt, wie unwichtig den führenden Herrschern das Heilige Römische Reich inzwischen geworden ist.

Viele der geringeren Glieder des Reichsverbandes sehen das Gebaren der beiden Großmächte mit Besorgnis. Sie wollen sich zusammenschließen, um vor Übergriffen besser geschützt zu sein. Als ruchbar wird, dass Joseph II. die Tauschpläne zum Erwerb Bayerns trotz der Vereinbarung von Teschen nicht aufgegeben hat, erhalten diese Pläne neuen Auftrieb und mit Friedrich einen mächtigen Förderer. Um die österreichischen Ambitionen zu blockieren, setzt er sich an die Spitze der Bewegung und gründet mit Sachsen und Hannover 1785 einen Bund, der sich den Schutz der Reichsverfassung

auf die Fahnen schreibt. Zahlreiche Reichsfürsten treten ihm
bei, und aus dem Preußenkönig, der seine Regentschaft mit
einem eklatanten Bruch des Reichsfriedens begann, wird ein
»Gegenkaiser«. Ein junger Fürst wie Karl August von Sach-
sen-Weimar, Goethes Arbeitgeber, verspricht sich von dem
Zusammenschluss die Erweckung des »Nationalgeistes in
unserem Vaterlande«. Kurz vor seinem Tod schlüpft Friedrich, der wie stets ausschließlich an Erhalt und Ausbau der
preußischen Machtposition interessiert ist, auf diese Weise in
die Rolle einer nationalen Symbolfigur. Und als solche wird er
später Generationen von Deutschen vor Augen stehen. Aber
wie deutsch ist dieser König?

Ein deutscher König?

Am Anfang von Friedrichs Lebensweg standen zwei Sprachen,
Deutsch und Französisch. Während sein Vater ein »teutsches
Mannsbild« verkörperte, wurde der aufsässige Thronfolger
von der Gallomanie erfasst. Die französische Literatur form-
te das Weltbild des jungen Prinzen. Kammerdirektor Hille,
Vorgesetzter des Kronprinzen auf der Küstriner »Galeere«,
berichtete 1732 dem Minister Grumbkow über den Zwanzig-
jährigen: »Der Kronprinz kennt die Deutschen so gut wie gar
nicht.« Er sei enttäuscht, dass die ihn umgebenden Menschen
in Berlin und Potsdam so gar nicht den Personen der französischen Romane entsprächen. »Daher die seltsame Vorliebe
für die Franzosen: er glaubt, daß sie so sind, wie sie in ihren
Büchern sich selbst schildern!« Wenn sie doch anders seien,
betrachte er sie als durch den Umgang mit Deutschen ver-
dorben.

Friedrichs Begeisterung für das französische Wesen ließ mit
den Jahren etwas nach. Als er Voltaire 1751 wegen dessen
Finanzgeschäften ermahnte, bezeichnete er sich ausdrücklich

als Deutschen: »Ich schreibe diesen Brief mit dem plumpen gesunden Menschenverstande eines Deutschen, der da sagt, was er denkt, ohne sich auf Doppeldeutigkeiten und Zuckerworte einzulassen, welche die Wahrheit nur entstellen.« Ein Deutscher ist demnach einfach gestrickt, direkt und kommt ohne sprachliche Feinheiten aus. Denn: »Jedes Volk hat seinen Charakter«, wie Friedrich in den »Denkwürdigkeiten des Hauses Brandenburg« anmerkt. Dieser werde von der Natur geformt, Erziehung und Regierung könnten ihn beeinflussen, nicht aber in den Grundzügen ändern. »Wer Tacitus oder Cäsar gelesen hat, wird noch heute die Deutschen, die Franzosen und Engländer an den Farben wiedererkennen, mit denen jene sie malen.« Die Deutschen zeichnen demnach Stärke, Mut und Treue aus. Friedrich hält an Konventionen fest, die schon von den antiken Klassikern geprägt wurden. Vertrauenswürdigkeit zählt er übrigens nicht zu den deutschen Tugenden. Während er sein einheimisches Küchenpersonal streng überprüfen lässt, bleiben die französischen Köche unbehelligt.

Sein Leben lang ist Friedrich ein begeisterter Anhänger der klassischen französischen Literatur aus der Zeit des Sonnenkönigs. Das Französisch, das er lernt, ist eine ausgereifte Literatur- und Wissenschaftssprache mit einheitlichen Standards. Im Vergleich zu ihr fällt das Deutsche ab. »Der deutschen Sprache, die in zahllose Dialekte zerfällt, fehlt es an zuverlässigen Regeln ... Wir besitzen kein einziges klassisches Buch. Und wenn uns noch etwas von unserer alten republikanischen Freiheit geblieben ist, so ist es der unfruchtbare Vorteil, eine raue und fast noch barbarische Sprache nach Belieben verstümmeln zu können«, schreibt er in den »Denkwürdigkeiten«. Das Deutsche ist also erstens rückständig und zweitens barbarisch. Einmal sagt er, lieber einem wiehernden Pferd zuhören zu wollen als einer deutschen Sängerin. Noch barbarischer sind in seinem Weltbild allenfalls die Russen. Die Begegnung mit der schönen und gebildeten Gräfin Woronzow entlockt ihm den Ausruf: »Ist es möglich, so viel Anmut bei den Barbaren?« Deutsch spricht Friedrich mit seinen Soldaten, seinen Beamten, seinen Bediensteten und mit seinem Faktotum Fredersdorf. Er liest deutsche Akten und Berichte, an die er auf Deutsch Randbemerkungen schreibt. Sein geschriebenes Deutsch ist roh, außerhalb von Militär und Verwaltung gebraucht er es nur in Briefen an Fredersdorf. Wenn er in jungen Jahren Wilhelmine sein Leid klagt, fällt er nur dann ins Deutsche, wenn er den Vater zitiert. Mit seinen Schwestern und Brüdern, in der Tafelrunde und auf den Sitzungen der Akademie spricht er Französisch. Schwierige deutsche Texte versteht er nur unvollständig, Literatur liest er ausschließlich auf Französisch. Und vor allem versteht er sich als ein Schriftsteller französischer Sprache.

Der dichtende König schreibt 50000 Verse, zwei große Geschichtswerke, zahlreiche philosophische Essays, unzählige kunstvolle Briefe, ein komisches Heldengedicht, zwei Komödien, ein Drama, Opernlibretti, Epigramme, Fabeln. Der »rohe Deutsche«, wie er sich einmal in einem Brief an d'Alembert nennt, zeigt mit seinen Werken, dass er als Deutscher den Franzosen, Briten und Niederländern ebenbürtig ist. Voltaire bemerkte nach dem Sieg über die Franzosen bei Roßbach: »Jetzt hat er alles erreicht, was er immer sich ersehnt hat, den Franzosen zu gefallen, sich lustig über sie zu machen und sie zu schlagen.«

Während seiner langen Herrschaft reift Deutsch zu einer vollwertigen Literatursprache heran. Doch davon will der mächtigste König in Deutschland nichts wissen. In seiner – selbstverständlich auf Französisch verfassten – Schrift »Von der deutschen Literatur«, eines seiner wenigen an die breite Öffentlichkeit gerichteten Werke, bekräftigt er 1780, dass er die deutsche Kultur für rückständig hält. »Ich liebe unser gemeinsames Vaterland ... und hüte mich darum es zu

loben, ehe es Lob verdient. Es wäre, als würde man einen
Läufer mitten im Rennen zum Sieger ausrufen.« Den Autoren seiner Heimat erteilt er eine Abfuhr. Erstaunlicherweise
nennt er kaum einen jener Schriftsteller, deren Namen lange
überdauern werden. Weder Klopstock, Wieland oder Herder
noch Lessing oder gar Schiller finden Erwähnung. Goethes
»Götz von Berlichingen« tut der königliche Literat als eine
Wiederholung der »ekelhaften Plattitüden« Shakespeares ab.
Immerhin prophezeit er, dass die deutsche Sprache sich ver-
feinern und vervollkommnen und dadurch Verbreitung und
Anerkennung finden werde. Dies gelinge am besten durch
die Übersetzung von Klassikern aus anderen Sprachen – der
König empfiehlt eine Fortsetzung des von ihm geförderten
Kulturimports.

Themen und Stil der deutschen Literatur entsprechen nicht
dem Geschmack Friedrichs. Er mag Stücke wie »Der Bürger
als Edelmann« von Molière, in dem ein Angehöriger des dritten Standes sich zum Affen macht, weil er gerne ein *honnête
homme* wäre. »Kabale und Liebe« von Schiller hingegen, das
der Verkommenheit des Adels die Tugend des Bürgers ent-
gegenhält, hätte ihm, wenn er es gekannt hätte, kaum zugesagt. Der Aufstieg der deutschen Sprache wird vom Bürgertum getragen, während Friedrich noch ganz der höfischen
Welt angehört. Der König ist der festen Überzeugung, dass
nur die Höfe wahre Träger der Kultur sein können und allein
der Monarch als oberster Schutzherr und Förderer der Künste aufzutreten habe.

Obwohl sich Friedrich dem unübersehbar Neuen, das in
seinen letzten Lebensjahrzehnten heraufzieht, nicht öffnet,
bleibt er der unangefochtene Star unter den europäischen
Fürsten. Die Könige von Schweden und Dänemark eifern
seinem Französisch und seinem Stil nach. In Russland folgt
Katharina die Große den Prinzipien des aufgeklärten Abso-

lutismus. Und Kaiser Joseph II. ist, wie schon Zar Peter III., ein echter Fan Friedrichs. Der Habsburger spricht selbstverständlich auch bevorzugt Französisch und verschreibt seinen Ländern ein radikales Reformprogramm nach preußischem Vorbild, das die Donaumonarchie nur mit Mühe übersteht. Das Vorbild Friedrichs findet also eifrige – und übereifrige – Nachahmer.

In kultureller Hinsicht hat Friedrich an Deutschland kein Interesse. Und politisch? Der Aufstieg Preußens unterhöhlt die Stellung des Reiches, das für Mitteleuropa seit Jahrhunderten das staatliche Gehäuse ist, endgültig. Friedrich beschreibt diesen Vorgang als die Abwehr habsburgischer Herrschsucht:»O Österreicher! Euer Ehrgeiz, euer Verlangen, alles zu beherrschen, würde euch alsbald andere Feinde machen; und den deutschen Freiheiten und denen Europas wird es nie an Verteidigern mangeln«, schrieb er 1758 an Voltaire. »Deutsche Freiheiten« sind für ihn gleichbedeutend mit der Souveränität der Reichsfürsten. Immer wieder präsentiert er sich als Verteidiger fürstlicher Unabhängigkeit gegenüber der kaiserlichen Gewalt. Nicht die Einheit Deutschlands bedeutet ihm etwas, sondern, ganz im Gegenteil, die Durchsetzung des monarchischen Prinzips in den Gliedern des Reiches.

Friedrich ist das Haupt des norddeutsch-protestantischen Lagers unter den Reichsfürsten, das er zu neuer Stärke führt. Im Siebenjährigen Krieg standen neben Hannover auch viele kleine mitteldeutsche Fürstentümer auf seiner Seite. Zielt der protestantische »Gegenkaiser« auf eine nationale Einigung? Keineswegs. Ihn interessieren ausschließlich die Beschränkung Österreichs und die Ausdehnung Preußens. Die sehr kleinen Fürstentümer – er witzelt einmal vom sprichwörtlichen »Fürst von Zippelzerbst« – erscheinen ihm wegen ihrer machtpolitischen Bedeutungslosigkeit geradezu als illegitim, und auch einen ansehnlichen Mittelstaat wie Sachsen würde er bedenkenlos annektieren. Doch wäre das keine national-

deutsche Politik, sondern eine rein machtstaatliche Expansion
im Namen Preußens und der Hohenzollerndynastie.

Ungeachtet seiner eigenen monarchisch-dynastischen Per-
spektive wird Friedrich zu Lebzeiten zu einer in Ansätzen nationalen Figur, besonders dank seiner Siege über Franzosen
und Russen. Allerdings liegt es dem Preußenkönig ebenso wie
der öffentlichen Meinung fern, ein Deutschland ohne seinen
Hauptfeind Österreich zu entwerfen. Der Prinz Eugen ist für
Friedrich selbstverständlich der »Held Deutschlands«. Dieses
Deutschland ist als Ganzes nur in Form des Reiches präsent.
Doch die alte Ordnung wird als politisches Gebilde wie als
Idee zunehmend brüchig, ohne dass sich eine Alternative
abzeichnen würde. Die Rivalität zwischen Österreich und
Preußen, die den alten katholisch-protestantischen Gegensatz
fortsetzt, ist eine politische Realität, über die kaum ein Zeitgenosse hinausdenkt. Erst die Französische Revolution und
die Herausforderung durch Napoleon bringen in Deutschland den Durchbruch des Nationalismus zum politischen
Programm: eine gesamtdeutsche Staatlichkeit nicht in Form
des locker gefügten Reichsverbands, der alte ständische und
religiöse Rechte schützt, sondern als moderner, einheitlicher
und freiheitlicher Nationalstaat.

Ohne Zweifel haben Friedrichs Feldzüge die kriegerische
Gründung des deutschen Nationalstaats durch Bismarcks
Preußen vorbereitet. Dieses Ergebnis hat er aber weder gewollt noch sich vorstellen können. Ihn als deutschen Politiker
zu bezeichnen, wäre also im zeitgenössischen Kontext wenig
sinnvoll. Er selbst sieht sich vorrangig als europäischen Fürsten und Bürger der französischsprachigen, grenzübergreifen-
den Gelehrtenrepublik. Seine deutsche Identität wiederum
beschränkt sich darauf, dass er sich und seinen Landsleuten
gewisse klischeehafte Charakterzüge zuschreibt, sowie auf einen kulturellen Minderwertigkeitskomplex, den er durch die
Aneignung und den vollendeten Gebrauch des Französischen

zu überwinden versucht. Sein Nachfolger Friedrich Wilhelm II. wird zwar noch ganz in der frankophonen Tradition erzogen, teilt aber mit seinem Onkel weder einen deutschen Minderwertigkeitskomplex noch die Begeisterung für alles Französische. Er wird Französisch als Hofsprache abschaffen und mit seinen Höflingen Deutsch sprechen.

Monarchie und Nachfolge

Friedrich liest weiter viel, beschränkt sich aber zunehmend auf die von ihm hochgeschätzten Klassiker. Sein Interesse an der neuen französischen Literatur erlahmt mit der Zeit. Den publizistischen Feldzug Voltaires gegen die religiös motivierte Justizwillkür in Frankreich unterstützt er mit der Feder, doch finden die jüngeren französischen Aufklärer wie Rousseau und Diderot in Friedrichs Augen keine Gnade. Statt nur die moralische Besserung der Fürsten zu verlangen, stellen sie die Monarchie gleich ganz infrage. Im Jahr 1770 setzt sich der Preußenkönig mit dem »System der Natur« von Paul Thiry d'Holbach auseinander, in dem dieser ein mechanistisches, deterministisches und atheistisches Weltbild vertritt und die Fürstenherrschaft angreift. Friedrich kritisiert die Leugnung Gottes und der Willensfreiheit. Die Monarchie verteidigt er als die am wenigsten nachteilige Staatsform. Wo die Untertanen das Recht hätten, ihre Herrscher abzusetzen, könne es zu Bürgerkriegen kommen. Nur eine klare Erbfolge verhindere, dass feindselige Nachbarn Thronstreitigkeiten ausnutzten.

Während die aufblühende bürgerliche Öffentlichkeit innere Reformen und Mitbestimmung fordert, bleibt der preußische Philosophenkönig ein Verteidiger der Monarchie nach altem Vorbild. Zu ihrem Schutz setzt er der Meinungsfreiheit enge Grenzen. Gotthold Ephraim Lessing schreibt 1769 an den

Berliner Verleger Friedrich Nicolai: »Sagen Sie mir von Ihrer berlinischen Freiheit, zu denken und zu schreiben, ja nichts! Sie reduziert sich einzig und allein auf die Freiheit, gegen die Religion so viel Sottisen auf den Markt zu tragen, als man will. Lassen Sie einen in Berlin auftreten, der für die Rechte der Untertanen, der gegen Aussaugung und Despotismus seine Stimme erheben wollte, und Sie werden bald die Erfahrung haben, welches Land bis auf den heutigen Tag das sklavischste Land von Europa ist.«

1784 verbietet Friedrich ausdrücklich offene Kritik an Verwaltung und Hof. Und er weiß auch, was im Privaten geredet wird, indem er sich von Spitzeln auf dem Laufenden halten lässt. Schon 1759 hatte er den Prinzen Heinrich, der gerade mit seinen Truppen in Franken stand, beauftragt, den erfolgreichen Erlanger Verleger und einflussreichen Journalisten Johann Gottfried Groß verprügeln zu lassen. Groß war ein Parteigänger Maria Theresias und ein Kritiker Preußens.

Friedrich schreckt nicht davor zurück, Kritik am »System« zu unterdrücken. Doch ist ihm durchaus bewusst, dass die Königsherrschaft auch Nachteile hat. In der Schrift »Über die Vorurteile« von 1770 stellt er fest: »Die Könige sind Menschen wie andere auch. In einer Welt, in der nichts vollkommen ist, genießen sie keineswegs das ausschließliche Vorrecht, vollkommen zu sein. Sie bringen ihre Verzagtheit oder Entschlossenheit, ihre Tatkraft oder Trägheit, ihre Laster und Tugenden mit auf den Thron, auf den der Zufall der Geburt sie setzt.« Sicher denkt er beim Schreiben dieser Zeilen auch an die Zukunft des preußischen Thrones und an dessen Anwärter Friedrich Wilhelm, den Sohn seines unglücklichen Bruders August Wilhelm.

Friedrich nimmt früh Anteil an der Erziehung seines Neffen. In seinem Politischen Testament entfaltet er seine Vorstellung von der Prinzenerziehung. Ein Thronfolger dürfe nicht im

Bewusstsein seiner hohen Geburt erzogen werden und müsse lernen, gegen jedermann höflich zu sein. Die wichtigsten Ziele der Erziehung seien selbständiges Urteilsvermögen und moralische Prinzipien. Zeige sich eine Neigung zu den Künsten, sei diese zu fördern. Die religiöse Unterweisung dürfe keinesfalls zu Fanatismus führen oder den Zögling für die Einflüsterungen der Geistlichen empfänglich machen. Geschichte sei das nützlichste Wissensgebiet, doch solle der Schüler sich vor allem selbständiges Denken angewöhnen, statt nur den Stoff auswendig zu lernen. Zu viel Strenge schade und nur bei Ausschweifungen seien Strafen angebracht. Friedrichs pädagogische Gedanken zeigen, dass der König die Fehler seiner eigenen Erziehung zu vermeiden versucht. Anderes, wie den Umgang mit Menschen aus allen Ständen und die Behandlung des Prinzen als »Privatmann«, erkennt er als nachahmenswerte Bestandteile seiner eigenen Erziehung an.

Prinz Friedrich Wilhelm ist in Gegenwart des Königs, der ihn regelmäßig zu Tisch bittet, schüchtern. Mehr als den obligatorischen Militärdienst schätzt er das Theater, er hat Liebschaften mit Schauspielerinnen. Mit zwanzig Jahren lernt er die acht Jahre jüngere Wilhelmine Enke kennen, die seine Geliebte wird. Der König verordnet ihm daraufhin eine Ehe mit der Prinzessin Elisabeth von Braunschweig-Wolfenbüttel und verlangt von Friedrich Wilhelm, seiner bürgerlichen Liebschaft zu entsagen. Die Ermahnungen sind vergeblich; Elisabeth erträgt die Untreue ihres Gatten nicht und stürzt sich ihrerseits in Abenteuer. Da die Seitensprünge der Prinzessin die legitime Nachfolge gefährden, wird die Ehe geschieden. Friedrich akzeptiert schließlich die Mätresse seines Neffen, stattet sie mit einer Pension aus und adelt die Kinder der beiden. Bei Hof bleibt Wilhelmine Enke aber unerwünscht.

Aus der zweiten Ehe Prinz Friedrich Wilhelms mit Friederike von Hessen-Darmstadt, die nur einen Monat nach der Scheidung geschlossen wird, gehen der erhoffte Thronfolger und

sechs weitere Kinder hervor. Die neue Ehefrau findet sich mit
der Nebenbuhlerin ab, führt aber einen aufwendigen Lebensstil, der zu den erheblichen Schulden des Prinzen von Preußen
beiträgt. Schulden, Ehequerelen, Mätressenwirtschaft, dazu
ungenügender Eifer in der Verwaltungsarbeit – Friedrich
hält wenig von seinem Nachfolger: »Nichts hat er von der
Erscheinung noch von dem Geiste seines Vaters; linkisch in
allem, was er tut, plump, starrköpfig, launenhaft, liederlich
und sittenlos, dumm und unerfreulich – das ist sein natur-
getreues Portrait. Er verursacht mir hundertfältigen Kummer
und verbittert meine alten Tage.« Zwei Jahre lang verbannt
er ihn von seiner Tafel. Der besorgte Souverän denkt über
Alternativen nach.

Friedrich zieht den Prinzen Heinrich ins Vertrauen, dem
er trotz zahlreicher Meinungsverschiedenheiten vertraut und
dessen Fähigkeiten er schätzt. »Ich werde … nicht ruhig
sterben, wenn ich Sie nicht irgendwie als Vormund eingesetzt
sehe. Ich betrachte Sie als den einzigen Menschen, der den
Ruhm des Hauses aufrechterhalten und in jeder Hinsicht der
Halt und Stützpfeiler unseres gemeinsamen Vaterlandes werden kann.« Prinz Heinrich von Preußen ist für die preußische
Diplomatie und Kriegführung von größter Bedeutung, auch
wenn er nicht selten die Entscheidungen seines Bruders, des
Königs, ablehnt. Seit dem Ende des Siebenjährigen Krieges
hält er sich demonstrativ von Berlin und Potsdam fern. Er
unterhält einen glanzvollen Musenhof in Schloss Rheinsberg,
in dem Kronprinz Friedrich einst residiert hatte. Auch hier
gibt es keine Hausherrin, weil Heinrich wie sein Bruder die
Gesellschaft von Männern bevorzugt und von seiner kinderlosen Ehefrau getrennt lebt. Seinem Groll gegen die Härte
des Königs verleiht er in einem Denkmal Gestalt, das er im
Schlosspark den verkannten Helden des großen Krieges setzt.
Zu ihnen zählt er auch August Wilhelm, den gemeinsamen
Bruder und den Vater des Thronfolgers.

Aus der Vormundschaft Heinrichs für den Kronprinzen wird nichts, der Bayerische Erbfolgekrieg markiert den Wendepunkt. Heinrich kritisiert wieder einmal die Politik des Königs und lehnt einen Krieg ohne Aussicht auf den Gewinn neuer Provinzen als verantwortungslos ab. Friedrich ärgert sich so sehr, dass er die Idee einer Vormundschaft des Bruders für den gemeinsamen Neffen aufgibt und sich mit Friedrich Wilhelms Nachfolge abfindet. Der Kronprinz zeigt zudem Fähigkeiten als Truppenführer und steigt im Ansehen des Königs. Er wird unangefochten den preußischen Thron besteigen. Aber König Friedrich Wilhelm II. von Preußen wird ein Fürst unter Einfluss sein, der mehr auf Wahrsagerei als auf die Stimmen der Aufklärung hört. Die Politik der Toleranz wird er einschränken, die Erstarrung des preußischen Staates nicht lösen können. Er wird weitere polnische Gebiete für Preußen gewinnen, sich unentschlossen gegenüber dem revolutionären Frankreich verhalten und bereits 1797 im Alter von 53 Jahren sterben. Das Preußen Friedrichs des Großen wird 1806 untergehen, an einem einzigen Tag wird ihm Napoleon bei Jena den Garaus machen.

Als Philosoph sterben

Mit den Jahren wird es um Friedrich zunehmend einsam. Der Marquis d'Argens, wichtiger Briefpartner und einer der letzten Weggefährten, verlässt 1768 Berlin – entnervt und verletzt von Friedrichs ständigen Spöttereien über sein gemütliches Temperament. Er stirbt 1771 in Südfrankreich. Die letzten alten Begleiter und gern gesehenen Gäste in Sanssouci sind Heinrich August de la Motte Fouqué und George Keith. Sie sterben 1774 und 1778. Voltaires 83-jähriges Leben endet am 30. Mai 1778. Auf einer Sitzung der Akademie hält Friedrich eine Traueransprache auf den Meister, den er gleichermaßen verehrt und verachtet hatte. Noch einmal lobt er überschwänglich dessen vielseitige Geisteskraft, die sich in siebzehn Jahrhunderten nur mit der Ciceros vergleichen lasse und eine ganze Akademie aufwiege. Sein Nachruf ehrt neben dem Freund auch sein eigenes Ideal des universell gebildeten Menschen. Den Bruch mit Voltaire verschleiert er mit der unwahren Behauptung, der Ausbruch des Siebenjährigen Krieges habe dessen Abreise unumgänglich gemacht.

Der König, der bis zum Ende seines Lebens höchst aktiv regiert, verwandelt sich zusehends in ein Denkmal seiner selbst. Die Furcht, die Verehrung und die Achtung, die man ihm in der Hauptstadt entgegenbringt, verblassen. Die Berliner, die in ihm stets den gütigen und treu sorgenden Landesvater sahen, nennen ihn gleichgültig nur noch den »Alten«. Ein Reisender, der 1785 in die Hauptstadt kommt, beobachtet, dass Friedrich durch Berlin fährt »und kaum sieht man sich nach ihm um; und noch viel weniger steht man still, um ihm mit devotem Bückling zu salutieren. Mit demselben Löwenauge, dessen zorniges Blitzen man sehr wohl kennt, sieht er gleichmütig auf das Treiben eines dreisten, aber doch nicht bösen Volkswitzes herab ...«

Die Provinz vermag er noch immer in Begeisterung zu versetzen. Im selben Jahr fährt er ins schlesische Hirschberg, und ein verzückter Augenzeuge berichtet: »Man las auf allen Gesichtern, dass man etwas Großes mit Freuden erwarte. Endlich kam er, der Einzige, und aller Augen waren mit dem sprechendsten Ausdruck von Ehrfurcht und Liebe auf ihn gerichtet. Ich kann die Empfindungen nicht beschreiben, die sich meiner und gewiss eines jeden bemächtigten, als ich ihn sah, den Greis, in der schwachen Hand den Hut, im großen Auge freundlichen Vaterblick auf die unzählige Menge, die den Wagen stromweise begleitete.«

Ein Philosoph hat keine Angst vor dem Tod. Epikur, den Friedrich sehr schätzt, sieht in der Überwindung der Todes-

furcht gar den Hauptzweck der Philosophie. Und der Tod
kann jederzeit über einen König wie über alle Menschen
kommen, im Frieden durch Krankheit, im Krieg durch feindliche Kugeln oder »Lagerseuchen«. Vor seiner ersten Schlacht
bei Mollwitz hatte Friedrich erstmals testamentarische Anordnungen für sein Begräbnis gegeben. Damals wollte er verbrannt und im Park von Rheinsberg bestattet werden. Nun
wünscht er sich eine letzte Ruhestätte in Sanssouci. Von seinem Zimmer aus blickt er auf die Gruft gleich neben dem
Schloss. Im privaten Testament von 1752 heißt es: »Gern gebe
ich meinen Lebensodem der wohltätigen Natur zurück, die
ihn mir verliehen hat, und meinen Leib den Elementen, aus
denen er besteht. Ich habe als Philosoph gelebt und will als
solcher begraben werden, ohne Pomp, ohne Prunk und ohne
die geringsten Zeremonien. Ich will weder geöffnet noch ein-
balsamiert werden. Sterbe ich in Berlin oder Potsdam, so will
ich der eitlen Neugier des Volkes nicht zur Schau gestellt und
am dritten Tag um Mitternacht beigesetzt werden. Man brin-
ge mich im Schein einer Laterne, und ohne dass mir jemand
folgt, nach Sanssouci und bestatte mich dort schlicht auf der
Höhe der Terrasse, rechterhand, wenn man hinaufsteigt, in
einer Gruft, die ich mir habe herrichten lassen.« Noch im Tod
will sich der *roi philosophe* als Verächter irdischer Güter und
leeren Zeremoniells inszenieren und auf den Segen der Kirche
verzichten.

Seit dem August 1785 ist Friedrich krank. Trotz eines Gichtanfalls und Verdauungsbeschwerden reist er zur Truppen-
schau nach Schlesien. Sechs Stunden lang schaut er im strö-
menden Regen den übenden Regimentern zu und trägt eine
fiebrige Erkrankung davon. Zurück in Potsdam erleidet er
Ende September einen Schlaganfall, im Winter stellt sich eine
Wassersucht ein. Angesichts seiner schwindenden Lebenskraft
arbeitet der König noch härter. Statt zu sechs oder sieben Uhr
bestellt er seine Minister bereits für vier Uhr morgens. »Die

Zeit, die ich noch habe, muss ich benutzen, sie gehört nicht
mir, sondern dem Staate«, erklärt er. Auch für Gesellschaften
findet er gelegentlich noch Kraft. Am 4. Juli 1786 reitet er ein
letztes Mal durch den Park Sanssouci, bezahlt den Ausflug
aber mit einer Verschlechterung seines Zustandes.

Am 15. August erledigt König Friedrich II. von Preußen
zum letzten Mal seine Regierungsgeschäfte, am folgenden Tag
beginnt der Todeskampf. In den frühen Morgenstunden des
17. August stirbt der Kranke im Lehnstuhl sitzend in seinem
Zimmer auf Schloss Sanssouci. Seine Regierung dauerte 46
Jahre, zwei Monate und siebzehn Tage. Der Regierungswech-
sel wird wenige Stunden nach dem Tod Friedrichs durch die
Vereidigung der Potsdamer Regimenter auf den neuen König
vollzogen. In seiner ersten Amtshandlung übergeht Friedrich
Wilhelm II. den letzten Willen seines Vorgängers: Am Tag
nach dessen Tod lässt er Friedrich im Potsdamer Stadtschloss
mit angemessenem Dekor öffentlich aufbahren, aber nur wenige kommen. Der Graf Mirabeau notiert über die Stimmung
in Berlin: »Alles ist düster, niemand ist traurig, alles ist beschäftigt, niemand ist bekümmert. Kein Gesicht, das nicht
Erleichterung und Hoffnung verkündet; nicht *ein* Bedauern,
nicht *ein* Seufzer, nicht *ein* Lob.« Der Tod des alten Königs
erleichtert die Menschen. Seine lange Regierung verbreitete
gegen ihr Ende hin zunehmend ein Gefühl der Erstarrung und
Bedrückung.

Das Begräbnis entspricht ebenfalls nicht dem Testament
des Toten. Am Abend des 18. August wird er in der Gruft
der Potsdamer Garnisonkirche mit kleinem Geleit neben dem
Sarg seines Vaters und Vorgängers beigesetzt. Sein Neffe soll
die Gruft in Sanssouci besichtigt haben. Sie sei aber verwahr-
lost gewesen und war nach Ansicht des neuen Herrschers
eines Königs nicht würdig. Im Rahmen einer Trauerfeier am
9. September feiern Dichter den Verstorbenen mit Trauer-
Oden und Geistliche ehren sein Andenken. Die letzte Selbst-

darstellung des großen Königs scheitert, seine Macht endet mit seinem Leben.

Nachleben eines deutschen Königs

Friedrich II. war ein König, der einem Jahrhundert seinen Stempel aufdrückte und dank seiner Siege, seiner Persönlichkeit und seiner geschickten Imagepflege schon zu Lebzeiten populär war. Genauso aber war er berüchtigt für seine Skrupellosigkeit und die Härte seiner Politik. Gerade weil sein Charakter, seine Weltsicht und seine Politik bis zur Widersprüchlichkeit komplex und vielseitig waren, eignet er sich hervorragend als Projektionsfläche. Er taugt zur Verehrung ebenso wie zur Verdammung. Der französische Gesandte Tyrconnel befand, dass dieser König aus lauter Gegensätzen bestehe, und seinem Vorgänger Valory war Friedrich als Ganzes ein Rätsel.

Viele Zeitgenossen des verstorbenen Königs urteilen positiv über seine Person, üben aber Kritik an seinem Regierungsstil und dem waffenstarrenden Staat, dem er vorstand. Zu Lebzeiten Friedrichs bemerkte Christoph Martin Wieland: »König Friedrich ist zwar ein großer Mann, unter seinem Stocke sive [oder] Zepter zu leben bewahre uns der liebe Herrgott.« Ebenso unterscheidet Graf Mirabeau 1788 zwischen der strahlenden Figur des Königs und dem unfreien, mechanischen Staat, in dem es keine Bindung der Bürger an die Regierung habe geben können. Und Madame de Staël sieht die Leistung des Königs darin, das Gegensätzliche vereint zu haben: »Friedrichs Regierung fußte auf der militärischen Kraft und der zivilen Gerechtigkeit: Er versöhnte beide durch seine Weisheit. ... doch fühlte man in Preußen stets die beiden Nationen, die nur dürftig ein Ganzes bildeten: das Heer und den Bürgerstand. Die adligen Vorurteile bestanden neben den

ausgeprägtesten liberalen Prinzipien. Kurzum: Preußen zeigt
ein Doppelgesicht wie der Januskopf: ein militärisches und
ein philosophisches.«

Während der ersten Hälfte des 19. Jahrhunderts stehen
sich in der deutschen Politik die konservative und die liberale
Strömung gegenüber. Die Konservativen sehen Friedrich skeptisch. Ihnen missfällt, dass der machtfixierte Vernunftstaat
über das organische Zusammenspiel der Stände hinwegging.
Der konservative Friedrich Wilhelm IV. von Preußen, der von
seinem Gottesgnadentum überzeugt ist, hat Vorbehalte gegen
die areligiöse und kirchenkritische Seite des *roi philosophe*.
Dennoch fühlt er sich seinem Urgroßonkel verbunden und
errichtet ihm das 1851 eingeweihte Reiterstandbild Unter
den Linden. Die Liberalen wiederum rechnen Friedrich an,
dass die von ihm vertretene Idee des Herrschaftsvertrages das
Prinzip der Volkssouveränität vorbereitet und dass er seine
persönlichen Bedürfnisse dem Gemeinwohl untergeordnet
habe. Auch die geistige Freiheit und die Zurückdrängung
religiöser Autoritäten im preußischen Staat unter Friedrich
sind ihnen sympathisch. Sein Engagement für die Rechtspfle-
ge macht ihn vollends zu einem Verfechter des Fortschritts im
Sinne der Liberalen.

Um die Jahrhundertmitte bekommt die Auffassung, Friedrich sei ein Vertreter fortschrittlicher Tendenzen gewesen, eine
neue und sehr bedeutungsvolle Richtung. Die Konkurrenz
zwischen Preußen und Österreich um die Vormachtstellung
in Deutschland wird nach der gescheiterten Revolution von
1848/49 wiederbelebt. Sie lenkt den Blick auf das 18. Jahrhundert und die Kämpfe Friedrichs gegen Maria Theresia und
Joseph II. Das national und liberal gesinnte, protestantisch
geprägte Bürgertum ersehnt die Einigung Deutschlands unter
preußischer Führung. Es erklärt Friedrich zum Vorkämpfer
des kleindeutschen, Österreich ausschließenden Nationalstaats. Nur dank der Großmachtstellung Preußens in Europa,

die Friedrich erkämpfte, sei die Einheit der Nation in den Bereich des Möglichen gerückt. Der preußische Junker Otto von Bismarck sorgt schließlich dafür, dass die Wünsche nach nationaler Einigung wahr werden. Wenige Tage nach der Ausrufung des Preußenkönigs Wilhelm I. zum deutschen Kaiser am 18. Januar 1871 feiert die Preußische Akademie der Wissenschaften den Geburtstag Friedrichs. Der Physiologe Emil du Bois-Reymond sagt zu diesem Anlass: »Die Geschichte des Hauses Hohenzollern ist nunmehr des Deutschen Reiches Vorgeschichte, und der Preußen eine europäische Machtstellung errang, Friedrich der Große, steht nun wirklich da als dieses Reiches Gründer.«

Nachträglich wird Friedrich zum Reichsgründer erklärt, obwohl den preußenbegeisterten »borussischen« Historikern natürlich bewusst ist, dass Friedrich die »deutsche Nation« herzlich gleichgültig war. In die Verehrung mischt sich ein volkstümliches, anekdotisch geprägtes Friedrich-Bild. Die populäre Biographie Franz Kuglers von 1840 findet weite Verbreitung. Sie ist mit Illustrationen von Adolph von Menzel ausgestattet, die Friedrich als heldenhaften Kriegsmann und allgegenwärtigen, arbeitsamen Landesvater zeigen.

Die Friedrich-Verherrlichung fordert Widerspruch heraus, kritische Stimmen kommen überwiegend aus dem großdeutsch-katholischen Lager. Sie verdammen den Preußenkönig als Friedensstörer und Rechtsbrecher, der seiner Gier nach Macht folgte. Dieser Friedrich ist skrupellos, heimtückisch, dämonisch, eroberungssüchtig. Auch im Ausland überwiegt die negative Einschätzung Friedrichs. Seit der Reichsgründung gilt er den Franzosen als Begründer des deutschen Machtstrebens und Mitverantwortlicher für die Niederlage im Deutsch-Französischen Krieg von 1870/71. In Großbritannien sieht man in ihm das Urbild des militaristischen, aggressiven, despotischen deutschen Gewaltherrschers. Das 20. Jahrhundert nimmt diese Grundlinien der Wahr-

nehmung Friedrichs wieder auf und treibt sie ins Extreme.
1914 rechtfertigt Thomas Mann den deutschen Einmarsch
ins neutrale Belgien in der Schrift »Friedrich und die große Koalition« mit Friedrichs Einfall in Sachsen 1756: »Ein
schlimmes, mephistophelisches Gelächter muß in ihm gewesen sein über die Beflissenheit, mit welcher der [Wiener]
Klüngel sich unschuldig zu halten, defensiv zu tun und ihm
das Odium des Angreifers zuzuschieben trachtete, – ihm, der
erhaben war über die Heuchelei oder Einfalt einer Psycho-
logie, welche zwischen ›Offensive‹ und ›Defensive‹ säuberlich
unterscheidet, und Schuld und Odium gar nicht fürchtete.«
Der leichtfertige Umgang mit Kriegsgefahr und Völkerrecht
im Sommer 1914 findet in den Kriegen des 18. Jahrhunderts
eine fragwürdige Rechtfertigung.

Nach der Niederlage im Ersten Weltkrieg verbreitet eine
Reihe von patriotischen Friedrich-Filmen das Bild eines un-
beugsamen Kriegsherrn. Der Schauspieler Otto Gebühr spielt
Friedrich dreizehnmal, seine knorrige, heldenhafte und herri-
sche Interpretation der Figur ist Balsam für die Seelen vieler
Deutscher, die sich mit dem verlorenen Krieg und dem Ende
der Monarchie nicht abfinden wollen. Zur gleichen Zeit erheben rechtskonservative Autoren den König zum Gewährs-
mann gegen Republik, Demokratie und Friedenspolitik.

Schon früh entdecken die Nationalsozialisten den Preußenkönig für sich. Joseph Goebbels zum Beispiel sieht im frideri-
zianischen Staat ein Vorbild für das völlige Zurücktreten des
Einzelnen zugunsten der Gemeinschaft, das auch die Nationalsozialisten fordern und erzwingen. Für Hitler verkörpert
Friedrich den lorbeerbekränzten Aggressor, dessen riskante
Politik reich belohnt wird. Das Schwanken zwischen Staatsräson und Humanitätsideal ignoriert er ebenso wie die Grenzen, die Friedrich seiner Machtpolitik setzte. In der Grablege
der preußischen Könige, der Potsdamer Garnisonkirche, inszeniert Hitler 1933 den Schulterschluss zwischen dem neuen

Deutschland und dem alten Preußen. Und ganz am Ende seiner Herrschaft starrt der »Führer und Reichskanzler« immer wieder auf ein Porträt Friedrichs, das in seinem Bunker hängt. Bis zuletzt phantasiert er von einem zweiten »Mirakel des Hauses Brandenburg« und rechtfertigt damit die opferreiche Fortsetzung des Krieges in aussichtsloser Lage.

Die nationalsozialistische Vereinnahmung des großen Friedrich bestätigt die Überzeugung der Siegermächte, dass der preußische Militarismus die Wurzel des deutschen Übels sei. 1947 lösen sie Preußen, das nach der Abdankung Wilhelms II. als Freistaat des Deutschen Reiches fortbestand, per Kontrollratsbeschluss auf. Das Urteil der Alliierten zieht sich auch durch die bundesdeutsche Friedrich-Wahrnehmung. Rudolf Augstein fand 1968 in »Preußens Friedrich und die Deutschen«, dass in Hitler mehr Friedrich stecke, als diesem hätte lieb sein können. Doch auch die propreußischen Stimmen verstummen nicht. Der Historiker Theodor Schieder versachlicht die Auseinandersetzung mit dem Preußenkönig. Er gibt seiner Biographie von 1983 den Untertitel »Königtum der Widersprüche« und führt die polarisierende Wirkung des Monarchen auf dessen Persönlichkeit und Politik zurück.

In der DDR ist der König zunächst, wie alles Preußische, verpönt. Sein Reiterstandbild wird 1950 demontiert und einige Jahre später beinahe eingeschmolzen. Ende der siebziger Jahre wird seine Umdeutung als teilweise »fortschrittlicher« Herrscher verfügt. Die »Erbe-Aneignung« soll der DDR-Identität eine nationale Tiefendimension geben. Das Reiterstandbild, das von 1962 bis 1980 im Park Sanssouci steht, kehrt auf höchste Anordnung an seinen alten Platz Unter den Linden zurück.

Seinen letzten großen Auftritt hat Friedrich im August 1991. Mit der Rückkehr in sein Traumschloss endet eine fünf Jahrzehnte währende Odyssee des toten Königs. Nachdem sein Sarkophag bei Kriegsende in ein Bergwerk ausgelagert worden war, stand er von 1945 bis 1952 in der Marburger Elisabethkirche. Dann holten ihn die Hohenzollern auf die Stammburg der Dynastie in Hechingen. Nach der Wiedervereinigung wird er auf Beschluss der Familie nach Potsdam überführt. Endlich findet Friedrich seine letzte Ruhe an dem Ort, den er als seine Grabstätte ausersehen hatte. Doch auch dieses Mal wird sein letzter Wille missachtet. Statt einer nächtlichen Beisetzung in aller Stille findet ein Staatsbegräbnis statt, an dem auch Bundeskanzler Helmut Kohl teilnimmt und dafür viel Kritik erntet. Bis heute vergeht kaum ein Tag, an dem nicht Bewunderer nach Sanssouci kommen und Blumen oder Kartoffeln auf das Grab des großen, launischen, zynischen, einsamen, Tränen vergießenden, geistvollen, ehrgeizigen, geprügelten, den Stock schwingenden Königs legen.

Danksagung

Wir danken folgenden Personen: Christian Seeger vom Propyläen Verlag für das Vertrauen und die gute Zusammenarbeit, Karin Schneider und Dr. Andy Hahnemann für das umsichtige Lektorat, Dr. Hans von Trotha für die Beratung im Vorfeld der Buchveröffentlichung, Dagmar Reim, Dr. Claudia Nothelle und Maria Ossowski für die Unterstützung des Friedrich-Projektes im rbb, Rolf Bergmann und Jens Stubenrauch für die guten Ideen und die redaktionelle Begleitung der TV-Produktion, der Produktionsfirma DOKfilm Potsdam-Babelsberg – namentlich Frank Schmuck und Daniel Remsperger – für die professionelle Realisierung der Fernsehproduktion, Yury Winterberg und Jan Peter für die wunderbare Umsetzung des TV-Dokudramas, Katharina und Anna Thalbach für die charmante Verkörperung des Friedrich sowie Katharina Thalbachs Großmutter Mary für ihre preußische Art.

Außerdem danken wir Manuela, Magda, Leo, Helene und Nora sowie Maria, Leo, Vincent und Anton, ganz besonders aber Regine Bruckmann für ihre kluge und gewissenhafte Begleitung der Textarbeit sowie Erwin-Ernst Starke für seine wertvollen Hinweise.

Johannes Unger und Jan Martin Ogiermann

Literatur

Adamson, John (Hg.): The Princely Courts of Europe. Ritual, Politics and Culture under the Ancien Régime 1500–1750. London 1999

Augstein, Rudolf: Preußens Friedrich und die Deutschen. Frankfurt am Main 1968

Besterman, Theodore: Voltaire 1694–1778. Oxford ³1976

Biskup, Thomas: Preußischer Pomp. Zeremoniellnutzung und Ruhmbegriff Friedrichs des Großen im Berliner »Carousel« von 1750. Unter: http://www.perspectivia.net/content/publikationen/friedrich300-colloquien/friedrich-hof/Biskup_Pomp (abgerufen am 15. Mai 2011)

Bissing, Wilhelm Moritz Freiherr von: Friedrich Wilhelm II. König von Preußen. Ein Lebensbild. Berlin 1967

Blastenbrei, Peter: Der König und das Geld. Studien zur Finanzpolitik Friedrichs II. von Preußen. In: Forschungen zur Brandenburgischen und Preußischen Geschichte 5 (1996)

Blitz, Hans-Martin: Aus Liebe zum Vaterland. Die deutsche Nation im 18. Jahrhundert. Hamburg 2000

Bratuscheck, Ernst: Die Erziehung Friedrichs des Großen. Berlin 1885

Bringmann, Wilhelm: Friedrich der Große. Ein Porträt. München 2006

Catt, Henri de: Die Tagebücher 1758–60. Hg. Paul Hartig. München 1986

Conrads, Norbert (Hg.): Schlesien. Deutsche Geschichte im Osten Europas. Berlin 1994

Cramer, Friedrich: Zur Geschichte Friedrich Wilhelms I. und Friedrichs II. Könige von Preußen. Hamburg 1829

Cyran, Eberhard: Preußisches Rokoko. Berlin 1979

Dietrich, Richard (Hg.): Die politischen Testamente der Hohenzollern. Köln 1986

Dillmann, Edwin: Maria Theresia. München 2000

Duffy, Christopher: Friedrich der Große. Ein Soldatenleben. Zürich 1986

Elias, Norbert: Die höfische Gesellschaft. Untersuchungen zur Soziologie des Königtums und der höfischen Aristokratie. Darmstadt 1969

Fiedler, Siegfried: Taktik und Strategie der Kabinettskriege 1650–1792. Bonn 1986

Freist, Dagmar: Absolutismus. Darmstadt 2008

Friedrich II. von Preußen: Œuvres de Frédéric le Grand, Hg. Johann D. E. Preuss. Berlin 1846–1857

Friedrich II. von Preußen: Die Werke Friedrichs des Großen in deutscher Übersetzung. 10 Bände, Hg. Gustav Berthold Volz. Berlin 1912–1914

Gandert, Klaus Dietrich: Vom Prinzenpalais zur Humboldt-Universität. Berlin 1985

Giersberg, Hans-Joachim: Schloss Sanssouci. Die Sommerresidenz Friedrichs des Großen. Berlin 2005

Giersberg, Hans-Joachim, Harald Müller (Hg.): 250 Jahre Sanssouci. Texte und Bilder. Berlin 1994

Gooch, George P.: Friedrich der Große. Preußens legendärer König. Göttingen 1951

Göse, Frank: Der König und das Land. Unter: http://www.perspectivia.net/content/publikationen/friedrich300-colloquien/friedrich-bestandsaufnahme/goese_land (abgerufen am 10. April 2011)

Göse, Frank: Rittergut – Garnison – Residenz. Studien zur Sozialstruktur und politischen Wirksamkeit des brandenburgischen Adels 1648–1763. Berlin 2005

Hagemann, Alfred P.: Der König, die Königin und der preußische Hof. Schlaglichter auf eine schwierige Beziehung im Spiegel der Berichterstattung der »Königlich Privilegirten Berlinischen Zeitung von Staats- und gelehrten Sachen« 1740–1786. Unter: http://www.perspectivia.net/content/publikationen/friedrich300-collo quien/friedrich-hof/Hagemann_Zeitung (abgerufen am 20. Juni 2011)

Harnack, Adolf: Geschichte der königlich preussischen Akademie der Wissenschaften zu Berlin. Berlin 1900

Hagen, William W.: Ordinary Prussians. Brandenburg Junkers and Villagers 1500–1840. Cambridge 2002

Hinrichs, Ernst: Aus der Distanz der Philosophen. Zum Briefwechsel zwischen Voltaire und Friedrich II. In: Ders., »Pardon, mon cher Voltaire ...« Drei Essays zu Voltaire in Deutschland. Göttingen 1996

Hubatsch, Walter: Friedrich der Große und die preußische Verwaltung. Köln, Berlin 1982

Kaiser, Michael: Friedrichs Beiname »der Große«. Ruhmestitel oder historische Kategorie? Unter: http://www.perspectivia.net/content/publikationen/friedrich300-colloquien/friedrich-groesse/kaiser_beiname (abgerufen am 3. Mai 2011)

Kathe, Heinz: Der »Soldatenkönig«. Friedrich Wilhelm I., 1688–1740 König in Preußen. Eine Biographie. Berlin 1978

Keegan, John: Das Antlitz des Krieges. Frankfurt am Main 1991

Koser, Reinhold: Geschichte Friedrichs des Großen. 3 Bände. Stuttgart, Berlin ⁶1921

Krockow, Christian Graf von: Die preußischen Brüder. Prinz Heinrich und Friedrich der Große. Ein Doppelportrait. Stuttgart 1996

Krockow, Christian Graf von: Rheinsberg. Ein preußischer Traum. Leipzig 1992

Kroener, Bernhard R.: Der Siebenjährige Krieg. Wirtschaft und Rüstung der Großmächte im Siebenjährigen Krieg. In: Bernd Wegner (Hg.), Wie Kriege entstehen. Zum historischen Hintergrund von Staatenkonflikten. Paderborn 2000

Kroll, Frank-Lothar: Friedrich der Große. In: Etienne François (Hg.), Deutsche Erinnerungsorte, Band 3. München 2001

Kroll, Frank-Lothar: Das Problem der Toleranz bei Friedrich dem Großen. In: Forschungen zur Brandenburgischen und Preußischen Geschichte 10 (2001)

Kunisch, Johannes: Friedrich der Große. Der König und seine Zeit. München 2006

Lewy, Ernst: Die Verwandlung Friedrichs des Großen. Eine psycho-analytische Untersuchung. In: Psyche 49 (1995) (engl. 1967)

Luda, Manfred: Brandenburg – Preussen – Hohenzollern. Zur wechselnden Titulatur der Landesherren 1609–1873. In: Forschungen zur Brandenburgischen und Preußischen Geschichte 16 (2007)

Lukowski, Jerzy: The Partitions of Poland 1772, 1793, 1795. Harlow, New York 1999

Maether, Bernd: Kochen für den König. Der friderizianische Hof im Spiegel der Speisezettel und Hofrechnungen. Unter: http://www.perspectivia.net/content/publikationen/friedrich300-colloquien/friedrich-hof/Maether_Kochen (abgerufen am 19. April 2011)

Mazura, Silvia: Die preußische und österreichische Kriegspropaganda im Ersten und Zweiten Schlesischen Krieg. Berlin 1996

Mervaud, Christiane: Voltaire et Frédéric II: une dramaturgie des lumières 1736–1778. Oxford 1985

Möbius, Sascha: »Von Jast und Hitze wie vertaumelt«. Überlegungen zur Wahrnehmung von Gewalt durch preußische Soldaten im Siebenjährigen Krieg. In: Forschungen zur Brandenburgischen und Preußischen Geschichte 11 (2002)

Neugebauer, Wolfgang: Das alte Preußen. Aspekte der neuesten Forschung, in: Historisches Jahrbuch 122 (2002), S. 463–482

Nicklas, Thomas: Die Schlacht von Roßbach (1757). Zwischen Wahrnehmung und Deutung. In: Forschungen zur Brandenburgischen und Preußischen Geschichte 11 (2002)

Noack, Paul: Elisabeth Christine und Friedrich der Große. Ein Frauenleben in Preußen. Stuttgart 2001

Ortenburg, Georg: Waffen der Kabinettskriege 1650–1792. Bonn 1986

Pangels, Charlotte: Königskinder im Rokoko. Die Geschwister Friedrichs des Großen. München 1976

Pečar, Andreas: Friedrich der Große als Autor. Plädoyer für eine adressatenorientierte Lektüre seiner Schriften. Unter: http://www.perspectivia.net/content/publikationen/friedrich300-colloquien/friedrich-bestandsaufnahme/pecar_autor (abgerufen am 7. Juni 2011)

Peters, Jan (Hg.): Gutsherrschaften im europäischen Vergleich. Berlin 1997

Petersilka, Corina: Zur Zweisprachigkeit Friedrichs II. In: Brunhilde Wehinger (Hg.), Geist und Macht. Friedrich der Große im Kontext europäischer Kulturgeschichte. Berlin 2005

Pröve, Ralf: Lebenswelten. Militärische Milieus in der Neuzeit. Gesammelte Abhandlungen. Berlin 2010

Schenk, Tobias: Friedrich und die Juden. Unter: http://www.perspectivia.net/content/publikationen/friedrich300-colloquien/friedrich-bestandsaufnahme/schenk_juden (abgerufen am 27. April 2011)

Schieder, Theodor: Friedrich der Große. Ein Königtum der Widersprüche. Berlin 1983

Schlenke, Manfred (Hg.): Preußen. Beiträge zu einer politischen Kultur. Reinbek 1981

Thiele, Volker: architectura fridericiana – der König und das Bauwesen. Unter: http://www.perspectivia.net/content/publikationen/friedrich300-colloquien/friedrich-bestandsaufnahme/thiele_bauwesen (abgerufen am 20. Mai 2011)

Vehse, Eduard: Friedrich Wilhelm I. und Friedrich der Große als Kronprinz. Eine intime Geschichte des Berliner Hofes in den Jahren 1713 bis 1740. München o. J. (ca. 1914)

Vogtherr, Christoph Martin: Lusthaus ohne Liebe. Darstellungen der Liebe in Schloss und Park Sanssouci. In: Forschungen zur Brandenburgischen und Preußischen Geschichte 13 (2004)

Vorberg, Gaston: Der Klatsch über das Geschlechtsleben Friedrichs II. In: Abhandlungen auf dem Gebiete der Sexualforschung 3 (1920/21)

Wunderlich, Dieter: Vernetzte Karrieren. Friedrich der Große, Maria Theresia, Katharina die Große. Regensburg 2000

Personenregister

Bildnachweis

Archiv für Kunst und Geschichte: 5, 7, 9, 10, 12, 13, 22, 23, 28
Bayerische Verwaltung der staatlichen Schlösser, Gärten und
    Seen: 4
Bildarchiv preußischer Kulturbesitz: 2, 3, 6, 26
ullstein bild: 1, 8, 11, 14–21, 24, 25, 27, 29

Peter Michalzik
Kleist

DICHTER, KRIEGER, SEELENSUCHER

560 Seiten mit 16 Seiten s/w-Abbildungen
Gebunden mit Schutzumschlag
ISBN 978-3-549-07324-7

Exzessiv, rätselhaft, tragisch – bis heute fasziniert Heinrich von Kleist.
Er war ein Mann der Extreme, kriegserprobter preußischer Offizier
einerseits, Erfinder großer Frauenfiguren und einer herzerweichenden
Sprache andererseits.
Mit Hingabe und Präzision erzählt Peter Michalzik die Geschichte
dieses kurzen, geheimnisumwitterten Lebens. Er berichtet klar und
schnörkellos, was wir von Kleist wissen können, frei von Spekulationen
und Pathos. Ein Buch, das der Modernität des großen Dichters
gerecht wird.

»Leserfreundlich geschrieben, ausgezeichnet recherchiert.«
DIE LITERARISCHE WELT

PROPYLÄEN VERLAG
www.propylaeen-verlag.de

Lothar Gall
Wilhelm von Humboldt

EIN PREUSSE VON WELT

448 Seiten mit zahlreichen s/w-Abbildungen
Gebunden mit Schutzumschlag
ISBN 978-3-549-07369-8

Gelehrter, Staatsmann, Wegbereiter des Humanismus und Liberalismus – Wilhelm von Humboldt zählt zu den herausragenden Männern der deutschen Geschichte. In Lothar Gall hat er einen Biographen gefunden, der durch sein hohes Renommee und seine exzellente Kenntnis der Geistesgeschichte des 19. Jahrhunderts diesem Lebensbild des großen Preußen besonderes Gewicht verleiht. Er zeigt uns einen Humboldt, der in seiner Weltoffenheit und geistigen Universalität weit über seine Zeit hinausweist, der mit Schiller und Goethe befreundet war und dessen Lebensleistung bis heute nachwirkt. Ob als Reformer des preußischen Bildungswesens, als Teilnehmer am Wiener Kongress oder als Erforscher der Sprachen der Welt – stets war Humboldt durchdrungen von einem zutiefst humanistischen Menschen- und Gesellschaftsbild.

»Gall schreibt glänzend. Man ist beeindruckt.«
FRANKFURTER ALLGEMEINE ZEITUNG

PROPYLÄEN VERLAG
www.propylaeen-verlag.de